Peter Dehoust (Hg.): Heuchler, Henker, Halunken

PETER DEHOUST (Hg.):

HEUCHLER, HENKER, HALUNKEN

Der Nürnberger Prozeß vor 50 Jahren

NATION EUROPA Verlag GmbH
96414 COBURG

1/1996
1. Auflage

Printed in Germany
Gesamtherstellung: Graphischer Betrieb Emil Patzschke, 96465 Neustadt

ISBN 3-920677-14-5

Inhaltsverzeichnis

Vorwort des Herausgebers

Peter Dehoust *)

50 Jahre ist es her, daß das Internationale Militär-Tribunal (IMT) in Nürnberg seine Urteile verkündete und vollstrecken ließ. Schon der Name dieses Gerichts war eine Lüge: Die Internationalität beschränkte sich auf die vier Siegermächte: auf die Sowjetunion, die USA, England und Frankreich. Es war auch nicht das Militär, das diesen Prozeß wünschte. Es waren Politiker. Einige von ihnen hatten selber so viele Verbrechen auf dem Gewissen, daß sie persönlich daran interessiert sein mußten, der vom Krieg verwüsteten Welt »Sündenböcke« zu präsentieren. Ihr Urteil stand fest, bevor der Nürnberger Prozeß am 18. Oktober 1945 von Stalins Abgesandtem Nikitschenko eröffnet wurde: Schuld sind die Deutschen!

Wer hätte ernsthaft ein anderes Votum erwarten können? Richter und Ankläger gehörten derselben Partei, der der Sieger, an. Sie urteilten nach Gesetzen, die sie selber – rückwirkend – geschaffen hatten. Keine Spur von Unabhängigkeit, Fairneß und juristischer Waffengleichheit mit der Verteidigung. Es war ein Inquisitionstribunal unter Bruch nahezu aller Rechtsgrundsätze, die vorher gegolten hatten und bezeichnenderweise auch nachher wieder galten.

Der englische Rechtshistoriker Lord Hankey brachte es schon 1950 auf den knappen Nenner: *»Unter dem Mantel der Justiz war dieser Prozeß nur die alte, alte Geschichte – ein Recht für die Sieger und ein anderes für*

**) Peter Dehoust, Jahrgang 1936, hat Jura und Publizistik in Heidelberg und München studiert. Seit 1963 arbeitet er publizistisch an zeitgeschichtlichen und politischen Fragen. Er ist Mitherausgeber der in Coburg erscheinenden Monatszeitschrift »Nation & Europa«.*

die Besiegten. Vae victis!« (Hankey: »Politics, Trials and Errors«, Oxfort 1950, S. 56)

Man würde es sich allerdings zu einfach machen, wollte man mit dieser Feststellung alle in Nürnberg Angeklagten aus ihrer Verantwortung entlassen. Es hatte – massenhafte und fürchterliche – Untaten gegeben. Sie waren und sind auch durch Hinweise auf gleichartige und ähnliche Siegerverbrechen nicht aus der Welt zu schaffen.

Drei Möglichkeiten einer gerechten Verfahrensweise hätte es gegeben:

* Das Tabula-rasa-Prinzip einer allseits wirkenden Generalamnestie, bei der sich die Verbrechen von Siegern und Besiegten quasi gegenseitig aufgehoben hätten.

* Ein aus Juristen neutraler Staaten zusammengesetztes Gericht, das Sieger und Besiegte nach denselben Maßstäben gemessen und Schuldige beider Seiten verurteilt hätte.

* Eine jeweils nationale juristische Bewältigung mit einheimischen Richtern unter den Gesetzen des Landes.

Jede dieser drei Möglichkeiten hätte ihrerseits Schwächen gehabt. Keine aber wäre so falsch und unwahrhaftig gewesen wie das in Nürnberg praktizierte Verfahren unter dem einseitigen Motto: Wehe den Besiegten!

50 Jahre später wirkt das alliierte Rachetribunal noch immer nach. Erst 1987 starb mit Rudolf Heß (unter ungeklärten Umständen) der letzte Häftling von Spandau. Die heutige Geschichtsschreibung, Politik, Medien und die schulische Erziehung, sie sind von den Nürnberger Schuldsprüchen zutiefst geprägt. Das Gericht der Sieger hat ein ganzes Volk an den Pranger gestellt. Für Generationen. Auf ewig?

Zum 8. Mai 1945, dem Tag der deutschen Kapitulation, gab es erfreuliche Ansätze einer ausgewogenen, nicht nur siegerdiktierten Aufarbeitung. Auch zum 50. Jahrestag des Nürnberger Prozesses (und seiner Folgeverfahren) ist »Historikerstreit« dringend geboten.

Dieses Buch will Anstoß geben. Es macht keinen Hehl daraus, eher aus der Sicht der Verteidigung als aus der Perspektive der Anklage geschrieben zu sein. Denn es sind die Besiegten, nicht die Sieger, die einen Nachholbedarf an historischer Wahrheit und Gerechtigkeit haben. Die einen konnten 50 Jahre lang ihr Geschichtsbild rücksichtslos verbreiten; die anderen kamen nur randständig und eingeschränkt zu Wort – immer wieder infam verdächtigt, Verbrechen verharmlosen oder gar leugnen zu wollen. Doch es geht nicht um eine Verteidigung des nicht zu Verteidigenden, es geht allein um den Abschied von einer wahrheitswidrigen, unhistorischen Schwarzweißmalerei, bei der die Besiegten undifferenziert als Teufel erscheinen und die Sieger als reine Engel.

Die Darstellung im Hauptteil dieses Buches orientiert sich an (längst vergriffenen) Erkenntnissen, die Heinrich Härtle und Erich Kern – als Revisionisten der ersten Stunde – Mitte der sechziger Jahre vortrugen. Sie wurden gründlich überarbeitet und ergänzt im Licht der aktuellen Forschung. Zur besseren Lesbarkeit wurde darauf verzichtet, den Text mit allzuvielen Quellenangaben zu zerreißen; an besonderen Stellen erschien es uns unumgänglich. Literatur-Nachweise finden sich im hinteren Teil des Buches. Jedes Zitat ist belegbar. Die meisten stammen aus den Gerichtsprotokollen.

Eingangs schildert der Publizist und frühere Hauptabteilungsleiter des Bayerischen Fernsehens Franz Schönhuber, wie er als Kriegsgefangener und -heimkehrer den Nürnberger Prozeß damals empfunden hat und welche persönlichen Erlebnisse er mit diesem Zeitgeschichtskapitel verbindet. Seine Erfahrungen im Umgang mit journalistischen Kollegen und Kindern der Angeklagten sind eine hier erstmals veröffentlichte, aufschlußreiche Ergänzung des historischen Materials.

Den Lesern dieses Buches wird viel geboten und einiges zugemutet. Es ist von Schuld und Sühne, von Irrtümern und Verbrechen, aber auch von Lüge und Heuchelei in monströsem Ausmaß die Rede. 50 Jahre nach »Nürnberg« liegt der Richtspruch bei den historisch Interessierten, bei den Menschen, die nach Wahrheit und Gerechtigkeit suchen.

Urteilen Sie selbst!

Im Schatten der Verdammung

Franz Schönhuber

Was war für mich bis zum Kriegsende Nürnberg? Es war die Stadt des »Clubs«, einer legendären Fußballmannschaft, der Meistersinger mit Hans Sachs, Schuhmacher und Poet dazu, der weihnachtlichen Lebkuchen und nicht zuletzt der Reichsparteitage. An einem hatte ich als Hitlerjunge teilgenommen. Übermäßig beeindruckt war ich nicht Am schönsten fand ich nach meiner Erinnerung die Burg. Mag sein, daß sich meine Begeisterung für die Reichsparteitage auch deshalb in Grenzen hielt, weil mein Vater, Altparteigenosse, kontinuierlich in meinem Beisein gegen das üble Schmierenblatt »Der Stürmer« wetterte, dessen Herausgeber der fränkische Gauleiter Julius Streicher war. Und der saß in Nürnberg. Und dort sollte er auch am Galgen enden. Aber greifen wir den Ereignissen nicht voraus.

Das Schicksal hatte mich kurz vor dem Zusammenbruch nach Schleswig, an das andere Ende des Reiches, verschlagen. Unser Lager befand sich nicht weit von dem Ort in Flensburg entfernt, wo die Mitglieder der letzten Reichsregierung unter Großadmiral Dönitz von den Engländern verhaftet und einer entwürdigenden Leibesvisitation im Beisein von Kamerateams unterzogen worden waren. Einige unter ihnen und höchste Funktionsträger des III. Reiches wurden dann über Luxemburg in das Gefängnis von Nürnberg verfrachtet.

Die Stimme des Fälschers

Am 20. 11. 1945 begann der Prozeß. Wir Kriegsgefangenen waren zwar keine Augen-, aber Ohrenzeugen. Abend für Abend saßen wir in den Anfangszeiten des Tribunals vor den Lautsprechern und hörten die Berichte und Kommentare. Noch heute habe ich die vor Haß geifernde Stimme des Kommentators im Ohr. Der Mann hieß Gaston Oulman und war von dem von Amerikanern beherrschten »Radio München«, später Bayerischer Rundfunk, für den Prozeß eingesetzt worden. Nach einigen Wochen verstummte die Stimme, der Name verschwand aus dem Programm. Was war geschehen?

Wir erfuhren die Wahrheit nur bruchstückhaft. Sie hat uns übrigens auch nicht sonderlich interessiert. Sie war ja typisch für jene Zeit. Die

Für die deutschen Rundfunksender »berichtete« Chefkommentator Gaston Oulman (Bild) aus dem Nürnberger Gerichtssaal. Seine radikale Parteilichkeit zugunsten der Anklage schreckte auch vor Lügen und Fälschungen nicht zurück. Oulman, der in Wirklichkeit Ullmann hieß, wurde bald danach als Hochstapler verurteilt.

Amerikaner und ihre deutschen Helfershelfer waren wieder einmal einem Schwindler und Hochstapler aufgesessen. Kein Wunder, sahen doch unsere Besieger und die in ihrem Gefolge jetzt überall auftretenden Antifaschisten (wo sind die bloß alle hergekommen, fragten wir uns?) in beinahe jedem Gefängnisinsassen eine Art Widerstandskämpfer. Wie dem auch sei: Der gefeierte und dann gefeuerte »Racheengel« hieß weder Oulman, noch war er, wie von ihm angeführt, ein von den bösen Nazis verfolgter Exilkubaner. Ein Deutscher, der gerade im Rundfunkhaus vorsprechen wollte, hatte ihn erkannt. Der »Widerstandskämpfer« war ein Häftling aus Straubing und hieß schlicht und einfach Walter Ullmann. Verurteilt war er wegen mehrfacher Betrügereien und Eigentumsdelikten.

Rechtzeitig gewarnt, entkam er in die französische Zone und gelangte über Paris nach Algier. Hier verloren sich seine Spuren, bis man ihn einige Jahre später in der Kasba der algerischen Hauptstadt erstochen auffand. Wahrscheinlich war er das Opfer von Bandenrivalität. Er fand somit ein »passendes« Ende.

Als ich gegen Ende der vierziger Jahre meine ersten Gehversuche als Reporter im Münchner Funkhaus machte, das jetzt den Namen Bayerischer Rundfunk trug, wollte keiner der Mitarbeiter den Herrn »Oulman« gekannt haben. Nur ein Fahrer, der mich gut leiden konnte, sagte mir: »Jetzt ham's alle Schiß. Damals san's eam an Arsch nei'krochen. Es war a Sauhund a elendiger, hat rumg'hurt und rumg'soffen. Heut' noch schaut manche Filmdame weg, wann's mich sieht!« Es versteht sich von selbst, daß er hinzugefügt hat: »Aber dös bleibt unter uns, die schmeißen einen schnell 'naus!«

Merkwürdigerweise hat sich Jahrzehnte später ein leitender Redakteur des BR an den »Oulman« erinnert: Dr. Herbert Hupka, erst Bundestagsabgeordneter der SPD, dann der CDU. Heute ist er Vorsitzender der Landsmannschaft Schlesien. In seinen stark geschönten Erinnerungen »Unruhiges Gewissen – ein deutscher Lebenslauf« schreibt er über den damaligen Nürnberg-Kommentator: »Zu denen, die in der ein wenig chaotischen Zeit von ›Radio München‹ zu den schillerndsten Figuren gehörten, war der täglich den Nürnberger Kriegsverbrecherprozeß kommentierende Journalist Gaston Oulman. Seine Kommentare waren ebenso brennend aktuell wie scharf in der Akzentuierung. Als ich für die ›Schwäbische Zeitung‹ in Augsburg beim Aufrollen des Falles Franz von Papen als Journalist in Nürnberg mit dabei war, habe ich in seinem schnellen und rasant gefahrenen Wagen von Nürnberg nach München neben ihm gesessen. An seiner kubanischen Nationalität, auf die er sich berief, und an seinem Namen war nichts Wahres, wie sich erst später herausgestellt hat. Zwar war er im Lager Moosburg von den Amerikanern befreit worden, doch saß er dort als Walter Ullmann nicht als politisch Verfolgter ein, sondern wegen Eigentumsdelikten.«

Interessant und aufschlußreich, wie Hupka die Arbeit des »Journalisten« Ullmann beurteilt! Und in Moosburg wurde er »befreit«. Wie er wohl dort hingekommen ist?

In diesem Zusammenhang ein Wort zum Wirken Hupkas Ende der vierziger und fünfziger Jahre im Bayerischen Rundfunk. Ich erinnere mich an ihn als einen der eifrigsten Umerzieher. Verständlich, daß er

Journalisten unter jedem Niveau

»Eines Tages wurde mir der Vorschlag gemacht, nach Nürnberg zu gehen und die Berichterstattung über die sogenannten Kriegsverbrecherprozesse zu übernehmen. . . Von wenigen Ausnahmen abgesehen, ist die Qualität der in Nürnberg anwesenden deutschen Pressevertreter unter jedem Niveau. Die wenigsten sind auch nur imstande, zwischen Klägern, Verteidigern und Richtern zu unterscheiden. Sie nehmen daher an, daß alles, was die Anklage vorträgt, den Tatbestand darstellt. Daß in der amerikanischen Verfahrensordnung der Staatsanwalt nicht wie in der deutschen die Aufgabe der objektiven Wahrheitssuche hat, sondern ausschließlich die Schuldigerklärung des Angeklagten betreiben muß, ist den deutschen Journalisten in der Mehrzahl unbekannt. . . So geschieht es, daß die Arbeit der Verteidigung in der Presse, vor allem in den SPD-Blättern, überhaupt nicht gewürdigt wird.«

Hans-Georg von Studnitz: »Seitensprünge«, Seewald-Vertag, Stuttgart 1975

der NS-Zeit mehr als kritisch gegenüber stand. Er ist Halbjude, seine Mutter war in das KZ Theresienstadt deportiert worden.

Eine Anmerkung am Rande: Der Begriff Halbjude wird heute als diskriminierend, der NS-Terminologie und den Nürnberger Rassegesetzen entstammend empfunden. Die so argumentieren, kennen weder die politische noch literarische Geschichte. Seit Jahrhunderten gebrauchen Politiker und Schrifsteller, auch jüdische, diese Bezeichnung. Übrigens dürfte Hupka in Nürnberg auch seine damaligen Kollegen Willy Brandt und »Mischa« Wolf getroffen haben. Der nachmalige Bundeskanzler berichtete für norwegische Zeitungen und der spätere DDR-Geheimdienstchef für den Ostberliner Rundfunk. Beide haben später so gut wie kein Wort über Ullmann verlauten lassen. Überhaupt fällt auf, daß in der späteren Nachkriegszeit deutsche Politiker, die in irgendeiner Funktion in Nürnberg tätig waren, sich nur sehr sparsam oder überhaupt nicht über diese Zeit geäußert haben. Schließen wir damit das Kapitel Ullmann ab. Doch es gehört nun einmal zu diesem Prozeß und ist als Vorläufer jener späteren Enthüllungen zu werten, die zeigen, welch' dubiose Personen schon damals die öffentliche Meinung manipulierten.

Das Verhalten der Engländer

Im Laufe der Monate ließ das Interesse am Prozeß nach. Die Gefangenen hatten andere Sorgen. Was ist mit den Familienangehörigen, stehen Häuser und Wohnungen noch?

Im Lande blühte der Schwarzmarkt. Bei den Außenarbeiten fanden wir Tauschpartner. Die gelangweilten und nur noch an der Rückkehr in die Heimat interessierten Bewacher schauten nicht mehr so genau hin, was wir trieben.

Um Politik ging's immer weniger. Auch nicht um Fragen nach Gerechtigkeit in dieser Welt. Bert Brecht bestimmte den Plan: »Erst kommt das Fressen, dann die Moral!« Wie steht heute die Zigarettenwährung? Wo gibt's Bohnenkaffee zum Tauschen, wo Konservenfleisch? Wo sind die günstigsten Umtauschplätze?

Allmählich verbesserte sich die allgemeine Situation. Das Non-Fraternization-Gebot wurde gelockert. Auch unsere Bewacher, vor allem aus den Londoner Dockarbeitervierteln, beteiligten sich manchmal an unseren Gesprächen. Beileibe nicht alle waren Nazifresser. Manche gaben offen zu, daß die sozialen Verhältnisse in Deutschland besser als in England gewesen seien. Beiläufig fielen auch versteckte antisemitische Äußerungen. Einige machten uns sogar darauf aufmerksam, daß an diesem oder jenem Tag ein jüdischer Offizier das Kommando habe: »Pay attention – Paßt auf!« Auch der Curfew, der Zapfenstreich, wurde nicht mehr so streng gehandhabt. Wurde ein Gefangener beim »Wichsen des Zapfenstreiches«, also beim Überschreiten der Sperrzeit erwischt, drückte mancher Tommy ein Auge zu, besonders wenn der Sünder augenzwinkernd darauf hinwies, daß ein Mädchen an der Verzögerung schuld gewesen sei.

Anklage gegen die Waffen-SS

Auch wenn wir wenigen Kriegsgefangenen der Waffen-SS uns durchaus den allgemeinen Lagergewohnheiten anpaßten, so hielt unser Interesse am Nürnberger Prozeß an. Besonders deshalb, weil wir inzwischen erfahren hatten, daß die Amerikaner verlangten, nicht nur Personen, sondern auch NS-Organisationen unter Anklage zu stellen, darunter, für uns unverständlich, auch die Waffen-SS. Nach einigem Hin und Her setzten sich die Amerikaner durch. Dies bekamen auch unsere Mitgefangenen von den anderen Wehrmachtsteilen mit. Gab es am Anfang der Kriegsgefangenschaft kaum Unterschiede im Umgang untereinander, so spürten wir im Laufe der Zeit, daß wir jetzt anders als die anderen angesehen wurden. Gewiß nicht bei der Masse, wohl aber bei jenen, die allmählich entdeckten, daß sie schon immer gegen die Nazis gewesen seien. Sie witterten ihre Chancen für die Zukunft, gingen auf Spurensuche nach neuen Ufern. Diese wenigen suchten ein Alibi und fanden es in uns. Wir waren die »Bösen«, sie trotz schlimmer Zeiten die »Guten«. Sie wanzten sich bei den Bewachern an.Bei deren Reaktionen überwog Verachtung. Wohl waren sie Angehörige jener Division, die das KZ Bergen-Belsen befreit hatte, und Augenzeugen des schrecklichen

Franz Schönhuber 1944 als Unterscharführer der Waffen-SS (links) und nach dem Krieg als Gefangener in der Uniform der Labour-Units (rechts). Das Nürnberger Siegerurteil, das auch die Waffen-SS kollektiv als »verbrecherische Organisation« verdammte, führte zu erheblichen Benachteiligungen der Betroffenen. Zugleich muß die Bundesrepublik mit dem Vorwurf leben, daß ein Teil ihrer höchsten politischen Verantwortungsträger, z. B. der Dortmunder Oberbürgermeister Samtlebe (SPD), aus einer »Verbrecherbande« stammt.

Zustandes der Häftlinge geworden, aber sie hatten bei den Kämpfen in der Normandie auch die andere SS kennengelernt, die Einheiten der Waffen-SS. Von deren geradezu selbstmörderischer Tapferkeit sprachen sie mit großem Respekt. Das änderte nichts daran, daß sie ausnahmslos das System der Konzentrationslager verurteilten. Manche Befreier von Bergen-Belsen wiesen aber ehrlicherweise darauf hin, daß an den grauenhaften Zuständen im Lager auch die aufgetretene Typhus-Epidemie sowie der Zusammenbruch der Lebensmittelversorgung und der ärztlichen Betreuung mit Schuld gewesen seien.

So differenziert wie unsere Bewacher wollten manche »Demokraten« der letzten Stunde die Situation nicht sehen. Kriegsgreuel? Wie bitte! Wir waren's nicht, die sind's gewesen! Bewußt wurde verdrängt, daß manche der jetzt zu Antifaschisten mutierten Mitgefangenen nicht mehr am Leben wären, hätten sie Einheiten der Waffen-SS, der »Frontfeuerwehr«, nicht aus manchmal verzweifelt scheinenden Situationen herausgehauen. Jetzt zählte das nicht mehr. Jetzt zählte nur noch: Rette sich, wer kann! Auch zu Lasten der ehemaligen Kameraden. Schon der »Eiserne Kanzler« von Bismarck kannte seine Pappenheimer. Er sagte: Siege vereinen, Niederlagen spalten.

Gelang es uns aber einmal nachzuweisen, daß wir an diesen oder jenen uns zugeschobenen Kriegsverbrechen gar nicht beteiligt sein konnten, ließen die »Neudemokraten« durchblicken: Aber ihr hättet es sein können. Jahrzehnte später mußte ich als Parteivorsitzender ähnliche Erfahrungen machen.

Die Abrechnung beginnt

Aber es war nicht zu übersehen, daß die nahezu täglichen Berichte über die Konzentrationslager vor allem in den Wochenschauen uns nervlich gewaltig zusetzten. Wilde Gerüchte schwirrten durch das Lager. Junge Menschen von heute können sich wohl kaum mehr vorstellen, in welch tiefes moralisches Loch wir fielen, als wir von angeblichen Plänen des Nazihassers, Fieldmarshall Montgomery, hörten: Als Sühne und Wiedergutmachung sollten die Angehörigen der Waffen-SS 20 Jahre Zwangsarbeit in den belgischen Kohlegruben leisten. Keine schönen Zukunftsaussichten für einen knapp 22jährigen.

Einen Vorgeschmack auf die kommenden Verfahren, insbesondere auf die Urteile im Nürnberger Prozeß, bekamen wir in dem publizistisch groß herausgestellten Bergen-Belsen-Tribunal. Unter Anklage standen auch weibliche Wachmannschaften. Hauptangeklagte war Irma Greese, eine um Haltung bemühte adrette junge Frau. Kaum jemand hätte der gut aussehenden Blondine die Verbrechen zugetraut, die ihr die Zeugen und Ankläger vorwarfen. Wäre sie unerkannt jenem Verfahren ausgesetzt gewesen, dem wir uns am Anfang der Kriegsgefangenschaft unterziehen mußten, wäre sie gewiß ungeschoren davongekommen. Dieses Verfahren zeigte, daß die Sieger von den Besiegten gelernt hatten. Aus heutiger Sicht läßt es mich an jene Berichte über jüdische Greifer-Kommandos während des Dritten Reiches denken, die ihre versteckten Rassegenossen an ihrem Aussehen erkennen und der Gestapo übergeben sollten.

Im Lager Schleswig mußten sich alle Kriegsgefangenen der Waffen-SS einer englischen Kommission stellen. Ihre Aufgabe war »looking for criminal faces«, also über Gesichtskontrollen Verbrecher für die kommenden Prozesse herauszufinden.

Wir stellten uns in einer Reihe auf. Die Herren kamen auf jeden Einzelnen von uns zu, schauten uns mit bohrenden Blicken in die Augen, musterten unsere Figuren. Ich kam mir vor wie bei einer Pferdeauktion. Nur die dort übliche Gebißprüfung blieb uns erspart. Vermutlich sahen wir alle sogar schuldbewußt aus. Einer fiel durch den Rost. Er mußte mit. Er sah in der Tat mit seiner vierschrötigen Figur,dem groben Gesicht mit buschigen Augenbrauen und wulstigen Lippen nicht wie ein Adonis aus. Dabei war er die Gutmütigkeit in Person. Nach ein paar Tagen kam er wieder. Beim »Screening«, beim Durchleuchten, war er »all right« befunden worden. Ich habe auf diese Begebenheit in meinem Buch »Ich war dabei« hingewiesen.

Irma Greese hatte kein »criminal face«. Vielleicht hatten erst die Umstände, in die sie die damaligen Verhältnisse und wohl auch die Liebe

»Die Politik hat die Bestrafung etwaiger Versündigungen von Fürsten und Völkern gegen das Moralgesetz der göttlichen Vorsehung dem Lenker der Schlachten zu überlassen. Sie hat weder die Befugnis noch die Pflicht, das Richteramt zu üben. . . Die Politik hat nicht zu rächen, was geschehen ist, sondern zu sorgen, daß es nicht wieder geschehe.

Otto von Bismarck, 1871, nach dem Sieg über Frankreich

zu ihrem ebenfalls hingerichteten Kommandanten brachten, die dunklen Seiten ihres Wesens zu Tage gefördert.

Irma Greese bat nicht um Gnade. Irma Greese wurde gehenkt. Wahrscheinlich wird man es heute frivol, ja sogar menschenverachtend nennen, wenn ich ehrlich bekenne, daß mir damals ihre Haltung imponiert hat. Es ist ja die Crux der heute praktizierten Vergangenheitsbewältigung, daß man nicht gewillt ist, unseren damaligen Wissensstand und die Reaktionen darauf in Betracht zu ziehen. Wir waren noch nicht abgenabelt. In uns gab es Trotzreaktionen. Schließlich war es erst wenige Wochen her, daß all das, was wir fast ein Leben lang geglaubt hatten, zusammengebrochen war. Es wäre jedoch eine zeitgeschichtliche Verfälschung, die Ereignisse und Empfindungen aus dem heutigen Erkenntnisstand zu schildern. Die offizielle Geschichtsschreibung aber orientiert sich weniger an der Darstellung der Fakten als an ihrer Interpretation aus heutiger Sicht.

Die Abgrenzungen

Ich habe über die Problematik des Dritten Reiches im allgemeinen und der Waffen-SS im besonderen jahrzehntelang nachgedacht. Dabei mußte ich im Laufe der Zeit auch einige Korrekturen an meinen bisherigen Vorstellungen vornehmen. Dies gilt auch für die manchmal überbetonte Unterschiedlichkeit zwischen Waffen-SS und Wachmannschaften. Die Gründe lagen im Selbstbehauptungs- und Überlebenswillen der Soldaten der Waffen-SS in Gefangenschaft und später im Berufsleben. Angesichts der schrecklichen Bilder aus den KZs, die wir nach Kriegsende sahen, reihten auch wir uns in die Kette der weiterzugebenden Schuldzuweisungen ein. Wir wollten nicht die Letzten sein. Die beißen bekanntlich die Hunde. Und so, wie sich einige Kriegsgefangene, die geheim und offen mit den Besatzern kollaborierten, von den Soldaten der Waffen-SS distanzierten, so begannen auch wir uns von den Bewachungsmannschaften abzusetzen. Das traf auch jene, die ohne ihr Zutun dorthin versetzt worden waren. Übrigens waren darunter auch Angehörige anderer Wehrmachtsteile.

Selbstverständlich stehe ich auch heute noch zu dem bekannten Satz höchster Offiziere der Waffen-SS: »Wo das Verbrechen beginnt, hört die Kameradschaft auf.« Nur, nicht alle Soldaten der Waffen-SS waren moralische Musterknaben und nicht alle KZ-Wächter Unholde. So einfach war die Sache nicht. Ich weiß, daß diese Betrachtungsweise zu kontroversen Reaktionen führen wird.

Schuld an dieser Situation und der damit verbundenen Problematik hatte allein der Reichsführer-SS Heinrich Himmler. Ihm, dem in der Truppe ungeliebten »Reichsheini«, der allein durch sein Äußeres den sogenannten Rassevorstellungen der SS Hohn sprach, hatten wir es zu »verdanken«, daß wir von unseren Gegnern sowohl auf alliierter wie auch deutscher Seite in eine Grauzone zwischen militärischer und politischer Organisation hineinmanövriert werden konnten. Die Folgen zeigten sich in Nürnberg, für uns schon vorher. Die unsinnige Tätowierung der Blutgruppe auf dem linken Oberarm hatte uns alle Fluchtwege versperrt. Diese Tätowierung trug Schuld daran, daß mancher Kamerad durch sowjetischen Genickschuß endete.

Ich habe später als Journalist über die Verurteilung der Waffen-SS als verbrecherische Organisation mit Freund und Feind, Kollegen und Sympathisanten hitzige Debatten geführt; auch mit ehemaligen KZ-Insassen, darunter vor allem jüdischen. Ich erinnere mich an eine Debatte besonderer Art. Eingeladen war ich von Münchner Vertretern der jüdischen Hilfsorganisation B'nai B'rith. Einer sagte ebenso ruhig wie bestimmt: »Unsere unterschiedlichen Auffassungen kann ich Ihnen an einem Fall klarmachen. Und da gibt es keinen Kompromiß von unserer Seite. Für nicht wenige Ihrer Kameraden war der General der Waffen-SS und Kommandeur der Division Totenkopf Theodor Eicke ein tapferer und fürsorglicher Chef, den sie ›Papa‹ Eicke nannten. Für uns war er der brutale Kommandant des KZ Dachau. Sein Weg führte von der Wachmannschaft zur Waffen-SS.«

Ich sprach von einem untypischen Einzelfall und verfluchte erneut Himmler. Aber auch heute noch bleibt für mich unstrittig, daß die Waffen-SS eine militärische Eliteeinheit darstellte, die von allen Waffengattungen, mit Ausnahme der U-Bootbesatzungen, die höchsten Verluste hatte. Ein Drittel der etwa 900 000 Mann starken Truppe war gefallen oder vermißt. Die Waffen-SS wurde also militärisch verheizt und politisch mißbraucht.

Ein tragischer Fall

Zu dem bis heute andauernden Dilemma kam es durch den unstillbaren Ehrgeiz und Machtwillen von Heinrich Himmler. Nachdem durch den Willen Adolf Hitlers die Waffen-SS zum vierten Wehrmachtsteil gemacht worden war und damit der militärischen Führung unterstand, gelang es Himmler, sie sich im politischen Bereich weiter unterzuordnen. Dies führte bereits im Kriege zu fatalen Folgen. Ein von Tragik gezeichnetes Beispiel sei herausgegriffen. Heinrich Himmler machte den kriegsversehrten Offizier Martin Weiß zum Chef eines politischen Himmelfahrtskommandos: er ernannte ihn zum letzten Kommandanten des KZ Dachau.

Bei der Einnahme des Schreckenslagers bekundeten auch Häftlinge, daß sich der Kommandant nach Kräften bemüht habe, ihr Leben zu verbessern. Auch unter immer enger werdenden Transport- und Verpflegungsverhältnissen. Der Weihbischof von München und Freising, Johann Neuhäusler, schrieb in seinem Buch »Wie war das in Dauchau? – Ein Versuch, der Wahrheit näher zu kommen« über Weiß:

»Mit Dankbarkeit und zum Erweis, daß es unter den Gewalthabern des KZ auch solche mit menschlichem Fühlen gab, nenne ich den Namen des Kommandanten Weiß. Er führte viele wohltuende Änderungen im Lager ein, kontrollierte persönlich, ob seine Anordnungen und Befehle auch in die Tat umgesetzt wurden. Er verbot auch das willkürliche Schlagen der Gefangenen durch die Kapos und Lagerältesten, nahm persönlich Einsicht in Strafrapporte, bestimmte selbst die Strafe und war dabei, wenn sie vollzogen wurde, damit keine Mißbräuche einrissen. Er beseitigte auch den Mißbrauch, daß Gefangene kurzgeschoren wurden und in der Mitte des Kopfes einen noch kürzer geschorenen Streifen, das sogenannte ›Gässchen‹ hatten. Um die Arbeitskraft der Gefangenen für die Rüstungsbetriebe zu erhalten, erlaubte Weiß, daß sie Lebensmittelpakete erhielten, was einer großen Zahl von Gefangenen das Durchhalten im Lager bis zum Ende ermöglichte. Auch zu uns Sonderhäftlingen zeigte er des öfteren ein im Grunde gutes Herz und verschaffte uns mancherlei Erleichterungen. In der letzten Zeit war er Inspektor der KZ-Lager. Da er den vollständigen Zusammenbruch der Macht Hitlers voraussah, ließ er den Befehl Himmlers, das Lager Dachau vom 28. April bis 29. April 1945 zugleich mit allen Gefangenen zu bombardieren und zu verbrennen, nicht ausführen.«

Neuhäusler fügt dann in Klammern hinzu: »Tragischerweise wurde gerade er nach dem Kriege von den Alliierten zum Tode verurteilt und hingerichtet; angeblich weil er Todesurteile, die von Berlin gekommen waren, unterzeichnete und vollstrecken ließ.«

Dieser von hoher kirchlicher Seite erfolgten Darstellung möchte ich hinzufügen: Pardon kannten die Sieger nicht. Ein KZ-Kommandant ist kein Mensch. Er hat ein Symbol des Schreckens zu sein. Ein Exempel mußte statuiert werden. Weiß wurde gehenkt. Nach Berichten von KZ-Insassen bekam er die Schlinge auf einem Stuhl sitzend um den Hals gelegt, da er als Beinamputierter nicht stehen konnte.

Allein gelassen

Der Krieg war zu Ende. Und unser oberster politischer Chef Heinrich Himmler hatte sich aus dem Staub gemacht. Uns hatte er allein gelassen. Nicht durch eine feindliche Kugel im Kampf fiel er, mittels Zyankali fuhr er, wie ich hoffe, zur Hölle. Auf unserem Koppelschloß stand: »Meine Ehre heißt Treue«. Daran hielt sich Himmler, der Sohn eines bayerischen Prinzenerziehers, nicht. Er verriet nicht nur uns, sondern zuletzt auch den Führer, dem er seine ganze Karriere verdankte, was nicht für Hitler spricht.

Unlängst sah ich in einer Zeitung ein Foto, das Himmler und Goebbels zusammen stehend bei einem Führerempfang zeigte. Dabei fiel mir ein Satz ein, den Napoleon gesagt haben soll, als bei einer Audienz der Polizeiminister Fouché und der Außenminister Talleyrand sich ihm näherten: »Da kommt das Laster, gestützt auf den Verrat.« Talleyrand, wollüstigen Anwandlungen ebenso gerne nachgebend wie Hitlers Propagandaminister, hatte ein Hinkebein wie dieser. Fouché verriet seinen Kaiser wie Himmler seinen Führer.

Aber unsere Be- und Verurteilungen der Selbstmorde führender Persönlichkeiten waren widersprüchlich. Kaum einer unter uns verdammte Hitler. Für ihn gab es nach unserer Meinung gar keinen anderen Ausweg. Er kannte die Bilder von den an den Füßen aufgehängten, besudelten und geschändeten Leichen von Mussolini und seiner Geliebten Clara Petacci. Generaloberst Jodl hat einige Monate später in Nürnberg gesagt, Hitler hätte zweifellos mit der Waffe in der Hand gekämpft. Aber dazu war er physisch nicht mehr in der Lage gewesen. Ihn schreckte die Gefangennahme. In diesem Falle habe er alles für möglich gehalten, zum Beispiel als Untier in einem Käfig durch die Lande gekarrt zu werden.

Seine überlebenden Paladine saßen bald darauf in Nürnberg. Wie werden sie sich verhalten? Werden sie ihre Treueschwüre vergessen? Werden sie die Verantwortung auf sich nehmen, nicht alles auf den vorher so heißgeliebten Führer abwälzen? Vor allem, was werden sie zur Entlastung des mit der Kollektivschuld bedrohten Volkes unternehmen?

Jeder der Gefangenen schaute zunächst auf »seine« Vertreter. Mit Ausnahme von uns Waffen-SS'lern, hatten wir doch keinen Repräsentanten auf der Anklagebank sitzen. Kaltenbrunner zählte nicht, der war für uns ein Gestapomann. Also beteiligten wir uns bei der Beurteilung der anderen Gefangenen sozusagen als »Neutrale«.

Verhaltensnoten

Je länger der Prozeß andauerte, um so mehr zeigte es sich, daß Reichsmarschall Hermann Göring zur dominierenden Figur wurde. Den Gefangenen der Luftwaffe, aber auch einem großen Teil der anderen, imponierte der »Dicke«, trotz der vielen Witze, die sie vor allem gegen Ende des Krieges über ihn gerissen hatten. Den Heeresangehörigen wiederum gefiel die ruhige Würde, mit der sich Generaloberst Jodl verteidigte. Aber auch Feldmarschall Keitel, wegen seiner absoluten Ergeben-

Der Nürnberger Justizpalast, Schauplatz des Siegertribunals 1945/46, von amerikanischen Truppen streng bewacht.

heit Hitler gegenüber als »Lakeitel« abqualifiziert, machte in Nürnberg Boden gut. Unsere »Lords«, die Marinegefangenen, stellten mehrheitlich fest, daß Großadmiral Dönitz seinen Vorgänger Raeder in den Schatten stellte.

Die Quellen unserer Einschätzungen bezogen wir nicht nur aus Radio und Wochenschauen, sondern auch aus der Lektüre von Zeitungen, die allerdings nur das schreiben durften, was den Engländern genehm war. Kritik am Verhalten der Vertreter der Anklage war natürlich tabu.

Ich gebe gerne zu, daß es für mich heute nicht einfach ist, zu unterscheiden zwischen dem, was ich damals selbst erlebt habe und späteren Eindrücken. Aber an der generellen Richtigkeit der Wiedergabe der Situation von damals ändert das nichts. Besonders dann nicht, wenn es um unsere Reflexe auf das Verhalten höchst umstrittener Personen ging. Das betraf in erster Linie den Gauleiter und »Stürmer«-Herausgeber, Julius Streicher. Er blieb das Ekel schlechthin. Bei Rudolf Heß interessierte uns in erster Linie die Frage: Spinnt er nun, oder spinnt er nicht? Die Mehrheit glaubte wohl, daß er simuliere. Daß er dabei einigen Anklagevertretern auf die Nerven ging, freute uns wiederum. Nicht wenige unter uns waren übrigens der Überzeugung, daß er mit Einverständnis des »Führers« nach England geflogen sei. Die Gefangenen der Luftwaffe erteilten uns dabei Lektionen über die fliegerische Glanzleistung des Führer-Stellvertreters. Damit wir von der Waffen-SS auch etwas zu bieten hatten, erinnerten wir an das tollkühne Unternehmen der Mussolini-Befreiung, die wir mit dem Namen Skorzeny verbanden. Das ärgerte wiederum einige Flieger, die dem Piloten des Fiseler Storch, der das Kunststück fertigbrachte, von einem schmalen Felsenmassiv des Gran Sasso aus das Flugzeug mit Mussolini und Skorzeny zu starten, das größere Verdienst zuwiesen. Mit den »Luftwaffen-Heinis«, wie wir sie zuweilen etwas abschätzig nannten, hatten wir sowieso nicht immer das beste Verhältnis. Wir empfanden sie manchmal als arrogante Pinsel. Vielleicht spielte dabei eine gewisse Rivalität eine Rolle, mußten wir doch von Tag zu Tag mehr feststellen, daß wir nicht mehr die erste Geige spielen durften und zu Parias degradiert worden waren. Eine gewisse Schadenfreude darüber war bei manchen Kriegsgefangenen unübersehbar.

Höchst kontrovers verliefen unsere Diskussionen, wenn es um die Personen Hjalmar Schacht und Franz von Papen ging. Ich stand stets auf der Seite derer, die beide sowohl wegen ihrer Tätigkeiten im III. Reich wie auch wegen ihres Verhaltens beim Prozeß ablehnten. Bei mir war dies kein Wunder. Mein Vater hatte auch im NS-Staat immer vor beiden »Herrschaften« gewarnt. Das war ein Reflex aus seiner Kampfzeit als Alt-PG. Er war ein absoluter Anhänger Gregor Straßers gewesen und teilte dessen Meinung von der »tiefen antikapitalistischen Sehnsucht des deutschen Volkes«. Als Straßer ermordet wurde, brach für ihn eine Welt zusammen. Schacht, den er zuhause einen »Stehkragen-Nazi« nannte, war für ihn ein Opportunist und ein typischer Vertreter des alten Regimes. Diese Auffassung hatte sich auch auf mich übertragen. Über den späteren Freispruch des ehemaligen Reichsbankpräsidenten habe ich mich gewiß nicht gefreut. Auch nicht über den Franz von Papens. In seinem Fall vielleicht sogar noch weniger. Schon sein Äußeres wirkte auf uns lächerlich und antiquiert: typisch alte Klasse, Frack und Zylinder. Und Herrenreiter dazu! Ich erinnere mich böser Bemerkungen unserer »Neudemokraten«, als ich sagte: »Lieber Steppenreiter als Herrenreiter.« – »Nazijargon, nichts dazugelernt.«

Warum nicht die Reiter-SS?

Am meisten ärgerte uns, daß viele der Angeklagten sich damit herausreden wollten, sie hätten nur mitgemacht, um Schlimmeres zu verhüten. Aus heutiger Sicht: Was muß von Papen für ein charakterliches Defizit gehabt haben, als er nach der Ermordung seines engsten Mitarbeiters Edgar Jung Hitler seine Dienste weiter zur Verfügung stellte.

In diesem Zusammenhang eine weitere Bemerkung: Es scheint eine Internationale der Herrenreiter zu geben. Ich sage dies nicht aus Abneigung gegen diesen Sport an sich – ich selbst habe beim Vater der berühmten SS-Turnierreiter Herrmann und Waldemar Fegelein in München das Reiten gelernt – ich denke nur an den Freispruch der Reiter-SS in Nürnberg. Gewiß spielte dabei auch eine Rolle, daß der Gemahl der holländischen Königin, Prinz Bernhard von und zu Lippe-Biesterfeld, vor seiner Heirat nicht nur Parteigenosse, sondern auch begeisterter SS-Reiter war. Übrigens eine der miesesten Figuren, die Deutschland jemals verlassen hat. Mit Abscheu habe ich vor kurzem gelesen, daß dieser feine Vater der heutigen holländischen Königin bei seiner Rückkehr aus dem englischen Exil einen gefesselt vor ihm stehenden Kollaborateur bespuckt und ihm mit der Faust ins Gesicht geschlagen habe. Adel verpflichtet nicht immer.

Doch zurück zu 1945. Von den anderen Angeklagten wußten wir relativ wenig. So merkwürdig es heute erscheinen mag, der uns bekannteste war der Kommentator des Großdeutschen Rundfunks, Hans Fritzsche. Jeder hatte seine etwas ölige Stimme im Ohr. Die meisten schätzten seine Kommentare, weil sie relativ sachlich, nüchtern und, soweit dies möglich war, sich an der Wahrheit orientiert hatten. In Nürnberg blieb er mehr oder minder sprachlos. Er wurde dann auch freigesprochen.

Ich frage mich noch heute, was wir damals von unserem ehemaligen Reichsjugendführer Baldur von Schirach gehalten haben? Ich weiß es nicht mehr genau, aber glaube, nicht allzuviel. Er war uns seit Kriegsanfang entrückt, zum Reichsstatthalter von Wien ernannt worden. Natürlich hatten wir nicht vergessen, daß Schirach von uns Hitlerjungen gefordert hatte, für den »Führer« durch dick und dünn zu gehen, daß Hitler Schirach seiner Treue versichert hatte und so weiter und so fort. Jetzt konnten wir es Schirach nicht so recht abnehmen, daß er erst in Nürnberg darauf gekommen sei, daß Hitler die deutsche Jugend verraten und verheizt habe. Die Meinungen blieben geteilt. Immerhin war er für uns ein sympathischer Bursche gewesen, bei all seiner künstlerischen Verblasenheit.

Und Seyß-Inquart, der österreichische Reichsstatthalter von Holland? Der war für uns kein Deutscher mehr. Uns wurmte, daß die Österreicher in letzter Minute aus der deutschen Schicksalsgemeinschaft ausgestiegen waren und sich jetzt zu den Siegern zählten. Seyß-Inquart gehörte nicht zu den Überläufern. Ich fand ihn sympathisch und von hoher Intellektualität. In dem Todesurteil gegen ihn sehe ich noch heute einen Racheakt, der als Geste gegenüber den Holländern diente.

Speer blieb uns ein Rätsel. Wir durchschauten ihn nicht. Die »Neudemokraten« schätzten ihn, Anlaß für uns, dies nicht zu tun.

In Rosenberg sahen wir eine fremdländische, bizarre Figur. Über ihn später mehr. Auch über Dr. Hans Frank, den Generalgouverneur von Polen.

Als habe es Hitler nie gegeben

Von den Verteidigern und ihrer Arbeit hörten wir wenig. Auch über die Verhältnisse, unter denen die Angeklagten lebten, wurde so gut wie nichts verlautbart. In den Wochenschauen fiel uns nur auf, daß Hermann Göring gewaltig abgenommen hatte. Dies quittierte die Lizenzpresse mit höhnischen Bemerkungen, lobte die Gefängniskost als gesundheitsfördernd und vergaß auch nicht darauf hinzuweisen, daß er dank der Amerikaner von seiner Opiumsucht geheilt worden sei. Manche Ankläger dürften das bedauert haben, fand doch der Reichsmarschall durch diese Radikalkuren zu der rhetorischen und geistigen Form seiner besten Jahre zurück.

Inzwischen hatte ich Heimaturlaub bekommen. So was gab's nach meiner Erinnerung nur bei den Engländern. Vorher waren einige meiner Kameraden und ich nach Kiel-Holtenau verlegt worden. Aus dem PW (Prisoner of War) Schönhuber war der Forman Schönhuber geworden, Angehöriger der sogenannten Labour Units, der Arbeitseinheiten in britischen Diensten. Wir hatten die unterschiedlichsten Aufgaben, vom Minenräumen bis zum Wiederaufbau der Städte und der zerbombten militärischen Anlagen. Bei letzteren fand ich mein Arbeitsgebiet und wurde Dolmetscher auf dem Marineflughafen Kiel-Holtenau. Unsere Uniformen ähnelten denen der Engländer.

So gewandet fuhr ich zum Heimaturlaub nach Trostberg in meine oberbayerische Heimat. Der Schalterbeamte am Bahnhof staunte nicht schlecht, als da ein Mann in einer merkwürdigen Uniform ausstieg, den er letztmals als Unterscharführer der Waffen-SS gesehen hatte.

Mein Vater hatte mich am Bahnhof erwartet. Er sah schlecht aus, war mager geworden, und seine Verbitterung ließ sich nicht übersehen. Wir trotteten durch Trostberg. Zu meiner Verwunderung begrüßten uns die Bewohner recht freundlich. Ich fragte meinen Vater, woher denn diese Haltung mir gegenüber käme? »Laß' Di net täuschen«, stieß mein Vater zwischen den Zähnen hervor. »Es liegt an Deiner Uniform. Die Kasperl glauben doch glatt, Du gehörst jetzt zu den Engländern. Die meinen doch alle, daß es jetzt bald gegen die Russen geht. Hosenscheißer san's alle. Keiner will mehr a Nazi g'wesen sein. Und wenn I über'n Hitler g'schimpft hab', dann haben sie sich alle s' Maul z'rissen und san über mich herg'falln und jetzt tun's so, als wär'n's schon immer dagegen g'wesen.«

Innerlich mußte ich über meinen Vater schmunzeln. Er war eine echte Kohlhaas-Natur. Einiges habe ich von ihm mitbekommen. Soll ich sagen – leider?

Während der zwei Wochen, die ich zuhause war, sprachen wir natürlich auch über den Nürnberger Prozeß. Bei diesem Thema regte sich mein Vater jedesmal fürchterlich auf. Meine Mutter mußte ihn besänftigen: »Denk' an Dein Herz, Xaver!« Er ließ sich nicht bremsen: »Was, der Prozeß? Den gibt's doch net nur in Nürnberg. Den gibt's doch überall. Auch in unserer Stadt, die Spruchkammer, versteh'st? Nur, die Ankläger sind keine Alliierten; es sind Landsleut' und was für welche! Nur ein Ami hat den ganzen Krampf durchschaut, und dann haben ihn die Morgenthau-Leute, oder wer auch immer, gleich wieder nach Haus' g'schickt. Das war der General Patton. Weißt', was der g'sagt hat? Zwischen Nazis und Nichtnazis gibt es kaum mehr Unterschied als zwischen Demokraten und Republikanern in Amerika.« Dies hatte mein Vater in einer Zeitung gelesen, die dies pflichtschuldigst negativ kommentiert hatte.

Ich konnte die Verbitterung meines Vaters verstehen. Ich wußte, daß er dem Regime gegenüber kritischer eingestellt war, als manche der Ankläger, die jetzt über ihn und andere Parteigenossen zu Gericht saßen.

Seine Meinung zur Waffen-SS? Sie deckte sich mit meiner. Auch für ihn hieß der Totengräber Himmler. Aber bei dieser Beurteilung kam bei meinem Vater noch ein besonderer Punkt hinzu. Er war ja nicht allein Parteigenosse gewesen, sondern auch SA-Mann. Er hat es nie verwinden können, daß die Gewinner aus der Röhm-Affaire die SS und Himmler waren. Er meinte die schwarze SS – die »Salon-Nazis«, wie er sie nannte. Auf die Waffen-SS ließ er nichts kommen. Das waren für ihn samt und sonders tapfere Leute.

Meine Mutter erzählte mir, wie stolz er gewesen sei, als ich das EK 2 bekommen hatte. Überall habe er es rumerzählt. Daß ich nicht Offizier werden wollte und auf der Junkerschule mich dementsprechend angestellt habe, empfand er nach dem Krieg als glücklich. »Gut für die Spruchkammer«, meinte er: »Vielleicht klagen's in Nürnberg nur die Offiziere an«, hoffte er mit väterlichem Optimismus. Er trog, wie sich später herausstellte.

Von den in Nürnberg angeklagten NS-Spitzen hat er Göring am meisten bewundert und Streicher am tiefsten verachtet. Göring war für meinen Vater der Fliegerheld geblieben, der Träger des Pour le Mérite, der höchsten Tapferkeitauszeichnung aus dem Ersten Weltkrieg. Und furchtlos habe er sich auch in Nürnberg geschlagen. Einig waren wir uns auch in der Verachtung gegenüber Schacht und von Papen. »Den Schacht hat der Hitler zu recht eingesperrt, leider zu spät. Ich kann nur hoffen, daß ihn die Amerikaner nicht mehr rauslassen«, murrte mein Vater grimmig.

Gefaßt in den Tod

Und wie sind die Amis als Besatzer? Da gäb's solche und solche, meinte er. Am besten verhielten sich die Schwarzen, die hätten Unterdrückung am eigenem Leib erfahren. Am schlimmsten aber fand er, wie schnell manche Frauen und Mädchen, darunter auch vom BDM, die Fronten gewechselt hätten. Coca-Cola-Girls wurden sie genannt. Ich erinnerte mich an den lästerlichen Spruch: Was heißt BDM? – Bubi drück' mich! Jetzt sind halt die anderen am Drücker, dachte ich. Der Sieger nimmt alles. Vor allem die Frauen. Das demütigt die Besiegten. Meine Beobachtungen in Schleswig und Kiel deckten sich mit denen meines Vaters.

Nach Ablauf der Urlaubszeit kehrte ich nochmal zu den Engländern zurück und wurde bald darauf entlassen. Als die zum Tode verurteilten Angeklagten gehängt wurden, war ich schon zuhause. Mein Vater und ich freuten uns nicht nur klammheimlich, als wir erfuhren, daß Göring seinen Bewachern ein Schnippchen geschlagen hatte, Selbstmord begehen und dem schändlichen Galgen entkommen konnte.

Daß der brutale Henker von Nürnberg, der amerikanische Sergeant Woods, durch dilettantischen Umgang mit einem Stromkabel zu Tode kam, empfand ich als Gottesurteil.

Die Angeklagten starben gefaßt und würdig. Dies hat auch der damalige bayerische Ministerpräsident Hoegner bekundet. Er war Zeuge bei den Hinrichtungen gewesen. Als er mich einmal in seinem Dienstwagen nach einer Reportage von einer Veranstaltung nach München mitnahm, hat er mir seine Eindrücke auch persönlich bestätigt.

Auch nachdem ich in der Nachkriegszeit allmählich wieder Boden unter den Füßen gefunden und mich beruflich etabliert hatte, verlor sich mein Interesse an den Vorgängen im III. Reich und der unmittelbaren Nachkriegszeit nicht. Da der Nürnberger Prozeß und mit ihm verbunden die Verdammung der Waffen-SS nicht ohne Einfluß auf meine berufliche Existenz geblieben waren, bemühte ich mich um Kontaktaufnahme mit Beteiligten, sowie Bekannten und Verwandten der Angeklagten des Tribunals. Wie lebten sie im Schatten dieses Urteils?

Töchter und Söhne

Einer der ersten, die ich sprechen konnte, war Rüdiger Heß, der Sohn des Führer-Stellvertreters. Vorausgegangen waren mehrere intensive Gespräche mit dem Verteidiger von Rudolf Heß, dem Rechtsanwalt und zeitweiligen CSU-Innenminister des Freistaates, Dr. Alfred Seidl. Ich mochte den quirligen, naturverbundenen Mann. Er war einer der wenigen CSU-Größen mit Zivilcourage auch vor Königsthronen, selbst dem von Franz Josef Strauß. Von der Figur her klein, vom Mut her groß. Wir wurden Duzfreunde. Mir imponierte, wie er sich unentwegt für seinen in Spandau eingekerkerten Mandanten einsetzte, entlastende Dokumente zusammentrug und sie zu publizieren versuchte. Daß es wenigstens die »Nationalzeitung« war, die diesem Begehren nachkam, verdankte Seidl seinen freundschaftlichen Beziehungen zu dem Herausgeber Dr. Frey.

Auch um die Familie Heß kümmerte sich Seidl nachhaltig. Dabei war Heß alles andere als ein leichter Fall. Auch nicht für seine Familie. Viele Jahre hatte sich der einsame Mann geweigert, seine Familienangehörigen zu den spärlichen, von den Alliierten genehmigten Besuchszeiten zu empfangen. Er hielt das Besuchsprozedere für unwürdig. Dieses Verhalten belastete vor allem seinen Sohn, der gemeinsam mit Seidl um Gerechtigkeit im Falle seines Vaters kämpfte.

Ich traf vor gut 12 Jahren den Bauingenieur Rüdiger Heß im renommierten Münchner Restaurant »Franziskaner«. Man sah ihm den Sportsmann an. Er war zweimal Allgäuer Jugendmeister im Abfahrtslauf gewesen. Im Leben hatte er seinen Platz gefunden, war beruflich etabliert.

Das wichtigste Thema unseres Gespräches war nicht allein Spandau; es war der England-Flug. Der Sohn gab sich überzeugt, daß sein Vater nicht nur mit Wissen, sondern im Auftrag Hitlers nach England geflogen sei, um dem »Brudermord« ein Ende zu bereiten. Um diese, seiner Meinung nach historische Wahrheit zu unterdrücken, habe man die Sperrfrist für die Heß-Akten bis zum Jahre 2017 verlängert. Zu diesem, für englische Verhältnisse unüblichen Verfahren, – normalerweise würden 30 bis 50 Jahre nach einem historischen Ereignis die damit zusammenhängenden Akten freigegeben –, führte Rüdiger Heß innerenglische Gründe an. Man wolle verhindern, daß das haßerfüllte Wirken Churchills und seiner Clique noch zu Lebzeiten der ihr angehörenden Gesinnungsgenossen bekannt würde. Das hätte eine Veränderung des Geschichtsbildes von Churchill und der Rolle Englands Deutschland gegenüber zur Folge. Aus diesem Grund müsse Heß die Isolationsfolter weiter ertragen und in Spandau sterben. Prophetische Worte. Bis heute hält sich der Verdacht, Heß sei von den Engländern in dieser Zwingburg »gestorben« worden.

Ich habe als Parteivorsitzender wohl als einer der ersten deutschen Politiker in Wort und Schrift die Freilassung des Hitler-Stellvertreters gefordert. Nicht immer zur Freude selbst von Mitgliedern, denen die Angst vor Reaktionen der Umerzieher unheilbar in den Knochen saß.

Wenn ich an Rudolf Heß denke, fällt mir Verçingetorix ein. Ihn ließ Cäsar nach seinem Sieg über die Gallier im Triumphzug und in Ketten

Reichsaußenminister Joachim von Ribbentrop (links) als Zeuge in eigener Sache. Hermann Göring und Rudolf Heß (rechts) hören zu. Ribbentrop unter dem Galgen: »Mein letzter Wunsch ist, daß Deutschland seine Einheit wiederfindet.« 1990 erfüllte sich der Wunsch.

über die Alpen treiben und nach acht Jahren Gefangenschaft in einem Kerkerloch von einem nubischen Sklaven erdrosseln. Heß »erdrosselte« man Jahrzehnte seelisch. Ob man in Verbindung zu seinem endgültigen Tod die Anführungszeichen weglassen kann, bleibt die Frage.

Fast zeitgleich mit dem vatertreuen Heß-Sohn lernte ich das krasse Gegenteil kennen: Niklas Frank, den Sohn des in Nürnberg gehenkten ehemaligen Generalgouverneurs von Polen, Dr. Hans Frank. Ironie des Schicksals: Mein Freund Alfred Seidl war der Verteidiger sowohl von Heß wie auch von Frank gewesen. Höchst anschaulich schilderte mir der wahrscheinlich couragierteste aller Verteidiger in Nürnberg, wie er von Frank geschickt überrumpelt wurde, das Mandat zu übernehmen. Der ehemalige Anwalt Frank packte Seidl sozusagen am Kollegialitäts-Portepée. Obwohl er mit dem Generalgouverneur einen der undankbarsten Fälle übernommen hatte, tat Seidl alles, um Frank vor dem Schlimmsten zu bewahren.

Als ich bei einem Empfang meines damaligen Verlegers Dr. Fleißner plaudernd neben dem CSU-Politiker stand, trat ein jüngerer Mann auf uns zu, grüßte mich höflich und lobte meine Arbeit als Stellvertretender Chefredakteur des Bayerischen Fernsehens. »Ich heiße übrigens Niklas Frank und arbeite beim ›Stern‹. Zunächst sagte mir der Name nichts. Seidl bemerkte dies. »Niklas ist der Sohn vom ›Polen-Frank‹, Du weißt schon!« Ich warf Seidl einen dankbaren Blick zu. Mein Interesse an dem Gespräch nahm zu. Sehr bald kam die Rede auf den Prozeß. Niklas Frank hielt sich zunächst bedeckt. Doch dann lockerte der Alkohol seine Zunge. Eine gewisse Distanz zum Vater war jetzt nicht mehr zu überhören. Mehr aber nicht.

Welche Fortsetzung dieses Gespräch an anderer Stelle fand, habe ich in meinem Buch »Trotz allem Deutschland« beschrieben.

Anruf aus Hamburg: »Hier ›Stern‹-Redaktion. Frank am Apparat!«

Ich zögere.

»Frank, Niklas Frank, Du erinnerst Dich doch?« . . . Es ist Niklas Frank, früherer »Bravo«- und jetziger »Stern«- Redakteur, Sohn des »Polen-Frank«.

»Hast Du vergessen, daß ich mal ein Interview mit Dir machen wollte?«

Ich hatte es vergessen, sagte es aber nicht.

»Also, jetzt ist es soweit. ›Stern‹ ist einverstanden.«

Ich bin unschlüssig. Eine innere Stimme warnt mich. Erfahrungen mit Hamburger Presseorganen habe ich schließlich genug.

Frank spürt mein Zögern.

»Kannst es ruhig machen. In die Pfanne hauen wollen wir Dich nicht. Kritisch, aber fair.«

Ausschlaggebend für meine Zusage war letztendlich die Versicherung Franks, das Interview würde auf Band aufgenommen und der Text erst nach meinem O. K. gedruckt werden.

Das Gespräch fand im Frühjahr 1984 in Rottach statt.

Franks Aussagen waren eine Mischung aus Hohn und Verachtung für seinen Vater. Auf meine Frage, wie man denn im Schatten eines in

Nürnberg hingerichteten Vaters aufwachsen konnte, antwortete er keineswegs bedrückt, eher unbeteiligt: »Ich habe es weggesteckt. Meine Schwester, die Brigitte nicht, die ist gestorben, an Krebs, aber eigentlich an unserem Vater.«

Mit vom Alkohol schwerer gewordener Zunge erzählte er zynisch, daß der Vater in Nürnberg in seiner Zelle dauernd auf den Knien gelegen und gebetet habe, so daß es sogar dem amerikanischen Gefängnisgeistlichen zuviel gewesen sei.

Mich stieß diese Haltung ab. Als Reaktion darauf wollte ich den Journalisten provozieren: Ob er denn nun wirklich in der Laufbahn seines Vaters nicht wenigstens ein paar positive Aspekte gefunden habe? Er habe doch zumindest Ansätze von Zivilcourage gezeigt, sich in Vorträgen gegen die Korrumpierung des Rechtes gewandt und sich dabei den Zorn Hitlers zugezogen.

Der Junior sagte nichts, zuckte lediglich spöttisch lächelnd mit den Schultern. Ich bohrte weiter. Wie er sich denn erklären könne, daß ein Mann mit so hoher Intelligenz wie sein Vater, der Reichsminister, letztlich doch bei der Stange geblieben sei?

Die Antwort war ebenso vernichtend wie umwerfend: »Der Maybach war's. Der Dienstwagen, auf den konnte und wollte er nicht verzichten. Er war schuldig und ist in Nürnberg zurecht hingerichtet worden.«

Ein paar Wochen später erschien das Interview. Meine Ahnungen hatten sich bestätigt. Die Zusagen waren nicht eingehalten worden. Das »Interview« war ein Schlag unter die Gürtellinie.

Aber mein anfänglicher Zorn schlug in Verachtung um, als ich einige Monate später im »Stern« die in vielen Zeitungen abgedruckte »Abrechnung« Franks mit seinem Vater las. Dagegen war das, was er mir in Rottach erzählt hatte, ein Kinderspiel. Unter dem Titel »Mein Vater der Nazimörder« gab er von sich: »Onanierend« stellte er sich die Hinrichtung seines Vaters so vor: »Der Anzug steht dir, in dem du dein Leben ausgebammelt – oder zog man ihn dir erst hinterher an und wusch dir das Blut von den Lippen, weil du beim Abwärts mit dem Kinn gegen den hölzernen Klappenrand knalltest? Schade, wenn du dabei k. o.

gegangen wärst. Ich finde, auch den letzten Zentimeter Seil bis zum Ruck hast du verdient, bewußt zu leben.«

Als ich dies las, fiel mir der Satz ein, den Faust Mephisto entgegenschleudert: »Du Spottgeburt von Dreck und Feuer!« Ach was: Lassen wir das Feuer weg und begnügen wir uns mit dem Dreck.

Interessieren würde mich allerdings, was seine englische Frau von solchem Vatermord hält und wie seine Kinder einst dieses Verhalten qualifizieren werden?

Das Thema Väter und Söhne ließ mich nicht mehr los. Insbesondere nach den Auslassungen von Niklas Frank. Ich besorgte mir das von der Ehefrau des Generalgouverneurs herausgegebene, inzwischen weitgehend in Vergessenheit geratene, in der Nürnberger Zelle geschriebene Buch von Dr. Hans Frank »Im Angesicht des Galgens«. Als Anhang angefügt waren die Briefe, die Frank aus dem Gefängnis an seine Frau und Kinder geschrieben hatte. Bei der Lektüre dieser larmoyanten Briefe, die er fast durchgängig mit der Abschiedsformel beendete »Auf ewig Dein Hans, Euer Vater«, beherrschten mich zwei widersprüchliche Empfindungen: die eine, hab' Verständnis für seine Situation. Wem das Herz voll ist, dem fließt bekanntlich der Mund über. Die andere orientierte sich an dem Ausspruch des Wiener Arztes und Dramatikers Arthur Schnitzler: »Die Sentimentalität ist das Alibi der Hartherzigen.« Nicht leugnen aber möchte ich, daß mich die letzten Zeilen seines Abschiedsbriefes an Frau und Familie nicht unberührt gelassen haben:

»Und bewahrt mir trotz all meiner Fehler und Sünden eine reine Erinnerung. Denn ich habe Euch innig geliebt! Und meine letzten Gebete gelten Dir und den Kindern, meiner Mutter, meiner Schwester und Deinen Geschwistern. Liebe Brigitte: Ich bleibe ewig in Eurer Mitte! – Herzinnigst Dein Hans – Euer Vater!

In der Nacht vom 15. zum 16. starb ich.

15. Oktober 1946 abends.«

Während ich diese Zeilen aus dem Abstand vieler Jahre heraus niederschreibe und angesicht seines Gesamtverhaltens neige ich doch eher der Anwendung des Schnitzlerschen Satzes zu. Gleichwohl geht mir auch

Blick auf die Nürnberger Anklagebank (von links nach rechts): Jodl, Rosenberg, von Papen, Frank (mit Sonnenbrille), Seyß-Inquart und Frick.

der Spruch nicht aus dem Sinn: Wer frei von Schuld, der werfe den ersten Stein.

Für die historische Forschung gewiß von Interesse ist sein Buch, das Aufstieg und Fall des III. Reiches und seines Schöpfers Adolf Hitler darstellt. Abgesehen von den apologetischen Tendenzen, was seine eigene Person betrifft, ist es eine intelligente Schilderung der inneren Machtstrukturen in Partei und Staat.

Schuld und Sühne

Schon im Verlauf des Prozesses erntete Frank bei vielen der »Ehemaligen« herbe Kritik für sein Auftreten im Zeugenstand. Gewiß, seine zwischen religiöser Exstase und permanenten Schuldbekundungen schwankenden Aussagen wirkten wenig glaubwürdig bei einem Mann, der bis zum letzen Tag einem Unrechtsstaat gedient hatte. Aber darüber hinaus sollte nicht vergessen werden, daß Frank in seinem Schlußwort aufgrund der ihm im Gefängnis zugänglich gewordenen Schilderungen der Untaten der Sieger die Schuld des eigenen Volkes als getilgt ansah. Nach dem Plädoyer von Alfred Seidl erhob sich Frank noch einmal und sagte:

»Den Worten meines Verteidigers habe ich nichts hinzuzufügen. Ich muß nur noch ein Wort von mir berichtigen. Ich sprach im Zeugenstand von tausend Jahren, die die Schuld von unserem Volke wegen des Verhaltens Hitlers in diesem Kriege nicht nehmen könnten. Nicht nur das sorgsam aus diesem Verfahren ferngehaltene Verhalten unserer Kriegsfeinde unserem Volk und seinen Soldaten gegenüber, sondern die riesigen Massenverbrechen entsetzlicher Art, die, wie ich jetzt erst erfahren habe, vor allem in Ostpreußen, Schlesien, Pommern und im Sudetenland von Russen, Polen und Tschechen verübt wurden und noch werden, haben jede nur mögliche Schuld unseres Volkes schon heute restlos getilgt. Wer wird dieses Verbrechen gegen des deutsche Volk einmal richten?«

Ich möchte dieses Kapitel kommentarlos mit einer Einschätzung des Nürnberger Prozesses in seiner rechtlichen und politischen Seite durch den Juristen Frank abschließen. Er schrieb:

»Und: Hitler ist der Hauptangeklagte in Nürnberg. Seine Taten sind entsetzlich. Doch ebensowenig wie man etwa Ludwig den Sechzehnten oder Karl den Ersten nach den Prozeßakten ihrer damaligen ›Verfahren‹ heute ›beurteilen‹ würde, sondern sie längst aus anderen historischen Aspekten bewertet als ihre damaligen Todfeinde, ebensowenig werden künftige Zeiten ihr Bild von Hitler aus den Nürnberger Prozeßakten seiner Todfeinde entnehmen. ›Juristisch‹ sind solche Riesen dieser Erde eben nicht zu fassen. Das Recht ist sehr begrenzt, die Möglichkeiten des Weltenschicksals aber sind völlig unbegrenzbar. Juristisch war Hitler schon bei seinen Lebzeiten nicht zu packen.«

Dem ist hinzuzufügen: Allein formal war der klassische Rechtsgrundsatz »nulla poena sine lege – keine Strafe ohne Gesetz« außer Kraft gesetzt. In die Waagschale der Justitia wurde nicht Gerechtigkeit gelegt, sondern das Schwert des siegreichen antiken Feldherrn Brennus geworfen. »Vae victis – Wehe den Besiegten!«

Von den Kindern, Verwandten und Bekannten der Angeklagten von Nürnberg habe ich noch Edda Göring, einen Sohn des ehemaligen Reichsjugendführers, den Rechtsanwalt Dr. Klaus von Schirach und dessen inzwischen verstorbene Mutter Henriette von Schirach kennengelernt. Ferner unter den vielen Bekannten vor allem die Hitler-Sekretärin Christa Schröder.

Edda Göring begegnete ich erstmals in der Praxis des mich behandelnden Sportarztes, Dr. von Tasnady, eines ehemaligen ungarischen Olympiasiegers im Modernen Fünfkampf. Hier war sie als Sprechstundenhilfe tätig. Ich hatte Muße, sie dabei zu beobachten. Konzentriert, distanziert höflich zu den Patienten, erledigte sie unauffällig ihre Arbeit.

Später ergab sich dann bei einem Abendessen in einem italienischen Lokal die Möglichkeit zu einem längeren Gespräch, an dem auch ein Bekannter von ihr teilnahm. Äußerlich der Vater, im Wesen wohl mehr ihrer musischen, harmoniefreudigen Mutter ähnelnd, vermied sie es, ebenso taktvoll wie bestimmt, Nürnberg zum Mittelpunkt der Unterhaltung zu machen. Trotz des augenscheinlichen Vertrauens, das sie mir nicht zuletzt durch meine Veröffentlichungen entgegenbrachte, dürften die schlechten Erfahrungen, die sie mit der Presse machen mußte, in ihr einen zur Gewohnheit gewordenen Sperriegel aufgebaut haben. Ich glaube allerdings, daß sie bei unserem Gespräch, eher als vielleicht sonst üblich, einen Blick in ihr Innenleben zuließ. Sie sprach respektvoll und mit großer Wärme von ihrem Vater. Kam das Gespräch auf ihre über alles geliebte Mutter, wurde offenkundig, daß sie über deren Tod nur sehr schwer hinweggekommen war. Sie war ihr Freundin und Stütze zugleich. Wie ich in Erfahrung bringen konnte, hat es in Eddas gewiß nicht leichtem Leben Ansätze zu kleineren Brüchen gegeben. Aber ihre Charakterstärke und das enge Verhältnis zu ihrer Mutter haben ihr inneren Halt gegeben. Zur Erfüllungsgehilfin der Nachkriegspropaganda ließ sie sich nicht mißbrauchen. Allerdings auch nicht als Aushängeschild jener Kreise, die partout nicht einsehen wollten, daß das III. Reich eben kein Rechtsstaat war.

Im Gegensatz zu der sich erst allmählich öffnenden Edda Göring war der Sohn Baldur von Schirachs, Dr. Klaus von Schirach, von Anfang an gesprächig und durchaus bereit, auch über seine Eltern differenziert zu sprechen.

Ich traf den leidenschaftlichen Bergwanderer in einem von mir häufig besuchten Meraner Hotel, wo er zusammen mit seiner Frau, seinem Neffen und anderen Berufskollegen logierte. Erster äußerer Eindruck: Ganz der Vater! In den stundenlangen Unterhaltungen sprangen wir von Thema zu Thema: von formal juristischen Betrachtungen des Prozesses, die auch für meine Frau als Juristin von großem Interesse waren, bis hin zu den politischen Hinterlassenschaften des III. Reiches und dem damit verbundenen Anteil des Reichsjugendführers. Historisch belebt wurden diese Gespräche durch seine aparte russische Frau Natascha, deren Vater aus dem Wlassow-Kreis kam, jenes Generals, der die aus Emigranten und Kriegsgefangenen zusammengestellte russische Befreiungsarmee gegen die Sowjetunion anführte. »Dank« Hitlers Theorie vom russischen Untermenschen kam dieser Einsatz allerdings viel zu spät.

In diesem Zusammenhang bietet es sich an, auf das Wirken eines Mannes hinzuweisen, der in Nürnberg gehenkt worden war: Alfred Rosenberg. Auf ihn trifft geradezu exemplarisch der marxistische Lehrsatz zu: Das Sein bestimmt das Bewußtsein. Aufgewachsen im Baltikum, in Moskau die Anfänge des bolschewistischen Terrors erlebt, wurde er in Deutschland zum Vorkämpfer gegen den Kommunismus und überzeugter Nationalsozialist. Den Grundideen hat er auch in Nürnberg nicht abgeschworen. Es trug mit zum Untergang des III. Reiches bei, daß Hitler nicht auf den Rat des erfahrenen, auf Ausgleich mit den Oststaaten bedachten Mannes gehört hat. Im Gegenteil, er ließ es zu, daß gegen den Widerstand des kenntnisreichen Balten Brutalisten und Rassisten wie der Gauleiter und Reichskommissar für die Ost-Ukraine, Erich Koch, zusammen mit Heinrich Himmler durch ihr menschenverachtendes Verhalten auch jene Kreise in der Ukraine gegen das Reich aufbrachten, die die deutschen Soldaten beim Einmarsch begeistert bejubelt hatten.

Rosenberg bewahrte bis zum Schluß Haltung. Er verzichtete unter dem Galgen auf ein Schlußwort. Er starb schweigend.

An dem Meraner Gespräch beteiligte sich auch der Sohn des Bruders von Klaus von Schirach. Im Gegensatz zu dem Rechtanwalt war sein Bruder mit der Vergangenheit und den damit verbundenen familiären Umständen nicht fertiggeworden und daran zerbrochen. Sein jetzt in Moskau lebender und dort geschäftlich tätiger, ebenfalls mit einer Russin liierter Sohn erzählte, daß er überhaupt keine Probleme mit dem Namen Schirach gehabt habe, weder bei seinen Studien in England noch später im Geschäftsleben. An dieser Stelle warf sein Onkel, der Rechtsanwalt, ein, daß auch ihm beispielsweise englische Bekannte des öfteren bestätigt hätten, sein Vater habe kein »typical Nazi-face« gehabt. Ich mußte innerlich schmunzeln und an die englische Kommission »looking for criminal faces« denken.

Generell war aus den Worten Klaus von Schirachs das Bestreben herauszuhören, seinen Vater von vielen der übrigen NS-Größen abzusetzen. Ein gewisser großbürgerlicher Stolz auf die Familie: Großvater Intendant des Weimarer Nationaltheaters, Großmutter betuchte Amerikanerin, war dabei nicht zu überhören.

Ich glaube, der Schirach-Sohn hat durch Tüchtigkeit seinen ungefährdeten Platz im Leben gefunden, den sogenannten dunklen familiären

Jeder Vorwurf ein Bumerang

»Einer der unangenehmsten Aspekte der Nürnberger Prozesse war es von Anfang an, daß nicht ein einziger Vorwurf auf der Liste der angeklagten deutschen Kriegsverbrecher stand, den man nicht auch der einen oder anderen der vier Mächte machen konnte. Um Hitler zu besiegen, waren Zivilisten ermordet, gequält, eingeschüchtert, deportiert und versklavt worden; man hatte Angriffskriege geführt, neutrale Länder unter Vorwänden besetzt, die unveränderbaren Paragraphen der internationalen Konvention über die Behandlung von Kriegsgefangenen waren flagrant verletzt worden.«

Der britische Historiker David Irving in »The Last Kampaign«, London 1979

Punkt dürfte er als allzu dunkel nicht empfunden haben. Zumindest in der Rückschau. Der Tod heilt viele Wunden.

Und da wären wir bei dem Thema Henriette von Schirach, der Mutter, lebenslustige Tochter des Hitler-Photografen Heinrich Hoffmann. Sie hat mehrere Bücher geschrieben, darunter ein lesenswertes »Der Preis der Herrlichkeit«. Der Jugendfreundin Eva Brauns ist ein gewisser Mut auch vor Königsthronen, in ihrem Falle: Diktatorensesseln, nicht abzusprechen.

Bei dem letzten Besuch des Ehepaares Schirach auf dem Obersalzberg hatte sie es gewagt, Hitler auf die verheerenden Folgen der Judendeportationen hinzuweisen. Hitler, der sie in seinen Anfangsjahren durchaus geschätzt hatte, entzog ihr daraufhin seine Gunst. Das Ehepaar Schirach verließ einen enttäuschten und verbitterten Adolf Hitler.

Ich hatte Henriette von Schirach noch als Fernsehreporter bei einer Party, die von einem Zweig der Malerfamilie von Stuck in einer Villa in der Umgebung Münchens veranstaltet worden war, kennengelernt. Ich fand sie sympathisch, witzig und kunstsachverständig. Der Abend zog sich hin, der Alkoholkonsum stieg. Mir fiel auf, daß die schon geschiedene Frau von Schirach sich durchaus nicht als Anti-Alkoholikerin verstand. Im Gegenteil! Daß Sie schon damals Alkohol-Probleme hatte, wußte ich noch nicht. Gegen Ende der Party bot ich ihr an, sie in meinem Wagen nach München mitzunehmen. Während der Fahrt schwärmte sie besonders von Richard Wagner und seiner Musik. Über ihren in Spandau noch einsitzenden Mann fiel kein Wort. Allerdings vermied ich es, dieses Thema zu berühren.

Die Hitler-Sekretärin

Später traf ich sie noch ein paar Mal bei der Hitler-Sekretärin Christa Schröder. Inzwischen hatte ich auch erfahren, daß sie mit einem Mann liiert war, der offensichtlich die Einsamkeit der noch jungen und vom Wesen her lebenslustigen Frau geschickt ausnützte. Nicht wenige Puristen unter den »Ehemaligen« haben ihr dieses Verhalten übelgenommen. Ich vermag nicht so streng zu urteilen. Treue kann eine Charakterstärke sein, sie kann aber auch sexueller Genügsamkeit entspringen. 20 Jahre trauernde »Hinterbliebene« zu spielen, das war nicht die Rolle, für die Henriette prädestiniert war.

Auch Klaus von Schirach spielte sich weder als Rächer noch als Sittenrichter auf. Wir begnügten uns mit dem Erzählen von amüsanten Episoden aus dem Leben der Frau des ehemaligen Reichsjugendführers.

Viel härter urteilten die »NS-Nornen«, wie ich sie im Stillen nannte, der Kreis um Christa Schröder. Sie haben Henriette zwar immer wieder eingeladen, aber die Beziehungen unter ihnen waren nie ganz störungsfrei. Christa Schröder und Henriette von Schirach kamen aus verschiedenen Welten. Da die erfolgsverwöhnte Tochter eines ebenfalls den Freuden des Lebens zugewandten Vaters, dort die zurückhaltende, zum Argwohn neigende Hitler-Sekretärin. Der im Grunde ihres Wesens unpolitischen Frau Schröder war bekanntlich die Stenografie zum Schicksal geworden. Hier hatte sie es zu Meisterehren gebracht. Und als sie sich eines Tages auf eine Anzeige bei einer Firma meldete und dort akzeptiert wurde, hatte sie keine Ahnung, daß dies die braune Firma war, die später die Welt ins Wanken bringen sollte.

Ich saß des öfteren in ihrer gemütlichen Schwabinger Wohnung, einmal zusammen mit dem englischen Historiker David Irving, auf den sie kurz darauf böse war, weil er eine ihrer Aussagen ohne ihr Einverständnis weitergegeben und auch nicht richtig zitiert habe. Obwohl ich spürte, daß sie mich menschlich ganz gut leiden konnte, legte sie stets Wert auf eine Unterscheidung zwischen einem privaten »entre nous«, einem unter uns, und dem, was auch für die Öffentlichkeit verwertbar sei. Ich habe mich daran gehalten. Insbesondere auch deshalb, weil ich ihre bitteren Erfahrungen kannte, die sie mit dem französischen Vernehmungsoffizier Albert Zoller, alias Bernhard, gemacht hatte. Zweifellos hatte sie eine gewisse Sympathie für den Mann empfunden, der dies in seinen Memoiren schamlos ausgenützt hat.

Über das wichtigtuerische Verhalten mancher NS-Größen hat sie sich stets scharfzüngig mokiert. Über Hitler habe ich sie nie schlecht sprechen gehört. Er blieb der »Chef«. Aus ihrer Abneigung gegenüber Eva Braun hat sie allerdings nie ein Hehl gemacht. In ihrem Buch »Er war mein Chef« hat sie dies auch offen bekannt. In diesem Punkt habe ich ihr widersprochen. Ich meinte, es gehörte schon menschliche Größe dazu, aus dem sicheren München in das eingeschlossene Berlin zu fliegen, um dort mit dem geliebten Mann zu sterben, unabhängig davon, wie man heute Hitler beurteilen mag.

Ich behalte Christa Schröder in Erinnerung als eine vom Schicksal gebeutelte Frau, die bei aller Ehrlichkeit der Darstellung der Situation »bei Hofe« jedoch Frauen aus den obersten Führungskreisen besonders hart und unbarmherzig kritisierte. Auch jene, deren Männer in Nürnberg angeklagt waren. Beim Lesen des Buches von Christa Schröder hat mich auch die boshafte Art gestört, mit der sie mit Henriette von Schirach umsprang, zumal ich sie vorher durchaus freundlich plaudernd zusammensitzen sah. In dem Buch aber erscheint Henriette von Schirach als klatschsüchtige, frivol mit der Wahrheit umgehende Zeitgenossin.

Die Väter-Bewältigung

Das Problem der in der Nachkriegszeit betriebenen Geschichtsschreibung ist, daß an ihr eine nicht geringe Anzahl von Vätergeschädigten beteiligt waren. Gemeinsam haben sie eines: Sie haben ihre Väter nicht selten zu Lasten des Vaterlandes bewältigt. Der Bogen spannt sich hier vom ehemaligen Bundespräsidenten von Weizsäcker bis zu den Söhnen des Amtschefs von Speer im Reichsrüstungsministerium, Karl-Otto Saur sen.

Mit Karl-Otto jun., einem einflußreichen Journalisten, der lange Jahre bei der »Süddeutschen Zeitung« tätig war, verband mich trotz unterschiedlicher politischer Auffassungen ein relativ gutes kollegiales Verhältnis. Kamen wir jedoch auf das III. Reich und hier insbesondere auf die Rolle seines Vaters zu sprechen, wurde er zugeknöpft und abweisend. Ich glaube, er hat seinen Vater gehaßt, nicht nur wegen seiner Tätigkeiten im NS-Staat, sondern vor allem wegen seines tyrannischen Verhaltens gegenüber Ehefrau und Kindern. Karl-Otto nannte es faschistoid. Mein Einwand, dies könnte ja auch an der Mentalität gelegen haben, prallte an ihm ab.

Noch deutlicher hat sich kürzlich der ältere Sohn, der Münchner Verleger Klaus G. Saur, in einem Interview in der Leipziger Volkszeitung geäußert. Bei der Überreichnung von drei Bänden mit dem Titel »Sterbebücher von Auschwitz« an Bundespräsident Roman Herzog sagte er unter anderem: »Diese und andere Bücher zur NS-Zeit sind mein Weg, etwas zu unternehmen, weil meine Familie mit einer Nazivergangenheit belastet ist. Es ist mein persönlicher Beitrag zur Wiedergutmachung dessen, was mein Vater getan hat.« Und auf die Frage: »Sie sagen, ›Ich will mit Hilfe der von mir verlegten Bücher das familiäre Nazierbe aufarbeiten?‹«, antwortete er: »Es ist meine Art der Wiedergutmachung. Ich nenne diesen Bereich in einem umfangreichen Verlagsprogramm Anti-Nazibücher.«

Kollektivschuld en famille – Bejahung der Erbsünde! Bis zu welchem Glied, bitte?

Ich finde es kein gutes Motiv, ein ganzes Volk zu belasten, nur um sich an dem Vater zu rächen, für so notwendig ich die vorurteilslose Aufarbeitung unserer Geschichte auch halte.

Die Wendehälse

Eine andere Spezies der Bewältiger rekrutiert sich aus ehemaligen Lobrednern des NS-Regimes, die mit atemberaubender Wendigkeit sich den neuen Herren andienten. Dies ging am besten, indem man weniger wendige Zeitgenossen und Kollegen in den von den Siegern erstellten Orkus warf. Die Namen sind Legion. Nennen wir pars pro toto die Journalisten Süßkind, Nannen, Höfer usw., die Literatur-Dame Luise Rinser nicht zu vergessen.

Faustregel in Literatur, Publizistik und Politik: Je brauner der Vater, um so schwärzer oder roter der Sohn. Man denke in der Politik an den SPD-Vogel oder den CSU-Beckstein. Wie litt der durch Selbstmord geendete Fernsehkommentator Gütt unter seinem Vater!

Was kann man tun, damit sich, auch was den Nürnberger Prozeß angeht, ein fragwürdiges Geschichtsbild nicht für immer festtritt? Die

Frist für uns Zeitzeugen wird knapp. Nützen wir die uns verbleibende Zeit. Nicht wenige Bewältiger warten auf unser Verschwinden, auf das Ableben lästiger Mahner. Jost Dülffer, Professor an der Universität Köln, hat es unverblümt ausgesprochen: »Mit dem Abtreten der Kriegsgeneration bedarf es in der Tat einer anderen Aneignung der Zeit zwischen 1933 und 1945.« Die »Volkspädagogik« läßt grüßen.

Immer wieder kommt mir ein Gedicht von George Forestier/Krämer in den Sinn, das wie kein anderes unsere Zeit poetisch bewältigt. Es sagt alles und verdient, stets aufs Neue zitiert zu werden:

Schweigen ist keine Antwort

Wir graben, und graben und graben unser Gewissen ein.

Bald werden deine Kinder dir nicht mehr glauben, daß du nicht der Mörder warst, vor dem die anderen sich entsetzen.

Bald werden sie in deinem Blick nach den Pistolenaugen suchen, nach dem Henkerszeichen auf deiner Stirn.

Sie werden dich verfluchen und fluchend dich begraben, ohne zu begreifen, daß alles anders war, nur weil wir geschwiegen haben.

I

Brandy und Blut

In Teheran fließt Ende November 1943 der Krimsekt; es herrscht Hochstimmung. Die »Großen Drei», Stalin, Churchill und Roosevelt, zeigen sich in bester Laune. Nach russischem Brauch erstreckt sich das stundenlange Abendessen über zwanzig Gänge, immer wieder von Trinksprüchen unterbrochen.

Der Krieg und seine Opfer liegen fern. An einer Front, die vom Schwarzen Meer bis zur Arktis reicht, frieren, hungern, kämpfen und sterben zur gleichen Stunde Millionen russischer Soldaten.

Generalissimus Stalin hebt das Wodkaglas heute öfter als üblich; seine schwarzen, stechenden Augen scheinen ihr Mißtrauen verloren zu haben, als er zum ersten Trinkspruch aufsteht: »Ich möchte einen Toast ausbringen auf das prächtige Wetter, dessen wir uns erfreuen!«

Man prostet sich amüsiert zu; die englischen und amerikanischen Gäste eifrig bemüht, sich so »russisch« wie möglich zu geben.

Roosevelt trinkt ohne Rücksicht auf die ärztlichen Warnungen, schwimmt in gelösten Gefühlen.

Irgendwo in Nordafrika, in Europa und Asien kämpfen, bluten und fallen amerikanische Soldaten, deren Schicksal er nie geteilt hat.

Auch Winston Churchill kann sich der lärmenden Laune nicht entziehen. Er war ziemlich mürrisch angekommen und konnte sich einige sarkastische Glossen über seine sowjetischen »Kameraden« nicht verkneifen. Stalin läßt ihm auf eigenen Wunsch statt Krimwein, Champagner und Wodka seinen geliebten Brandy servieren. Er trinkt oft und hastig, die Röte auf seinem massigen Gesicht verstärkt sich von Glas zu Glas, wenn er mit breitem Lächeln Stalins anzügliche Späße quittiert.

Irgendwo kämpfen und fallen englische Soldaten am Mittelmeer, in Asien, in Europa, im Luftkrieg über Deutschland. Irgendwo zittern und sterben englische Zivilisten unter den Gegenschlägen der Luftwaffe.

Churchill hat lebenslang Krieg geführt, sich selbst aber kaum den Niederungen des Fronterlebnisses ausgesetzt. Das liegt jetzt alles in unendlicher Ferne, und alte und neue Sorgen werden vom Brandy fortgespült.

Stalin erhebt sich schon wieder: »Ich möchte einen Toast ausbringen auf die künftigen Lieferungen von Kriegsmaterial!«

Roosevelt und Churchill und ihr Gefolge zeigen heitere Mienen: Keep smiling! Immer wieder: Aufstehen und prosten, trinken, sitzen, essen, aufstehen und wieder prosten. Gegen Ende der Völlerei erhebt sich nochmal Stalin:

»Ich trinke auf die möglichst rasche Justiz für alle deutschen Kriegsverbrecher. Ich trinke auf die Justiz einer Erschießungsabteilung!«

Plötzliches Schweigen auf allen Plätzen. Churchill starrt betroffen auf den unsicher lächelnden Roosevelt. Stalin bleibt stehen, sein gelbes Gesicht wirkt bleicher. Dann wiederholt er kalt und schneidend:

»Ich schlage vor, wir trinken auf die schnellstmögliche Bestrafung aller deutschen Kriegsverbrecher – Bestrafung durch ein Hinrichtungskommando. Ich trinke auf unsere Einigkeit, sie so schnell zu erledigen, wie wir sie gefangen nehmen, allesamt, und es gibt mindestens 50 000 davon!«

Churchill protestiert

Der eisige Luftzug des Krieges durchfährt plötzlich das feucht-friedliche Bankett. Churchill läuft dunkelrot an. Mit einem Ruck schnellt sein rundlicher Körper hoch; er schnappt nach Luft: »Ein solches Vorgehen steht im schroffen Gegensatz zur britischen Auffassung vom Recht!«

Alle Blicke richten sich auf Stalin. Er grinst:

»50 000 müssen erschossen werden!«

Diese Stimme duldet keinen Widerspruch. Churchill wagt ihn dennoch:

»Das englische Volk wird solchen Massenmord niemals zulassen! Ich lehne es ganz entschieden ab, irgend jemanden, ob Nazi oder nicht, summarisch einem Hinrichtungskommando zu überantworten, ohne ein reguläres, gesetzmäßiges Gerichtsverfahren.«

War diese Empörung echt? Die westlichen Vergeltungsziele waren doch schon seit der »Dritten Interalliierten Konferenz« vom 13. Januar 1941 im St.-James-Palast in London festgelegt:

»Zu den Hauptkriegszielen der Alliierten gehört die Bestrafung der für diese Verbrechen Verantwortlichen, gleichgültig, ob die Betreffenden diese Taten anordneten, sie selbst begingen oder irgendwie daran teilnahmen. Wir sind entschlossen, dafür zu sorgen,

a) daß die Schuldigen und Verantwortlichen, welcher Nationalität sie auch immer sein mögen, ausfindig gemacht, der Rechtssprechung ausgehändigt und abgeurteilt werden;

b) daß die verkündeten Urteile vollstreckt werden.«

Noch schärfer kam der juristisch verbrämte Vernichtungswille am 7. Mai 1942 zum Ausdruck. Damals gründete man die »Interalliierte Kommission für Kriegsverbrechen«, die Anklagematerial sammeln und Listen der »Kriegsverbrecher« aufstellen sollte – selbstverständlich nur von den Deutschen, Italienern und Japanern.

Stalin kennt diese Pläne. Erst vor wenigen Tagen, am 1. November 1943, war in Moskau die Konferenz der alliierten Rachejustiz erfolgreich abgeschlossen worden. Sie endete mit der vielversprechenden Erklärung:

»Mögen sich jene, deren Hände bisher noch nicht mit dem Blut Unschuldiger befleckt sind, davor hüten, sich den Reihen der Schuldigen anzuschließen, denn die drei alliierten Mächte werden sie mit aller Gewißheit bis in die entferntesten Schlupfwinkel der Erde verfolgen und ihren Anklägern ausliefern, damit die Gerechtigkeit ihren Lauf nehme.«

Der amerikanische Unterstaatssekretär Cordell Hull, der britische Außenminister Eden und der sowjetische Außenkommissar Molotow haben den Text festgelegt. »The Big Three« unterzeichneten das Dokument: Roosevelt, Churchill, Stalin.

Dschingis Khan läßt grüßen

Will Stalin jetzt plötzlich diese mühsam aufgebaute Kulisse einer pseudo-juristischen Prozedur bereits wieder zerschlagen, um nach dem Leitbild Dschingis Khans oder Tamerlans zu verfahren: grausam, aber schnell und gründlich, ohne langwierige, unglaubhafte Gerichtsfarce, nicht bestrafen – ausrotten? Oder bewegen Stalin noch andere Gründe für seine scharf gezielte Provokation in Teheran?

Fast ein Jahrzehnt später möchte Churchill den berüchtigten Trinkspruch Stalins auf seine tieferen Absichten hin untersuchen. In seinen Memoiren unterstellt er ihm eine rein militärische Begründung:

»Stalin meinte, der deutsche Generalstab müsse liquidiert werden. Die ganze Schlagkraft der mächtigen Armeen Hitlers hänge von etlichen 50 000 Offizieren und Sachverständigen ab. Wenn man sie bei Kriegsende festnehme und erschieße, sei Deutschlands militärische Kraft für immer gebrochen.«

Das läge folgerichtig auf der Dschingis-Khan-Linie. Da geht es nicht um »Nazi«, nicht um Demokratie, Recht oder Humanität oder um ähnliche westliche Vorwände: Katyn soll sich auf größerer Ebene wiederholen. Wie man dort durch Ausrottung von 15 000 kriegsgefangenen Offizieren zugleich den wehrfähigen polnischen Adel und damit die Elite eines Volkes vernichten wollte, so sollte jetzt durch ein verdreifachtes Katyn die militärisch und technisch begabteste Schicht des deutschen Volkes ausgemerzt werden.

Hier scheinen Churchill Skrupel gekommen zu sein. Ahnte er bereits, daß diese militärische Elite, damals die beste der Welt, für den Schutz der Insel gegen das siegreich nach Europa vordringende stalinistische Imperium eine notwendige Hilfe werden könnte? Vielleicht sah er die Entwicklung voraus, die wenige Jahre nach der Katastrophe von 1945 zum Wiedereinsatz der deutschen Wehrkraft, zur NATO führen mußte.

Moralische Gründe und sein vom Brandy angeheizter Widerspruchsgeist allein werden Churchills Wutausbruch nicht ausgelöst haben. Bei jenem Bankett in Teheran hat ihn auch Stalins höhnisches Grinsen in Rage gebracht. Churchill:

»Lieber lasse ich mich hier an Ort und Stelle in den Garten hinausführen und erschießen, als meine und meines Volkes Ehre durch eine solche Niedertracht zu beschmutzen.«

Roosevelt lächelt . . .

Stalin kann jetzt keinen Skandal brauchen und tut, als habe er Churchills »Niedertracht« nicht verstanden. Der »Generalissimus« wendet sich an Roosevelt, der immer noch keep smiling spielt. In scherzhaftem Plauderton antwortet der amerikanische Präsident dem bolschewistischen Diktator:

»Es ist klar, daß ein Kompromiß zwischen Ihrer Auffassung, Herr Stalin, und derjenigen des Premierministers gefunden werden muß. Wir können vielleicht sagen, daß wir uns nicht auf 50 000, sondern auf eine kleinere Zahl, sagen wir, auf rund 49 500 Kriegsverbrecher einigen, die summarisch hingerichtet werden sollen.«

»Kompromiß«, die amerikanische Zauberformel für die Lösung unlösbarer Probleme, hat in dieser Stunde auch für die Engländer etwas Unheimliches. Unheimlich auch das dröhnende Gelächter, mit dem nicht nur die Russen, sondern auch die Amerikaner dem »Witz« ihres Präsidenten beipflichten.

Man möchte noch nach Jahrzehnten daran zweifeln, ob ein demokratischer Präsident, der seine Bevölkerung in den Krieg geführt hatte, um angeblich Humanität und Recht zu retten, dem Mordplan mit solchem Zynismus zustimmen konnte. Doch wir verfügen für diese makabre Szene über den Bericht seines eigenen Sohnes Elliott. Roosevelt jr. hat an der Abendveranstaltung der Teheraner Konferenz teilgenommen. In seinem Buche »As He Saw It« (Duell, Sloan and Pearce), das 1946 in New York erschien, hat er uns alle Einzelheiten geschildert (S. 188—91). Eleanor Roosevelt hat dazu ein Vorwort geschrieben, so daß dieser Bericht durch die Präsidentenfamilie verbürgt ist.

Sohn Elliott verrät, Vater Roosevelt habe schon bei Stalins erstem Toast auf den 50 000fachen Offiziersmord »verstohlen gelächelt«.

Stalin scheint Churchills Vorwurf »der Niedertracht« nicht so leicht verwunden zu haben, wie es zunächst schien. Daß er nicht nur einen seiner derben Späße machen wollte, beweist die Mitteilung Elliotts, Stalin sei anschließend auf den hoffnungsvollen Sprößling des Kriegspräsidenten zugegangen und habe ihm eine Bestätigung abgefordert.

Prompt antwortete Roosevelt jun.:

»Ist das ganze nicht eine ziemlich akademische Frage? Für die meisten dieser 50 000 werden die russischen, amerikanischen und britischen Soldaten dieses Problem auf dem Schlachtfelde regeln. Und ich hoffe, daß das Schicksal nicht nur die 50 000 Kriegsverbrecher ereilt, sondern noch viele hunderttausend Nazis außerdem.«

Sohn Elliott trifft Stalins Geschmack:

»Stalin strahlte vor Vergnügen. Er kam um den Tisch und legte einen Arm um meine Schultern. Eine ausgezeichnete Antwort! Er trank auf mein Wohl. Ich errötete vor Freude.«

Der Gegensatz zwischen der juristisch verbrämten Vergeltung durch ein Siegertribunal und einer unterschiedslosen Massenhinrichtung nach dem Katyn-Verfahren blieb zunächst offen. Er taucht nochmals auf am 9. Februar 1945, am sechsten Tag der Jalta-Konferenz. Dort sollte nach der Moskauer Erklärung vom 1. November 1943 endlich die praktische Durchführung folgen. Stalins Gewicht hat sich seit Teheran gewaltig verstärkt. Jetzt in Jalta tastet sich Churchill vorsichtig an ihn heran und gibt eine Versicherung ab, die bestätigt, daß sein Teheraner Protest Theaterdonner gewesen ist:

»Ich war urspünglich einmal dafür, eine Liste von Hauptkriegsverbrechern aufzustellen, die namhaft gemachten Leute nach ihrer Ergreifung zu identifizieren und sie dann einfach erschießen zu lassen.«

Nun jedoch, versichert Churchill seinem »Kameraden« Stalin, sei er allerdings auf die von ihm redigierte Moskauer Erklärung zurückgekommen, also auf die Vorbereitung eines Prozesses. Stalin bleibt nicht unbeweglich. Er hat nun eingesehen, daß man den westlichen Vorurteilen einige Konzessionen machen könne, ohne den eigenen Ausrottungsplan vernachlässigen zu müssen.

Sobald Stalin deutsche »Nazis«, worunter er ganz unbefangen und in erster Linie deutsche Offiziere verstand, in seine Gewalt bekommen konnte, begann er mit seinem bewährten Schnellverfahren. Bereits am 15. Dezember 1943, zwei Wochen nach Teheran, wurden drei deutsche kriegsgefangene Offiziere nach kurzem Schauverhör öffentlich erschossen.

So demonstrativ mußte das nicht immer geschehen. Tausende wurden lautlos liquidiert oder starben in den sogenannten Kriegsgefangenenlagern, an deren Vernichtungswerk seit Stalingrad nicht mehr gezweifelt werden sollte. Roosevelt wollte 49 500, Stalin 50 000 und Roosevelt jun. Hunderttausende ohne Gerichtsverfahren zusammenschießen lassen. Durch die Todeslager hat der rote Diktator diese Zahlen längst überschritten, ehe der Plan eines gigantischen Schau-Prozesses gegen wehrlose Besiegte konkrete Formen annehmen konnte, um beide Methoden, die »demokratische« und die stalinistische, zu verbinden.

Stalins Argwohn

Stalins Mißtrauen gegen ein juristisch aufgezogenes Mammutverfahren hat naheliegende Gründe. Wenn etwa der Abwehrkrieg der zwergenhaften Sowjetunion gegen das gigantische Finnland von der Verteidigung auf Kriegsschuldsünden überprüft werden sollte, könnten die westlichen Richter in Verlegenheit gebracht werden. Er weiß auch, was seine demokratischen Bundesgenossen noch nicht wissen, daß er an der Vorbereitung des Polen-Krieges durchaus nicht unbeteiligt gewesen ist und sich für den Fall des militärischen Erfolges die polnische Beute bereits im voraus vertraglich gesichert hatte. Auch könnten nicht alle vergessen haben, daß er dem zusammenbrechenden Polen den Fangstoß in den Rücken versetzt hatte. Könnte in einem solchen Prozeß verheimlicht werden, daß er in Litauen, Lettland und Estland und in Südosteuropa friedliche Raubzüge unternommen und ganze Bevölkerungsgruppen verschleppt hatte? Dann hatte er die Japaner, mit denen er durch einen Nicht-Angriffspakt verbunden war, noch in ihrem Todeskampf angefallen.

Gründe über Gründe für Stalin, diese juristischen Eiferer mit Mißtrauen zu beobachten.

Doch auch seine westlichen Helfershelfer waren sich zunächst lange nicht so einig, wie es später erscheinen mochte. Anfang 1945 hat Präsident Roosevelt vermutlich in Erinnerung an seine Teheraner Plaudereien ein prominentes Mitglied seines Brain-Trusts nach London gesandt, Samuel Rosenman, um Churchill seine früheren Skrupel auszureden und die generelle und kollektive Bestrafung aller politischen und militärischen Führer vorzubereiten. In seinen Erinnerungen berichtet Rosenman, die Engländer hätten zwar den Plan gefaßt, führende Persönlichkeiten des Dritten Reiches ohne Verfahren zu erschießen, sie seien aber gegen einen öffentlichen Prozeß, weil sie befürchteten, daß ein solcher zu einem starken Resonanzboden werden könnte für eine wiedererwachende nationalsozialistische Propaganda.

Als Antwort auf seine Londoner Mission überreichte Sir Cadogan am 23. April 1945 Rosenman eine Denkschrift der englischen Regierung, das von Rosenman vorgeschlagene Verfahren müsse den Eindruck erwecken, es handele sich um ein abgekartetes Spiel, mit dem die Alliierten nur den Zweck verfolgten, ein bereits gefälltes Urteil nachträglich zu rechtfertigen.

Besonders bedenklich erschien es den Engländern, die Vorkriegspolitik der deutschen Führung anzugreifen. Auch die militärischen Aktio-

Roosevelt, Churchill, Stalin am 29. November 1943 in Teheran: »50 000 Deutsche müssen erschossen werden.«

nen seien keine Kriegsverbrechen im gewöhnlichen Sinne. Es stehe überhaupt nicht fest, »ob sie nach dem Völkerrecht als Verbrechen erfaßt werden können.« [1]

Nicht erst in »München«, auch vorher und nachher und bis zum Kriegsbeginn hatte Frankreich das Deutsche Reich als gleichberechtigt und ebenbürtig behandelt. Konnte man die gleichen Männer, mit denen man jahrelang diplomatisch verkehrt und die man als europäische Partner anerkannt hatte, jetzt wie Banditen behandeln, deren verbrecherische Absichten schon seit 20 Jahren feststünden?

Noch stärker drängen sich solche Bedenken den Engländern auf. Hatte man nicht mit dem jetzigen Weltfeind aller Humanität und Demokratie vor wenigen Jahren den Flotten-Vertrag geschlossen und den N.S.-Staat und seine Wiederaufrüstung de jure und de facto anerkannt? Hatte nicht Chamberlain mit jenem »Bluthund« auf gleicher Ebene verkehrt und mit ihm in freundschaftlichem tête à tête »den Frieden für unsere Zeit« vereinbart? Waren nicht die Lobsprüche von Lloyd George und Churchill auf Hitler als den Retter Deutschlands und den Beschützer des Abendlandes gegen die kommunistische Weltgefahr noch in Erinnerung? Man ist sich in Paris und London nur einig in diesem kaum zu überwindenden Unbehagen.

Da findet Churchills smarter Außenminister Eden einen eleganten Ausweg: Die »Kriegsverbrecher« auf deutscher Seite sollten zwar nicht sofort erschossen, auch nicht durch einen langwierigen Prozeß verurteilt, sondern wie weiland Napoleon auf eine gottverlassene Insel verbannt werden. Dort könnten sie nicht mehr gefährlich werden, ohne daß man einen solch problematischen Massenmord oder Massenprozeß veranstalten müßte.

Doch wie in ihrer Kriegsführung waren Frankreich und England auch in der Behandlung ihrer »Kriegsverbrecher« längst nicht mehr selbständig. Washington ließ seinen Satelliten unmißverständlich klarmachen, daß es auf einem Prozeß beharre. Und fast gleichzeitig schoß Stalin einen Torpedo in Richtung London. Von Radio Moskau aus rief sein Agitator Jermaschew am 19. Mai 1945 in die westliche Welt:

»Man soll sie endlich an die Wand stellen und erschießen!«

Neutrales Weltgericht?

Das ist das Signal für Washington: Chief Justice R. H. Jackson ist von dem Plan besessen, einen Prozeß von Ausmaßen, wie ihn die Weltgeschichte noch nicht gesehen hat, zu veranstalten. Wie der Zweite Weltkrieg alle bisherigen Grenzen und Dimensionen gesprengt hat, so soll er auch mit einem juristischen Aufwand enden, mit einem Weltgericht, wie dergleichen noch nie inszeniert worden war.

Jackson will dabei als amerikanischer Hauptankläger die Rolle seines Lebens spielen. Als Sonderbeauftragter von Präsident Truman hetzt er durch die Kontinente, um für seinen Verfolgungsplan zu agitieren. In Washington werden inzwischen die juristischen Netze geknüpft, denen kein prominenter Deutscher entschlüpfen sollte. Dort prüft Richter Samuel Rosenman im Auftrag des Weißen Hauses die juristischen Voraussetzungen für einen Prozeß, unterstützt von Staatssekretär Stimson, Armeegeneralanwalt Bernays, Justizminister Biddle und seinem Assistenten Herbert Wechsler.[2]

Der nächstliegende Widerspruch hemmt Rosenmans Juristen allerdings nicht: Daß man nicht Ankläger und Richter zugleich sein könne, daß es allen amerikanischen Rechtsprinzipien widerspräche, wenn die Sieger Richter in eigener Sache spielen sollten.

Vor Gegenwart und Zukunft konnte das geplante Weltgericht die Majestät des Rechtes nur dann wahren, wenn der Fall der Besiegten nicht vor ihren Feinden, sondern vor neutralen Richtern verhandelt werden würde. Mindestens vier alte Kulturstaaten mit hochentwickelter Rechtspflege standen für diese Aufgabe zur Verfügung: die Schweiz, Spanien, Schweden und Portugal. Eine Weltenstunde des Völkerrechts schien zu schlagen. Haben Staaten, die einer solchen Gelegenheit auswichen, nicht schon dadurch bewiesen, daß sie Rache wollten, nicht Recht?

Mit einem Vorwand, der nicht verdächtiger sein könnte, hat der spätere amerikanische Ankläger, Brigadegeneral Telford Taylor, diesen Plan torpediert. Ein solcher Vorschlag sei »unrealistisch«, meinte er, »weil die Zahl der wirklich neutralen Länder so gering war, daß sich diese Lösung als völlig undurchführbar erwiesen hätte«.

Als ob das eine Frage der Zahl wäre, ganz abgesehen davon, daß die erforderliche Zahl an Richtern ohne weiteres durch die neutralen Staa-

> »Männer müssen lernen, Befehlen zu gehorchen, wenn alle ihre Instinkte aufschreien, ihnen nicht zu gehorchen. Ich bin Soldat – ich gehorche Befehlen immer.«
>
> *Bernhard Montgomery, britischer Feldmarschall*

ten hätte gestellt werden können. Daß man keinen glaubwürdigeren Grund für die Ablehnung zu finden vermochte, beweist, daß andere Gründe vorlagen, die es nicht zuließen, ein wirklich neutrales und damit rechtmäßiges Gericht vorzubereiten. Ein objektives Gericht hätte Anklagen, die man gegen deutsche Offiziere und Politiker erheben konnte, auch gegen amerikanische, englische und französische und besonders auch russische Kriegsverbrecher erheben müssen, wenn sie die gleichen Verbrechen begangen hatten. Dem durfte man sich nicht aussetzen!

Am einfachsten wäre es, wenn jeder Staat nach dem bei ihm geltenden Recht seine Kriegsverbrecher selbst aburteilte. Die spätere Entnazifizierung hat hinreichend bewiesen, daß die Deutschen bereit waren, alle Forderungen ihrer Besatzungsmächte vorbildlich zu erfüllen. Das Nürnberger Tribunal hat, um den Schein der Objektivität zu wahren, den Ministerialdirektor Fritzsche vom Goebbels-Ministerium, Hitlers Vizekanzler Franz von Papen und Hitlers Reichsminister und Reichsbankpräsidenten Dr. Schacht freigesprochen. Es zeigte sich sofort, die Sieger hätten sich auf ihre Deutschen verlassen können: Generalankläger und Entnazifizierungschef Dr. Dehler rief die Öffentlichkeit zu weiteren Denunziationen auf, um Fritzsche verfolgen zu können. Ein Bernhard Müller hat vor der Nürnberger Spruchkammer bedauert, daß er als Ankläger nicht die Todesstrafe fordern könne; man verurteilte Fritzsche zu zehn Jahren Haft.

Über den freigesprochenen Franz von Papen verhängte der damalige Ministerpräsident Dr. Hoegner (SPD) sofort Hausarrest, bis ihn die Spruchkammer zu acht Jahren Arbeitslager verurteilte. Dr. Schacht wurde wenige Tage nach seiner Entlassung aus Nürnberg erneut verhaftet und von der Spruchkammer 1947 zu acht Jahren Arbeitslager verurteilt. Das Mißtrauen der Alliierten gegenüber der deutschen Nachkriegsjustiz war also durchaus unbegründet. –

Nach zwei Monaten hektischer Aktivität ist Trumans Verfolgungsjurist Jackson am Ziel. Am 26. Juni 1945 versammeln sich die Vertreter der vier Siegermächte in London, um die Verfahrensgrundlagen für den geplanten Mammutprozeß zu vereinbaren. Während man – wie seinerzeit im Völkerbund – gerade die Geheimdiplomatie abschaffen will, werden diese Verhandlungen hinter verschlossenen Türen abgehalten; ihr Ergebnis muß streng geheim bleiben. Für vier Jahre sollte der Inhalt dieser Gespräche der Weltöffentlichkeit noch vorenthalten werden. Als man die Zeit endlich für ungefährlich erachtet, dieses Geheimnis zu lüften, erfahren die Völker zum ersten Mal, daß man bereits bei der Vorbereitung des Prozeßstatutes und der Verfahrensweise alle Rechtsgrundsätze brechen wollte, die die Kulturvölker in einem Jahrtausende währenden Ringen entwickelt haben.

Vier Gegensätze sind es vor allem, die vertuscht werden müssen, weil sie dem Prozeß von vornherein die rechtlichen Grundlagen entziehen:

„1. Wie soll sich das Gericht verhalten, wenn die deutsche Verteidigung vorbringt, daß auch andere Länder Angriffskriege geführt und Kriegsverbrechen begangen haben?

2. Wie können Männer, die keine kriminellen Straftaten begangen haben, dennoch angeklagt und verurteilt werden?

3. Könnten die Politiker der Länder, die nun zu Gericht sitzen sollen, nicht in irgendeiner Zukunft selbst einmal nach dem gleichen Recht zur Verantwortung gezogen werden?

4. Wie steht es mit den Luftangriffen auf Wohnviertel und die wehrlose Zivilbevölkerung?« [3]

Durch sophistische Manipulationen gelingt es Jackson schließlich, diese Einwände zu beschwichtigen. Er will unter allen Umständen einen Prozeß erreichen. Auch so berechtigte Sorgen wie die des britischen Delegierten und späteren englischen Anklägers David Maxwell Fyfe werden verscheucht. Sir David z. B. befürchtet, die Deutschen könnten auf die Anklage wegen der Besetzung Norwegens erwidern, daß doch Hitler dem Kriegspremier Churchill nur um eine Nasenlänge zuvorgekommen sei.

Die westlichen Verfolgungsexperten müssen schließlich solche Bedenken unterdrücken, wenn schon ihre sowjetischen Kollegen, obgleich sie mit allen Verbrechen belastet sind, die man den Deutschen jemals vorwerfen könnte, nun endlich bereit sind, alle Risiken eines solchen Prozesses auf sich zu nehmen.

Sie wagen es, denn sie verfügen über einzigartige Erfahrungen mit Prozessen solcher Art. Wenn Richter des brutalsten Unrechtsstaates aller Zeiten entschlossen sind, gegenüber den Deutschen sich als Fanatiker des Rechtes aufzuspielen, wenn die Aggressoren gegen Finnland, die baltischen Staaten, gegen Polen, Rumänien, Japan als Ankläger gegen deutsche Friedensbrecher zu fungieren wagen, wenn Juristen des Staates, der aus Menschheitsverbrechen entstanden ist und nur durch Menschheitsverbrechen weiterexistieren kann, jetzt als Anwälte der Humanität auftreten, – dann mußten auch die westlichen Juristen ihre Skrupel verdrängen.

»Wir erklären einfach . . .«

Jacksons stärkster Bundesgenosse, jetzt bei der Vorbereitung wie später bei der Durchführung des Prozesses, ist Genosse Nikitschenko, stellvertretender Vorsitzender des Obersten Gerichtshofes der Sowjetunion, nun Stalins Vertreter bei den Londoner Verhandlungen, Generalmajor der Roten Armee, demnächst Sowjetrichter in Nürnberg. Nikitschenko fegt die Bedenken Sir Davids wegen Norwegen mit der Feststellung vom Tisch, eine solche Frage dürfe vor dem Tribunal gar nicht erst auftauchen. Das Gericht werde es einfach als »gegeben« erachten, daß nur die Deutschen Norwegen angreifen wollten. Nikitschenkos Empfehlungen werden Gesetz. Antibolschewisten und Bolschewisten einigen sich auf jene Prozedur, nach der nur solche Taten behandelt werden dürfen, die den Besiegten vorgeworfen werden können.

Sir David geht so weit – und sein Kollege Nikitschenko akzeptiert dies amüsiert –, daß er zu fordern wagt:

»Was wir bei diesem Verfahren abschaffen wollen, ist die Diskussion darüber, ob die Handlungen Verletzungen des Völkerrechts sind oder nicht. *Wir erklären einfach, das als Völkerrecht gilt, so daß es keine Diskussion geben wird, ob das Völkerrecht ist oder nicht.*«

Nun scheinen alle rechtlichen Hemmungen beseitigt zu sein. Nur bei einer zentralen Frage tauchen dem französischen Völkerrechtler Professor André erhebliche Zweifel auf. Es sei zwar, meint er, moralisch und politisch wünschenswert, die besiegten Staatsmänner und Generale für den Ausbruch des Krieges persönlich verantwortlich zu machen. »Aber das ist nicht Völkerrecht.«

Doch für Jackson gibt es hier keine Schwierigkeiten. Er beugt das Völkerrecht nach Bedarf und wagt eine Forderung, die allein schon ausreichen müßte, seinen Prozeß als Verhöhnung aller Rechtsprinzipien zu entlarven. Jackson erwidert, die Bedenken von Professor Andrè scheinen das Gericht in eine Lage zu bringen, bei der man völlig zu Recht sagen könnte, daß keine persönliche Verantwortung bestehe.

»Ich gebe zu, daß zu unserer Unterstützung das Völkerrecht unbestimmt und schwach ist. Wir müssen einfach erklären, daß sie persönlich verantwortlich sind.«

Jetzt begreift man, warum die Alliierten erst vier Jahre nach ihrem Nürnberger Prozeß die Protokolle der vorbereitenden Verhandlungen über die Grundlagen des Statuts veröffentlichen ließen; erst 1949 durften sie erscheinen. Auf Seite 104—106 des »The Report on the International Conference on Military Trials, London 1945«, herausgegeben vom State Department Washington, ist eine Forderung Nikitschenkos wiedergegeben, die man nur als juristisches Gegenstück zu Stalins Katyn-Methode bezeichnen kann. Die bolschewistische »Partinost«, die Parteilichkeit, wird ohne jede Hemmung zur Rechtsgrundlage des internationalen Gerichts bestimmt:

Bei Prozessen dieser Art sei es nicht erforderlich, so zu tun, als ob der Richter völlig unparteiisch wäre und über den anstehenden Fall vorher nichts wüßte. Die Erklärung der Konferenz von Jalta besage ganz klar, daß es das Ziel sei, diese Verbrecher schnell abzuurteilen. Daher wisse der Richter, ehe er seinen Sitz im Gericht einnehme, was in der Presse aller Länder gesagt wurde. Was die Anklage vorbringe, sei dem Richter zweifellos vor Beginn des Prozesses bekannt, und es brauche daher nicht eine Fiktion geschaffen zu werden, als ob der Richter eine unparteiische Person wäre, die von allem Vorangegangenen legal keine Kenntnis hätte.

Das Verfahren so aufzuziehen, als wäre der Richter angeblich unparteiisch, würde zu unnötigen Verzögerungen führen. Es wurde beschlossen, ih-

nen (den Hauptkriegsverbrechern) dem Verfahren nach den Prozeß zu machen, wobei es natürlich Zweck des Prozesses ist, die Verbrecher zu bestrafen.

»Die Rolle des Anklägers sollte sich daher darauf beschränken, dem Gericht bei der Behandlung des jeweils anliegenden Falles zu assistieren. Die Anklage soll den Richter unterstützen, und es muß von vornherein klar sein, daß dem Richter nicht die Rolle des unparteiischen Dritten zufällt.«

Das ist die klassische Methode der kommunistischen Schauprozesse. Unerhört neu daran ist nur die Tatsache, daß juristische Vertreter europäischer Kulturvölker sich soweit erniedrigen, diese Antijustiz gegenüber einem Kulturvolk anzuwenden. Die Delegierten der englischen, französischen und amerikanischen Justiz haben das nie so brutal ausgesprochen. Doch sie haben dann nach jenem stalinistischen Prinzip angeklagt, gerichtet und verurteilt, das Nikitschenko in aller Offenheit von ihnen fordern durfte:

»Wir haben es hier mit den Hauptkriegsverbrechern zu tun, *die bereits verurteilt sind* und deren Verurteilung in den Erklärungen der Staatsoberhäupter in Moskau wie in Jalta ausgesprochen wurde; diese Erklärungen ordnen die sofortige gerechte Bestrafung für die begangenen Vergehen an.«

Das war am 20. Juni 1945. Einen Monat später, am 19. Juli 1945, kann Nikitschenko noch einmal seine Vorstellungen von einem internationalen Gericht in zwei Sätzen zusammenfassen:

»Daß die Naziführer Verbrecher sind, ist bereits eine feststehende Tatsache. Die Aufgabe des Gerichtshofes besteht lediglich darin, das Schuldmaß jedes Einzelnen festzustellen und die erforderliche Strafe zuzumessen.« [4]

Das ist kommunistische Rechtsphilosophie von Jagoda bis Hilde Benjamin. Neu ist nur, daß die proletarische Klassenjustiz jetzt von den Juristen der westlichen Demokratien übernommen wird. Kein geringerer als der höchste Repräsentant der englischen Gerichtsbarkeit, Lordrichter Lawrence, hat noch vier Jahre später, am 14. Mai 1949, die »Fähigkeit und Unparteilichkeit« der juristischen Funktionäre der sowjetischen Partinost lobend anerkannt.

Robert H. Jackson (USA)

Roman A. Rudenko (UdSSR)

Im Namen der Anklage

Sir Hartley Shawcross
(Großbritannien)

Charles Dubost (Frankreich)

»Eine Hand wäscht die andere«, das ist auch ein russisches Sprichwort. Für die Übernahme kommunistischer Prozeßmethoden durch den Westen ist der Osten bereit, ein für die amerikanische und englische Seite gefährliches Problem auszuklammern: den angloamerikanischen Luftterror.

Man schweigt sich darüber so gründlich aus, daß sogar verhindert wird, die Debatten über diesen Komplex in das Stenogramm der Londoner Verhandlungen aufzunehmen. Erst Jahre später hat Chief Justice Jackson eingestanden, daß man diese Frage diskutiert und sich darauf geeinigt habe, die Deutschen wegen der angeblich von ihnen verschuldeten Luftangriffe auf die Zivilbevölkerung *nicht* anzuklagen. Unvermeidlich wäre sonst bereits in Nürnberg enthüllt worden, daß die Hauptschuld am Bombenterror jene Mächte trifft, die vor dem Internationalen Militär-Tribunal die Ankläger spielten. Mit kaum zu überbietender Unverfrorenheit gibt Jackson zu:

»Dieses Thema wäre einer Aufforderung zur Erhebung von Gegenbeschuldigungen gleichgekommen, die in dem Prozeß nicht nützlich gewesen wären.« [5]

Nachdem sie ihre Auffassung mühelos durchgesetzt haben, finden die Sowjets Geschmack an der Justizkomödie. Sie haben seit 1943 bereits hunderttausendfach deutsche »Nazis und Militaristen« liquidiert; nun beginnen sie ergänzend mit der »juristischen« Verfolgung und planen nicht weniger als 200 000 solcher »Gerichtsverfahren«.

Seit 300 Jahren . . .

Diese Siegerjustiz steht in krassem Widerspruch zu jenen Friedensverträgen, deren Ziel der echte Friede war. Nach dem Sieg über Rußland 1917 wurde im Frieden von Brest Litowsk ausdrücklich festgelegt, daß auf die Verfolgung aller Vergehen und Verbrechen verzichtet wird, die im Zusammenhang mit dem Kriegsgeschehen vorgekommen waren. Das hat Deutschland zugestanden, obwohl der Erste Weltkrieg nicht zuletzt durch die russische Außenpolitik verursacht worden war.

Im Juni 1940 wurden die Besiegten im Wald von Compiègne nicht wie die Deutschen 1919 als Angeklagte behandelt, sondern mit allen Ehren, die ein ritterlicher Sieger einem Unterlegenen gewähren kann. Damit wurde dem besiegten Frankreich gegenüber wieder jener Stil gewahrt, den Fürst Bismarck bei Napoleon III. angewandt hatte. Welch ein Kontrast zu den ehrwidrigen und beleidigenden Maßnahmen, mit denen die alliierten Politiker und Befehlshaber Großadmiral Dönitz und die Reichsregierung zu erniedrigen versuchten! Welch ein Gegensatz zwischen den Vorgängen in Flensburg 1945 und der Kapitulation von Sedan. Einst wurde auch der Frankfurter Friede nach dem »Tabula-rasa-Prinzip« abgeschlossen. Im Friedensvertrag Art. II Abs. 2 wurde festgelegt:

»Kein Bewohner der abgetretenen Gebiete darf wegen seiner politischen oder militärischen Handlungen während des Krieges in seiner Person oder seinen Gütern verfolgt, beunruhigt oder verhaftet werden.«

Das war 1871 und wurde die Grundlage eines 43jährigen europäischen Friedens.

Zu welchen Barbareien der Zweite Weltkrieg auch entartete, im Dreißigjährigen Krieg wurden relativ noch mehr Grausamkeiten verübt und Opfer gefordert. Doch diese entsetzlichen Greuel durch drei Jahrzehnte hindurch endeten schließlich 1648 mit dem »Westfälischen Frieden« zu Münster, der dies im § 2 als »Heiligen Grundsatz« festhielt:

»Beiderseits soll das ewig und vergessen sein, was von Beginn dieser Unruhe an, wie und wo nur immer, von der einen oder anderen Seite, hinüber und herüber, an Feindseligkeiten geschehen ist Vielmehr sollen alle und jede, von hier und von dort, sowohl vor dem Kriege als während des Krieges zugefügten Beleidigungen, Gewalttätigkeiten, Feindseligkeiten, ohne jedes Ansehen der Person derart gänzlich abgetan sein, daß alles, was auch immer der eine von dem anderen unter diesem Namen beanspruchen konnte, in ewiger Vergessenheit begraben sei.«

Sogar am Ende des Ersten Weltkrieges haben die Siegerstaaten im Waffenstillstandsvertrag vom 11. November 1918 im Art. VI von sich aus festgelegt, daß kein Bewohner der von den Alliierten zu besetzenden deutschen Gebiete wegen Teilnahme an Kriegshandlungen verfolgt werden dürfe. Erst als die Deutschen im Vertrauen auf diesen Vertrag die Waffen niederlegten, wurde das Völkerrecht gebrochen und in Versailles die Auslieferung des Kaisers und die »Bestrafung« seiner politischen und militärischen Führer gefordert.

Trotz einer wahnwitzigen internationalen Hetze gegen das besiegte Deutschland, versuchte man wenigstens noch den Schein des Rechtes zu wahren und überließ die Durchführung sogenannter Kriegsverbrecherprozesse dem Reichsgericht zu Leipzig, das zwölf solche Verfahren beendet hat, von denen sechs zu Freisprüchen und die übrigen zu Freiheitsstrafen führten.

Die Auslieferung des Kaisers scheiterte am Widerstand der rechtsstaatlichen Haltung der Regierung der neutralen Niederlande.

Bezahlte und andere Zeugen

»Für die Verteidigung war es schwierig, Zeugen überhaupt zu bekommen. Bei vielen waren die Adressen nicht bekannt. Viele standen in ihrer Denazifizierung und scheuten sich, menschlich-begreiflicherweise, durch ein ›Eintreten für Kriegsverbrecher‹ ihr eigenes Verfahren ungünstig zu beeinflussen. Unbequeme Zeugen wurden eingeschüchtert oder lahmgelegt. Entweder man sperrte sie ein – es gab nur wenige Verteidigungszeugen, die sich auf freiem Fuß befanden – oder man benannte sie als Zeugen der Anklage. Dann durfte der Verteidiger nicht mit dem Zeugen sprechen. Umgekehrt war es bei den Zeugen der Anklage. Sie wurden gut untergebracht, gut verpflegt und bezahlt und hatten die beste Aussicht, einer eigenen Anklage zu entgehen.«

Lutz Graf Schwerin von Krosigk (1887—1977),
ehemaliger Reichsfinanzminister,
in Nürnberg zu zehn Jahren Haft verurteilt

Wie man nach dem Zweiten Weltkrieg ein überdimensionales Versailles forderte, so hat man mit juristischen Praktiken den Krieg gegen die Besiegten weitergeführt.

Man hat nicht im Kriege den Frieden vorbereitet, wie es Fichte forderte, sondern mitten im Krieg, am 15. 1. 1941 im St.-James-Palast, es als ein Hauptziel der Alliierten erklärt, Krieg zur Bestrafung von »Kriegsverbrechern« zu führen.

Die rechtlichen Grundlagen scheinen mit dem Londoner Beschluß endgültig gesichert zu sein. Mit der Übernahme der sowjetischen Rechtsideologie und Schauprozeßmethoden werden die pseudojuristischen Vorbereitungen abgeschlossen. Am 8. August 1945 wird das Abkommen über die Konstituierung des Internationalen Militär-Tribunals vollzogen und sein Statut von den Delegierten Frankreichs, Englands, Amerikas und der Sowjetunion unterzeichnet.

Die methodischen Voraussetzungen einseitiger Siegerjustiz werden nicht zuletzt dadurch gewährleistet, daß dem Gerichtshof das Recht zusteht, »über die Zulässigkeit jedes Beweismittels« willkürlich zu entscheiden. Dies gilt (vor allem) auch für »Gegenbeweise« seitens der Verteidigung.

Ohnehin sind die deutschen Rechtsanwälte in den Nürnberger Verhandlungen massiv benachteiligt. Ihnen steht ein gewaltiger Siegerapparat gegenüber. Das Beschaffen von Zeugen und Entlastungsdokumenten innerhalb kürzester Fristen ist schwer, zumal sich bald herausstellen sollte, daß gewisse Papiere in die Siegerstaaten verbracht oder einfach vernichtet worden waren. Nicht nur Zeugen, die von den Sowjets gefangengehalten wurden, standen unter Druck. Das Bedürfnis, seine eigene Haut zu retten, war nur allzu menschlich. Ein gutes Wort zugunsten der Angeklagten barg selbstmörderisches Risiko. In dieser Atmosphäre des Hasses und der Vorverurteilung war das »Recht« bloß eine Floskel.

Das aber hinderte 1963 den hessischen Generalstaatsanwalt und »Nazijäger« Fritz Bauer nicht, zu den deutschen NS-Prozessen öffentlich zu erklären: »Die Grundlage aller Prozesse heute ist nach wie vor das Urkundenmaterial von Nürnberg.« Ein Gerichtsschoß, der unverändert fruchtbar ist. . .

»Die größte Menschenjagd«

Die westlichen und östlichen Inquisitoren sind bemüht, sämtlicher Opfer rechtzeitig habhaft zu werden. Ein nahezu unerschöpfliches Reservoir bieten ihnen die als »Internierungslager« bezeichneten neuen KZs und die Kriegsgefangenenlager in allen Besatzungszonen. Darüber hinaus aber beginnt eine beispiellose Fahndungsaktion in allen Ländern und Zonen, eine Konjunktur für Spitzel, Verleumder und Denunzianten wie nie zuvor. Triumphierend verkündet Englands Außenminister Eden im Unterhaus: »Die größte Menschenjagd ist im Gange, von Norwegen bis in die Bayerischen Alpen.« Eine Million Menschen wird gesucht, gehetzt und gejagt.

Im Gegensatz zur Emigration der dreißiger Jahre flüchtet nur ein Bruchteil der Verdächtigen ins Ausland. Die prominenten politischen und militärischen Führer bleiben im Lande und stellen sich zum Teil freiwillig.

Der zweitmächtigste Mann im Staat, Reichsmarschall Hermann Göring, läßt sich durch Oberst Bernd von Brauchitsch bei der 36. Division der 7. US-Armee melden. Am vereinbarten Treffpunkt begegnen sich US-Brigadegeneral Robert J. Stack und der Reichsmarschall. Göring hebt den Marschallstab, und der amerikanische General salutiert. Sollte es nochmals – wie 1871 nach Sedan und 1940 in Compiègne – möglich werden, daß sich Sieger und Besiegte ritterlich begegnen? Damals haben die siegreichen Generale Keitel und Jodl den besiegten Offizieren, Marschall Pétain und General Huntziger, die militärischen Ehren erwiesen.

Diese Hoffnung wird allzu rasch vernichtet. »Shakehands mit Mördern!« heult die internationale Journaille auf. US-Brigadegeneral Stack muß seine Ritterlichkeit schwer büßen. Der »Skandal« wird hochgespielt bis zu Eisenhower, der seine offizielle Entrüstung und Mißbilligung bekundet.

Reichsmarschall Göring wird zunächst zum Divisionsstab gebracht. Der amerikanische Kommandeur, Generalmajor John E. Dalquist, plaudert arglos mit dem kriegsgefangenen höchsten deutschen Offizier. Auch Göring ist naiv genug, noch anzunehmen, man werde ihn als Verhandlungspartner zu Eisenhower bringen. In Kitzbühel wird er in einem Privathaus einquartiert. Ein Dutzend Reporter erscheinen zu einem mehrstündigen Interview. Doch davon kommt keine Zeile in der Weltpresse. Eisenhowers Befehl unterdrückt diese demokratischen Ausschweifungen. In wenigen Tagen wird aus dem kriegsgefangenen Reichsmarschall der »Kriegsverbrecher Nr. 1«.

Der Chef des Oberkommandos der Wehrmacht, Generalfeldmarschall Keitel, wird am 13. Mai 1945 in Flensburg von Engländern wie ein Krimineller verhaftet und abgeführt. Noch vier Tage vorher galt er als der anerkannte Partner bei den Kapitulationsverhandlungen im sowjetischen Hauptquartier in Karlshorst. Als solcher unterzeichnete er das Kapitulationsdokument. (Vorher, bei der Abfahrt vom Flughafen, wird ihm die größte Limousine angeboten. Keitel zögert. »Bitte särr«, sagt der russische Begleitoffizier, »Sie sind der Generalfeldmarschall«.)

Kein führender Offizier entzieht sich der Verantwortung durch Flucht oder Emigration. Bis zum 23. Juli 1945 lebt der ehemalige Oberbefehlshaber der Kriegsmarine, Großadmiral Raeder, in Berlin-Babelsberg, offiziell angemeldet und unangefochten. Nun wird er plötzlich mit seiner Frau verhaftet und ins Lichtenberger Gefängnis geworfen. Beide werden nach Moskau verfrachtet und dort bis zum Beginn des Nürnberger Prozesses »interniert«.

Den Staat enthaupten!

In den Westzonen hat man es eiliger. Das Haupthindernis einer politischen Verfolgung aller Führungskräfte des Dritten Reiches ist die Existenz einer legalen und souveränen deutschen Regierung. Sie hat als Reichsregierung nicht kapituliert. Die verhängnisvolle »Unconditional surrender« wird nur von den Repräsentanten der Wehrmacht unterzeichnet. Das Hauptziel der Regierung Dönitz ist es, die Kapitulation im Osten hinauszuzögern, um eine höchstmögliche Zahl von Soldaten und Zivilisten vor dem Terror der Roten Armee zu schützen und nach dem Westen zu schleusen. Generaloberst Jodl versucht das Äußerste, um zu retten, was noch zu retten ist: 2—3 Millionen Deutsche können vor den Sowjets flüchten. Er verhandelt mit Eisenhowers Stabschef Bedell Smith um weitere Fristverlängerung gegenüber dem Osten. Eisenhower zerschlägt diesen Plan brutal, und er rühmt sich dessen noch in seinen »Erinnerungen«:

»Uns war es klar, daß die Deutschen Zeit gewinnen wollten, um möglichst viele Soldaten, die noch im Felde standen, hinter unsere Linien bringen zu können. Ich trug General Smith auf, er solle Jodl sagen, ich würde den Durchgang weiterer deutscher Flüchtlinge unter Gewaltanwendung verhindern, wenn sie nicht augenblicklich mit ihrer Vorspiegelungs- und Verzögerungstaktik aufhörten.« [6]

Generaloberst Jodl wird sofort zur Unterzeichnung der Kapitulationsurkunde gezwungen. Anschließend wiederholt ihm Eisenhower seine Drohung:

»Sie werden dienstlich und persönlich zur Verantwortung gezogen, wenn gegen die Punkte der Kapitulationsurkunde verstoßen werden sollte, auch gegen die, welche sich auf die offizielle Übergabe an Rußland beziehen.« [7]

Damit sind alle Hoffnungen zerschlagen. Stalin kann mit seinem demokratischen Bundesgenossen zufrieden sein.

Die Wehrmacht, aber noch nicht die Reichsregierung hat kapituliert. Das Deutsche Reich existiert staats- und völkerrechtlich weiter. Jetzt will man ohne Rücksicht auf alle geschriebenen und ungeschriebenen Gesetze und gleichgültig gegen die De-facto- und De-jure-Anerkennung der Reichsregierung Dönitz, die man bisher als Verhandlungspartner akzeptiert hat, die legale Vertretung des deutschen Volkes beseitigen.

In seinem Tagesbefehl an die Wehrmacht hatte Dönitz am 1. Mai 1945 erklärt:

»Der Führer hat mich zu seinem Nachfolger als Staatsoberhaupt und als Obersten Befehlshaber der Wehrmacht bestimmt. Ich übernehme den Oberbefehl über alle Teile der deutschen Wehrmacht mit dem Willen, den Kampf gegen die Bolschewisten solange fortzusetzen, bis die kämpfende Truppe und die Hunderttausenden von Familien des deutschen Ostraumes vor der Versklavung oder Vernichtung gerettet sind.

Gegen Engländer und Amerikaner muß ich den Kampf so weit und so lange fortsetzen, wie sie mich in der Durchführung des Kampfes gegen die Bolschewisten hindern.«

In einer Rundfunkansprache an das deutsche Volk am 1. Mai 1945 sagte Dönitz:

»Meine erste Aufgabe ist es, deutsche Menschen vor der Vernichtung durch den vordringenden bolschewistischen Feind zu retten. Nur für diesen Zweck geht der militärische Kampf weiter. Soweit und solange die Erreichung dieses Zieles durch die Briten und Amerikaner gehindert wird, werden wir uns auch gegen sie weiter verteidigen und weiterkämpfen müssen. *Die Angloamerikaner setzen dann den Krieg nicht mehr für ihre eigenen Völker, sondern allein für die Ausbreitung des Bolschewismus in Europa fort.«* [8]

»Faschistische Bande um Dönitz«

Eine Gesamtkapitulation hätte das Millionenheer im Osten der Roten Armee ausgeliefert. Das neue Staatsoberhaupt will darum die Kapitulation im Osten so lange wie möglich hinausschieben, um die Ostfront bis zu der ihm bekannten Demarkationslinie des angelsächsischen Besatzungsgebietes zurückzuführen und für eine höchstmögliche Zahl von Flüchtlingen den Weg in den Westen frei zu halten. Zum gleichen Zweck befiehlt er auch, die Transporte über See mit allen Mitteln zu beschleunigen.

In seinen Erinnerungen S. 461 wiederholt der Großadmiral seine damalige Lagebeurteilung. Die letzten operativen Maßnahmen Eisenhowers hätten gezeigt, daß er die weltpolitische Wende, die sich jetzt vollzogen hatte, nicht zu begreifen vermochte. Nach dem Übergang der amerikanischen Truppen über den Rhein sei das strategische Ziel der Besiegung Deutschlands erreicht worden. »Es wäre für die amerikanische Armeeführung politisch richtig gewesen, so schnell wie möglich nach Osten vorzustoßen, um noch vor den Russen Berlin zu gewinnen. Eisenhower handelte nicht so . . . Die amerikanische Haltung am Ende des Krieges erschien mir damals und erscheint mir heute noch falsch . . .« Eisenhower habe es zugelassen, daß die Russen Berlin und möglichst viel vom ostdeutschen Gebiet eroberten.[9]

Stalin aber erkennt die Gefahr. Er sieht sofort, daß eine deutsche Teilkapitulation nach dem Westen und eine Duldung der deutschen Taktik durch die amerikanische und englische Kriegsführung seine wichtigsten Pläne im letzten Augenblick zerschlagen müßte.

Er läßt sofort eine wütende Hetze gegen die »faschistische Bande um Dönitz« entfachen. Er weiß, mit welcher Sprache er seinen Willen im Westen durchsetzen kann. Am 20. Mai 1945 schreibt die »Prawda«:

»Die Diskussion bezüglich des Status der faschistischen Bande um Dönitz dauert an. Einige bekannte alliierte Kreise halten es nach wie vor für notwendig, die ›Dienste‹ von Dönitz und seiner Mitarbeiter in Anspruch zu nehmen. Im englischen Parlament wurde diese Bande als ›Verwaltung Dönitz‹ bezeichnet.«

Stalin erinnert an Jalta und operiert mit jenen Phrasen nun gegenüber Truman und Eisenhower, mit denen er Roosevelt in Teheran und Jalta übertölpeln konnte. Der bolschewistische Despot spielt wieder den Verteidiger der »Demokratie«. Die Prawda fährt fort:

»Viele reaktionäre Kreise stehen in den alliierten Staaten der Schaffung eines neuen Europas auf der Grundlage der Krim-Konferenz feindlich gegenüber. Diese Kreise halten die Erhaltung von faschistischen Staaten und Keimzellen für eine Vorbedingung dafür, daß die demokratischen Kräfte der freiheitliebenden Völker nicht triumphieren.«

Nun können die Demokratien nicht länger widerstehen. Seit dem 17. Mai sind die Delegierten der Roten Armee in Flensburg. Stalin befiehlt, Eisenhower gehorcht. Die Reichsregierung wird beseitigt, mit ihr die deutsche Souveränität, die letzte Schranke gegen das Internationale Militär-Tribunal. Sechs Tage später wird die Reichsregierung aufgefordert, sich am 23. Mai vormittags 9.45 Uhr an Bord des Passagierschiffes einzufinden, das zufällig den Namen »Patria« trägt. Hier soll sich die makabre Szene abspielen. Der amerikanische Kontrollchef Rooks, der britische Brigadier Ford, der sowjetische Generalmajor Truskow und der unvermeidliche Dolmetscher Herbert Cohn aus

New York sitzen lauernd am Tisch. Die Deutschen nehmen Platz, und Mr. Rooks beginnt betont frostig:

»General Eisenhower hat mich angewiesen, Sie heute morgen hierher zu rufen, um Ihnen mitzuteilen, daß die Geschäftsführende Deutsche Reichsregierung und das Oberkommando der deutschen Wehrmacht mit seinen verschiedenen Angehörigen als Kriegsgefangene festgenommen werden sollen. Hierdurch wird die Geschäftsführende deutsche Reichsregierung aufgelöst. Diese Maßnahme geht nun vor sich. Jeder von Ihnen hat sich von diesem Augenblick an als Kriegsgefangener zu betrachten . . .«

»Haben Sie noch etwas zu sagen?« meint Rooks zu Dönitz, ohne ihn anzusehen. »Jedes Wort wäre überflüssig«, erwidert der Großadmiral. Die gleiche Antwort erhält er von Generaloberst Jodl, der ihm wütend seine persönlichen Dokumente auf den Tisch knallt.[10]

Verlassen wir für einen Augenblick den Schauplatz dieses staats- und völkerrechtlichen Verbrechens, mit dem man 14 Tage nach Beendigung des Krieges die besiegten Offiziere und Minister zu Kriegsgefangenen erklärt, und blicken wir fünf Jahre zurück, in den Wald von Compiègne. Frankreich, das im Versailler Vertrag die Minen eingebaut hatte, die 1939 den europäischen Frieden sprengen mußten, Danzig und den Korridor, hatte Deutschland 1939, ohne im geringsten bedroht zu sein, den Krieg erklärt. Jetzt ist es besiegt und bittet um Einstellung der Kampfhandlungen.

Am 21. Juni werden die Mitglieder der französischen Verhandlungskommission unter General Huntziger vom General von Tippelskirch empfangen. Vor dem Eisenbahnwagen, in dem 1918 die Deutschen vor Marschall Foch die Waffenstillstandsbedingungen unterzeichnen mußten, steht jetzt beim Empfang der Franzosen eine Ehrenkompanie der SS-Leibstandarte. Als die französischen Offiziere den Wagen besteigen, präsentieren sie das Gewehr. General Huntziger und seine Offiziere salutieren vor der deutschen Fahne.

Im Wagen verliest Generaloberst Keitel als Chef des OKW im Namen Hitlers folgende Erklärung:

»Frankreich ist nach einem heroischen Widerstand in einer blutigen Schlachtenfolge besiegt worden und zusammengebrochen. Deutschland beabsichtigt daher nicht, den Waffenstillstandsbedingungen und -verhandlungen die Charakterzüge von Schmähungen gegen einen so tapferen Gegner zu geben.«

Am 22. Juni sind die in aller Fairness geführten Verhandlungen beendet, die französische Regierung befiehlt die Unterzeichnung durch General Huntziger. Er wendet sich an Generaloberst Keitel: »Herr General, Sie sind Soldat und wissen, wie hart es für einen Soldaten ist, zu tun, was ich jetzt tun werde.« Jodl und Keitel, die beide im Ersten Weltkrieg an der Westfront gekämpft hatten, sind tief bewegt, und Generaloberst Keitel antwortet:

»Es ist ehrenvoll für einen Sieger, einen Besiegten zu ehren. Es drängt mich, der Tapferkeit des französischen Soldaten Tribut zu zollen. Ich bitte um eine Minute Schweigen zum Gedächtnis derer, die auf beiden Seiten ihr Blut für ihr Vaterland vergossen haben.«

Schweigend erheben sich die Deutschen und die Franzosen. Keitel und Huntziger unterzeichnen, alle erheben sich und salutieren.

»Hände hoch – Hosen runter!«

Seither sind nur fünf Jahre vergangen. Eisenhower, Churchill und Stalin behandeln die militärisch Unterlegenen wie Verbrecher. Nach der Verhaftung der Reichsregierung ist der Weg frei für eine durch kein Gesetz mehr gehemmte Siegerwillkür.

In den bisher unbesetzten Regierungsbereich von Flensburg-Mürwik, dem Sitz der Reichsregierung und des OKW, dringen britische Panzer, Infanterie und Militärpolizei ein. Die auf der »Patria« noch nicht verhafteten Mitglieder der Reichsregierung sind gerade zu einer Kabinett-Sitzung zusammengetreten. Reichsaußen- und Finanzminister und geschäftsführender Kanzler, Graf Schwerin von Krosigk, gibt einen Lagebericht. Man hofft, noch eine möglichst große Zahl Deutscher vor dem Zugriff der roten Soldateska retten zu können.

Plötzlich wird die Tür aufgerissen. »Hände hoch!« brüllt ein schwerbewaffneter Tommy. Die verblüfften Minister erheben sich. »Hosen runter!« bellen die Engländer. Das ist nicht zu überbieten. Nackt werden die Mitglieder der Reichsregierung von hastigen Händen untersucht. »Nichts blieb undurchforscht« berichtet ein Augenzeuge, der Adjutant von Großadmiral Dönitz, Walter Lüdde-Neurath. Dann werden die Minister wie Banditen in Unterhosen und Pyjamas auf die Straße getrieben. Ohne Rücksicht auf Anstand und Schamgefühl müssen sich die Sekretärinnen der gleichen Behandlung unterziehen, mit Maschinenpistolen bedroht, abgetastet, ausgeraubt.

Wenig später wird auch der Amtssitz des Reichswirtschaftsministers Albert Speer durch Panzer »erobert«, Speer verhaftet. Einige Stunden nachher stehen Großadmiral Dönitz, Generaloberst Jodl im Hof des Polizeipräsidiums Flensburg an der Wand. Ein englisches Maschinengewehr bedroht jede ihrer Bewegungen. Dann werden sie von Militärlastwagen und Panzern abtransportiert. Das letzte Hindernis für den Vollzug der Siegerjustiz hat man beseitigt, das deutsche Volk ist seiner Regierung beraubt.

Sippenhaft

Eine letzte Schwierigkeit taucht auf, weil sich einer der Hauptangeklagten, Gustav Krupp von Bohlen und Halbach, als verhandlungsunfähig erweist. Die Firma Krupp, seit Generationen Symbol der nationalen und sozialen Kräfte der deutschen Wirtschaft, soll stellvertretend für die gesamte deutsche Industrie angeklagt und verurteilt werden. Als sich aber der Eigentümer des letzten großen europäischen Familienbetriebes als sterbenskranker Mann erweist, scheut man nicht davor zurück, ganz offen Sippenhaft anzuwenden und seinen Sohn anzuklagen.

Zunächst quält man noch den lebensgefährlich erkrankten Greis durch ständige Untersuchungen, obgleich Krupps Hausarzt, Dr. Otto Gerke, bescheinigt: »Es besteht eine vollkommene Hilflosigkeit, selbst bei einfachsten Handlungen ist Herr von Bohlen in keiner Weise mehr zurechnungs- und vernehmungsfähig!« Der Chirurg der 42. amerikanischen Artilleriedivision bestätigt diese Feststellung. Der Verteidiger stellt Antrag, das Verfahren auszusetzen. Am 6. November 1945 wird der todkranke Patient nochmals durch englische, französische, amerikanische und russische Ärzte untersucht. Ihr Bericht bestätigt das Ergebnis.

Doch der amerikanische Hauptankläger Jackson weist sämtliche ärztlichen Gutachten zurück. Vergeblich fordert der deutsche Verteidiger, Dr. Klefisch, daß hier auf keinen Fall in Abwesenheit verhandelt werden dürfe. Kein Verfahrensrecht eines europäischen Staates lasse es zu, gegen einen abwesenden und total verhandlungsunfähigen Angeklagten eine Gerichtsverhandlung durchzuführen. Tatsächlich fordern die Ankläger, gegen Krupp dennoch in Abwesenheit zu verhandeln. Das wird selbst dem Lordrichter Lawrence zuviel. Er richtet an Jackson die Frage:

»Glauben Sie, daß es dem Interesse der Gerechtigkeit dient, einen Mann zu verurteilen, der wegen Krankheit nicht in der Lage ist, seine Verteidigung ordnungsgemäß durchzuführen?«

Jackson windet sich nach allen Richtungen, kann aber die Frage des Vorsitzenden nicht bejahen.

Dann wiederholt der englische Hauptankläger, Sir Hartley Shawcross, das gleiche Manöver. Auch ihn unterbricht der Vorsitzende mit der bohrenden Frage:

»Stimmen Sie mit mir überein, daß nach dem Landesrecht Großbritanniens – ebenso wie, wenn ich recht verstanden habe, nach dem Rechte der Vereinigten Staaten von Amerika – ein Mann im geistigen und körperlichen Zustand Gustav Krupps für verhandlungsunfähig erklärt werden würde?«

Nach einigen Ausflüchten muß auch Sir Hartley klein beigeben. Er schließt sich der gewundenen Antwort Jacksons an.

Lawrence läßt nicht locker:

»Schlagen Sie nun vor, daß unter den obwaltenden Umständen in Gustav Krupps Abwesenheit gegen ihn vorgegangen werden soll, angesichts der uns vorliegenden ärztlichen Gutachten?«

Der britische Hauptankläger kann nicht mehr ausweichen und überläßt die Entscheidung dem Ermessen des Gerichtshofes.

Auch der stellvertretende Hauptankläger der französischen Republik läßt sich in seinem Verfolgungseifer die Gelegenheit nicht entgehen, sich vor diesem Tribunal zu blamieren. Charles Dubost erniedrigt sich zu der Forderung:

»Wir halten es auch für notwendig, da ein zweiter Prozeß gegen die Großindustriellen nicht stattfinden soll, Krupp den Vater, der verhandlungsunfähig ist, durch Alfried Krupp zu ersetzen, gegen den schwere Beschuldigungen erhoben werden.»

Nun reißt auch dem französischen Richter die Geduld. Donnedieu de Vabres fragt den französischen Ankläger mit schneidender Stimme:

»Sie haben vorhin die Ansicht vertreten, daß der Name des Sohnes Krupp den Namen des Vaters Krupp ersetzen sollte. Meinten Sie tatsächlich ›ersetzen‹? . . . Glauben Sie tatsächlich, daß Sie den Gerichtshof auffordern können, einen Namen in der Anklageschrift durch einen anderen zu ersetzen . . .?« –

Die Blamage der Hauptankläger führt indes nur dazu, das Verfahren gegen Krupp vom Prozeß gegen die »Hauptkriegsverbrecher« abzutrennen und später nachzuholen. Vergeblich hat der Verteidiger auf die Rechtswidrigkeit dieser Sippenhaftmethode hingewiesen. In den Urkunden habe er so gut wie kein Wort über eine Mittäterschaft oder Teilnahme des Alfried Krupp an den dem Vater Krupp vorgeworfenen Verbrechen finden können. Zudem sei Alfried Krupp erst im November 1943 Firmeninhaber geworden. Dennoch: Sippenhaft! [12]

Die Sowjets betrachten das Nürnberger Tribunal als Ausgangspunkt für 200 000 weitere Prozesse. Ihr demokratischer Kollege Jackson hoffte auf 130 000 Angeklagte, die allein von den Armeen der USA in Haft gehalten und durch dieses Urteil erfaßt werden können.

Nun kann der größte Prozeß der Weltgeschichte beginnen. 2630 Beweisdokumente legt die Anklage, 2700 die Verteidigung vor. 2400 Zeugen werden vernommen, 300 000 eidesstattliche Erklärungen vorgelegt.

Die Verhandlungsprotokolle und die in allen vier Verhandlungssprachen verfaßten Schriftstücke wiegen 440 Zentner. 780 000 Fotokopien werden im Fotolabor hergestellt. 27 000 m Tonband und 7000 Schallplatten konservieren jedes Wort der Verhandlungen. Der größte Krieg der Weltgeschichte endet mit dem größten Schauprozeß, der jemals veranstaltet worden ist.

II

Gericht ohne Gesetz

Am Sonntag, den 11. Februar 1945 geht die folgenschwere Jalta-Konferenz zuende. Die prominentesten Teilnehmer, neun englische, neun amerikanische und sieben russische, versammeln sich zur letzten Plenarsitzung. Wieder wird ein Festessen aufgetragen. Zwischen den zwei letzten Gängen legen die Sekretäre das Kommuniqué zur Unterschrift vor. Man schiebt die Teller und halbgefüllten Gläser beiseite, und Stalin, Churchill und Roosevelt unterzeichnen, wie wenn sie Autogramme gäben. Eines der verhängnisvollsten Dokumente der Weltgeschichte ist perfekt: Die Preisgabe Osteuropas an den Stalinismus, die Zerstückelung Mitteleuropas, das Todesurteil für Millionen Deutsche.

Erst das Diktat von Jalta, nicht irgendein Völkerrecht ermächtigt die Ankläger und Richter zu ihrer Rolle in Nürnberg. Der ganze Aufwand an juristischen Argumenten und Vorwänden erweist sich bald nur als Fassade. Das Super-Versailles ist da:

»Wir sind entschlossen, alle bewaffneten deutschen Streitkräfte zu entwaffnen und aufzulösen; den deutschen Generalstab für alle Zeiten zu zerschlagen, der wiederholt das Wiedererstehen des deutschen Militarismus zuwege gebracht hat; alle militärischen Einrichtungen Deutschlands zu beseitigen oder zu zerstören; alle deutschen Industrien auszumerzen oder zu kontrollieren, die für die Rüstungsproduktion verwendet werden könnten . . .«

Dann wird die Bestrafung aller »Kriegsverbrecher« beschlossen, um »alle nazistischen und militärischen Einflüsse aus öffentlichen Ämtern und aus dem kulturellen und wirtschaftlichen Leben zu entfernen.«

Die vier Siegermächte würden die oberste Autorität in Deutschland innehaben und in deren Ausübung neben der völligen Entwaffnung und Entmilitarisierung die »Aufteilung Deutschlands« durchführen.

Um das eigene Gewissen zu beruhigen und vor jenem anderen Weltgericht, das die Weltgeschichte bedeutet, bestehen zu können, will man noch in einem Mammutprozeß den eigenen Kriegsaufwand rechtfertigen und sich jene Schuldtitel besorgen, die der kommenden Ausbeutungs- und Reparationspolitik den Schein des Rechtes verleihen soll.

Kommunistisches Recht

Sir Hartley Shawcross, der englische Hauptankläger, steigert sich im Prozeß in seiner Schlußrede in die Behauptung hinein, dieses Verfahren sei »ein Markstein in der Geschichte der Zivilisation«.[1] Er versäumt nur hinzuzufügen, daß dieser Markstein aus Moskau geliefert worden ist. Denn zwei Grundbedingungen europäischen Rechtes hat dieser Prozeß schon in der Vorbereitung verletzt: Seit den Tagen, da Rom zum Gesetzgeber des Abendlandes wurde, galt es als erste Voraussetzung einer Urteilsbildung, daß der Angeklagte gegen ein gültiges, begrifflich genau umgrenztes Gesetz verstoßen hatte. Im Laufe der Jahrhunderte wurde das Strafrecht immer mehr verfeinert und umso genauer das Motiv, der Beweggrund des Handelnden zu seinen Gunsten oder Lasten gewertet. Diese beiden Voraussetzungen werden durch das Statut nicht erfüllt.

Nur in den Moskauer Schauprozessen ist man wieder in die vorrömische Barbarei zurückgefallen. Die kommunistische Klassenjustiz hat es nie geleugnet, daß sie nur einem Ziele dient: der Ausrottung des Klassenfeindes; der Angeklagte ist eben darum schon a priori verurteilt, weil er der feindlichen Klasse angehört. Setzen wir statt Proletariat und Bourgeoisie Sieger und Besiegte, dann kommen wir zu den Konsequenzen des Nürnberger Statuts.

Dieses Statut verletzt die elementare Grundlage jeder Rechtssprechung, weil es »Gesetze« mit rückwirkender Kraft konstruiert. Handlungen, die 1933 bis 1945 geschahen, sollen nach Gesetzen bestraft wer-

Die Angeklagtenbank, davor die Verteidiger.

den, die erst durch die Alliierten am 8. August 1945 erlassen worden sind. Schon die Konstruktion eines solchen Statuts beweist, daß diese »Gesetze« vorher nicht gültig waren. Das Statut ist der Ersatz für nicht vorhandene Gesetze. Man produziert solche Surrogate, um Taten bestrafen zu können, die in der bisherigen Rechtsgeschichte als straffrei galten. Zum ersten Mal sollen Politiker und Militärs nach Gesetzen verurteilt werden, die man für diesen Zweck erst nachträglich erfinden mußte.

Diese rückwirkenden Gesetze widersprechen aber auch aus einem weiteren Grunde allen rechtlichen Voraussetzungen: Es fehlt ihnen die Allgemeingültigkeit. Im Artikel 3 des Statuts wird ausdrücklich bestimmt, die neuen Gesetze seien nur gegen deutsche »Militaristen« anzuwenden, hätten aber keine Geltung für Soldaten und Offiziere der demokratischen und kommunistischen Sieger.

Da jede Verteidigung, die diesen Namen auch nur zum Scheine verdiente, auf das Paradoxon ungesetzlicher Gesetze hinweisen mußte, hat das Statut sich selbst für tabu erklärt. Artikel 3 des Statuts verbietet ausdrücklich jeden Antrag der Verteidigung, der die mangelnde Zuständigkeit des Gerichts beweisen könnte.

Um ein Mindestmaß an Verteidigung vorbereiten zu können, übernimmt Rechtsanwalt Dr. Stahmer dennoch einen Vorstoß vom Boden europäischer Rechtsprinzipien aus. Zu Beginn des Prozesses, am 19. November 1945, wagt er im Namen der gesamten Verteidigung einen aufsehenerregenden Angriff:

»Der jetzige Prozeß kann sich, soweit er Verbrechen wider den Frieden ahnden soll, nicht auf geltendes Völkerrecht stützen, sondern ist ein Verfahren aufgrund eines neuen Strafgesetzes, eines Strafgesetzes, das erst nach der Tat geschaffen wurde. Dies widerstrebt einem in der Welt geheiligten Grundsatz der Rechtspflege, dessen teilweise Verletzung im Hitler-Deutschland außerhalb und innerhalb des Reiches erregt mißbilligt worden ist. Es ist der Satz: Bestraft werden darf nur, wer gegen ein zur Zeit seiner Tat bereits bestehendes Gesetz verstoßen hat, das ihm Strafe androht.

Dieser Satz gehört zu den großen Grundsätzen der Staatsordnung gerade der Signatarstaaten des Statuts für diesen Gerichtshof, nämlich Englands seit dem Mittelalter, der Vereinigten Staaten von Amerika seit ihrer Geburt, Frankreichs seit seiner großen Revolution und der Sowjetunion. Als jüngst der Kontrollrat für Deutschland ein Gesetz erließ, das die Rückkehr zu einer gerechten deutschen Rechtspflege sichern soll, verfügte er in erster Linie die Wiederherstellung des Satzes: Keine Strafe ohne Strafgesetz, das zur Zeit der Tat schon galt. Dieser Satz ist eben nicht eine Zweckmäßigkeitsvorschrift, sondern entspringt der Einsicht, daß sich jeder Angeklagte ungerecht behandelt fühlen muß, wenn er nach einem nachträglich geschaffenen Gesetz bestraft wird.

Die Verteidiger aller anwesenden Angeklagten würden ihre Pflicht verletzen, wenn sie das Verlassen des geltenden Völkerrechts und die Zurücksetzung eines allgemeinen anerkannten Grundsatzes der modernen Strafrechtspflege schweigend hinnähmen und Bedenken unterdrückten, die heute auch außerhalb Deutschlands offen ausgesprochen werden.«

Verteidiger Dr. Stahmer wendet sich dabei keineswegs gegen das angebliche Ziel des Gerichtes, daß Verbrechen gegen den Frieden unter Strafe gestellt und einzelne Politiker und Militärs, die eines solchen Verbrechens überführt werden, strafrechtlich zur Verantwortung gezogen werden sollen. Die deutsche Verteidigung fordert nur, daß dieses zu bejahende Ziel auf dem Boden des *Rechtes* erstrebt wird. Sie warnt davor, mit rechtswidrigen Mitteln neues und besseres Recht schaffen zu wollen, rechtswidrig, weil diese Gesetze rückwirkend und einseitig angewandt werden. Im Namen der deutschen Verteidigung beschwört Dr. Stahmer das Gericht:

»Der Prozeß müßte sich eben dort, wo wegen Taten angeklagt wird, die zu ihrer Zeit nicht unter Strafandrohung standen, darauf beschränken, umfassend zu untersuchen und dann festzustellen, was geschehen ist, wobei die Verteidigung mit allen Kräften als echter Gehilfe des Gerichtes mitarbeiten wird. Die Staaten der Völkerrechtsgemeinschaft müßten dann unter der Wucht dieser richterlichen Feststellung in rechtsschöpferischer Vereinbarung die Männer, die in Zukunft schuldhaft einen ungerechten Krieg beginnen, mit der Bestrafung durch ein internationales Gericht bedrohen.«

Dann geht Dr. Stahmer aufs Ganze: Er verlangt die Überprüfung des Gerichtsstatuts durch ein neutrales Gremium international anerkannter Rechtsgelehrter und stellt für die Gesamtverteidigung den Antrag:

»Der Gerichtshof möge von international anerkannten Völkerrechtsgelehrten Gutachten über die rechtlichen Grundlagen dieses auf dem Statut des Gerichtshofes beruhenden Prozesses einholen.« [2]

Die »Richter« und »Ankläger« geraten in keine beneidenswerte Lage. Sie verfügen jedoch über ein Argument, das alle rechtlichen Einwände zur Wirkungslosigkeit verurteilt. Zwei Tage später, am 21. November 1945, wird der Antrag der deutschen Verteidigung mit der Begründung verworfen, daß er die Zuständigkeit des Gerichts in Frage stelle und sich damit in Widerspruch zu Art. 3 des Statuts befände. Das Gericht ist tabu.

Sich selbst widerlegt

Rechtsanwalt Dr. Stahmer mußte sich mit der Tabuerklärung des »Hohen Gerichts« zunächst abfinden. In seinem Plädoyer für Reichsmarschall Göring wiederholt er jedoch seinen Angriff und bestreitet den Richtern und Anklägern erneut die rechtlichen Fundamente ihres Verfahrens. Er wagt es, dem Tribunal nachzuweisen, daß sogar die nationalsozialistische Gesetzgebung den Grundsatz, ohne Gesetze keine Strafe, im Prinzip aufrechterhalten hat. Das Dritte Reich hat keine rückwirkenden Gesetze erlassen, sondern nur vorhandene Gesetze strafverschärfend angewandt. Auch dieser Staat habe es nicht gewagt, mit dem Grundsatz »nulla poena sine lege praevia« zu brechen.

Umso unverständlicher sei es für deutsches Rechtsempfinden, wenn dieser Grundsatz jetzt Deutschen gegenüber, die hier angeklagt werden, nicht gelten solle. Dem französischen Ankläger hält er entgegen, man könne die Stärkung des Rechtsgedankens nicht mit seiner Verletzung beginnen. Den englischen Hauptanklagevertreter weist er darauf hin, daß er selbst die Möglichkeit nachträglicher Gesetzgebung als eine der widerwärtigsten Doktrinen bezeichnet habe.

Noch schärfer greift er Jackson an. Stahmer stellt die Frage:

»Darf ein Strafverfahren, das Gerechtigkeit verwirklichen will, Rechtsbegriffe zur Anwendung bringen, die den Angeklagten und dem Rechtsdenken ihres Volkes völlig fremd sind und immer fremd gewesen sind?« [3]

Auch Rechtsanwalt Steinbauer, der Verteidiger von Dr. Seyss-Inquart, wendet sich mit aller Entschiedenheit gegen die Konstruktion rückwirkender Gesetze. Er zitiert die amerikanische Wochenzeitung »Time«, die am 26. November 1945 einen wesentlichen Teil der juristischen Fiktionen des Tribunals angreift:

»Was immer für Gesetze die Alliierten für die Zwecke des Nürnberger Prozesses aufzustellen versuchen, die meisten dieser Gesetze haben zur Zeit, als die Taten begangen wurden, noch nicht existiert. Seit den Tagen Ciceros ist eine Bestrafung ex post facto von den Juristen verdammt worden.»

Auch die französische Nationalversammlung habe am 19. April 1946 im Art. X des Statuts der Menschenrechte festgestellt:

»Das Gesetz hat keine rückwirkende Kraft. Niemand kann verurteilt und bestraft werden außer nach dem Gesetz, das vor der zu bestrafenden Tat verkündet und veröffentlicht worden ist . . .« [4]

Am 25. Juli 1946 greift auch der Verteidiger von Rudolf Hess, Dr. Seidl, den Mißbrauch an, eine Erneuerung des Völkerrechts mit derartig fragwürdigen Mitteln zu beginnen. Es müsse unabsehbare Folgen haben, wenn ein Grundsatz verletzt werde, der ein integrierender Bestandteil des internationalen Rechtes sei: daß eine Handlung nur dann mit einer Strafe belegt werden könne, wenn die Strafbarkeit gesetzlich bestimmt war, bevor die Handlung begangen wurde. Eine Verletzung des Grundsatzes »nulla poena sine lege« müsse die Idee des Rechts überhaupt in Frage stellen.[5]

»Fortsetzung alliierter Kriegsanstrengungen«

Am 26. Juli 1946 versucht Jackson vergeblich, diese Einwände zu widerlegen:

»Die Alliierten befinden sich technisch immer noch in einem Kriegszustand mit Deutschland, obwohl die politischen und militärischen Einrichtungen zusammengebrochen sind. Als ein Militärgerichtshof stellt dieser Gerichtshof eine Fortsetzung der Kriegsanstrengungen der alliierten Nationen dar.« [6]

Damit hat er auf seine Weise die rechtliche Diskussion beendet:

Das Nürnberger Verfahren ist die Fortsetzung des Krieges mit den Mitteln der Justiz.

Während sich aber der amerikanische Hauptankläger abwechselnd auf die militärische Gewalt und dann wieder auf das Völkerrecht beruft, spielt sein in der marxistischen Dialektik trainierter Kollege Rudenko den Hohen Richtern ein Manöver vor, bei dem sie ihre ernsten Mienen nur krampfhaft zu wahren vermögen. Am 8. Februar 1946 behauptet

Genosse Rudenko: Die Einwände gegen die Verletzung des Grundsatzes »nulla crimen sine lege« verlören jegliche Bedeutung angesichts des »grundlegenden und entscheidenden Umstandes, daß nämlich das Statut des Gerichtshofs vorhanden und wirksam ist, und daß alle seine Vorschriften bedingungslose und bindende Wirkung haben.« [7]

Der verbotene Krieg

Ankläger und Richter müssen einen Eiertanz aufführen, um ihr Hauptziel zu erreichen: die Verurteilung der Deutschen wegen Verbrechen gegen den Weltfrieden.

Am 6. Oktober 1945 versammeln sich die juristischen Vertreter der späteren Todfeinde: Jackson für die Vereinigten Staaten von Amerika, François de Menthon für die französische Republik, Hartley Shawcross für Großbritannien und Rudenko für die Sowjetunion zur Unterzeichnung der Anklageschrift. Unter Punkt I/C Ziffer 3 finden wir den klassischen Satz, daß *»Krieg eine edle und notwendige Beschäftigung für die Deutschen« sei.*[8]

Diese Verleumdung ist nicht neu. Die gesamte alliierte Kriegspropaganda von 1914 bis 1945 und teilweise noch bis in die Gegenwart hinein operiert mit solchen Unterstellungen. Neu daran ist nur, daß sich ihrer jetzt nicht bezahlte Agitatoren, sondern Richter und Ankläger bedienen, die in ihren Ländern als juristische Autoritäten gelten. Die Anklageschrift zielt mit dieser Diffamierung auf den eigentlichen Zweck dieses Prozesses, »die Fortsetzung der Kriegsanstrengung der Alliierten«, wie es uns Jackson rechtzeitig verraten hat. Je lauter sie vom Frieden reden, umso weniger soll vernehmbar werden, daß sie den Krieg mit den Mitteln der Justiz fortsetzen.

Dadurch aber, daß sie erst Gesetze gegen den Krieg erfinden müssen, zeigen sie das Gegenteil dessen, was sie vorgeben möchten: Sie beweisen der Welt, daß es solche Gesetze bisher nicht gegeben hat. Das Hauptverbrechen, das sie bestrafen wollen, existiert juristisch noch nicht, denn es gelten bis 1939 keine völkerrechtlichen Gesetze, die den Krieg als strafwürdiges und strafbares Verbrechen rechtsverbindlich verurteilen. Es gibt allein schon aus dem einfachen Grunde keine solchen Gesetze, weil kein Gesetzgeber existiert, der sie anwenden und vollstrecken könnte. Darin zeigt sich gerade die Zwiespältigkeit und doppelte Moral des Verfahrens.

In der Urteilsbegründung vom 1. Oktober 1946 wird nach der beweiskräftigen Widerlegung durch die deutsche Verteidigung immer noch behauptet:

»Das Statut erklärt das Planen oder Führen eines Angriffskrieges oder eines internationale Pläne verletzenden Krieges zum Verbrechen; und es ist deshalb nicht unbedingt notwendig, zu untersuchen, ob und inwieweit ein Angriffskrieg vor der Ausführung der Londoner Übereinkommen ein Verbrechen war.« [9]

Das sogenannte »Verbrechen gegen den Frieden« wird unter II Artikel 6 des Statuts folgendermaßen definiert:

»Verbrechen gegen den Frieden: nämlich Planung, Vorbereitung, Einleitung oder Durchführung eines Angriffskrieges oder eines Krieges unter Verletzung internationaler Verträge, Vereinbarungen oder Zusicherungen oder Teilnahme an einem gemeinsamen Plan oder einer Verschwörung zur Ausführung einer der vorgenannten Handlungen.«

Bei folgerichtiger Anwendung dieses rückwirkenden »Gesetzes« gäbe es in der gesamten Geschichte keinen Krieg, der nicht zu einem Verbrechen erklärt werden könnte, und keine Offiziere, die man nicht dazu hätte verurteilen müssen, an Jacksons und Rudenkos Galgen gehängt zu werden.

Ein Rechtsgelehrter plädiert

Die Argumentationsnot des Tribunals zeigte sich besonders bei den krampfhaften Versuchen, auf das völkerrechtliche Plädoyer zu antworten, das Prof. Jahreiss, stellvertretender Verteidiger für Generaloberst Jodl, im Namen der Gesamtverteidigung hält. Prof. Jahreiss, der bekannte Völkerrechtler und Rechtsphilosoph, seit 1959 Inhaber des Großen Bundesverdienstkreuzes und seit 1961 Offizier der Ehrenlegion, beweist eindrucksvoll, daß die deutsche Verteidigung weit über dem rechtswissenschafflichen Niveau der alliierten Richter und Ankläger steht.

Da es das Tribunal am 21. November 1945 abgelehnt hat, die von Verteidiger Dr. Stahmer beantragte völkerrechtliche Überprüfung der juristischen Grundlagen des Statuts zuzulassen, wird das Plädoyer von Prof. Jahreiss mit umso größerer Spannung erwartet. Nach den Erfahrungen mit dem Antrag Dr. Stahmers formuliert Jahreiss äußerst vorsichtig, ohne in der Sache auch nur einen Schritt von seiner rechtswissenschaftlichen Position abzuweichen.

Er verweist zunächst auf den Widerspruch zwischen den Richtern und Anklägern, weil sie sich ständig bemühen, ihr Verfahren durch völkerrechtliche Argumente zu bemänteln, gleichzeitig aber die Verteidigung daran hindern, jene völkerrechtlichen Vorwände zu prüfen und zu widerlegen. Das Statut bedrohe Einzelne mit Strafe wegen Bruchs des Friedens zwischen den Staaten, und das Gericht nehme das Statut als unnachprüfbares Fundament aller rechtlichen Erwägungen und prüfe die Frage gar nicht, ob das Statut im Ganzen oder in einzelnen Bestimmungen juristisch angreifbar ist: »Wozu dann hier überhaupt Erörterungen zu den großen rechtlichen Grundfragen?«

Professor Jahreiss stellt nochmals fest, daß es Verbrechen nur dort gebe, wo gegen bereits bestehende Gesetze verstoßen wird. Nur dann könne sich jemand der Rechtswidrigkeit seines Tuns bewußt sein. Ohne dieses Bewußtsein dürfe kein Angeklagter schuldig gesprochen werden – wenigstens nicht nach kontinental-europäischem Strafrechtsdenken.

Der britische Hauptankläger hat behauptet, das freie Kriegsführungsrecht der Staaten sei teilweise durch den Völkerbundpakt und später grundsätzlich durch den Briand-Kellogg-Pakt beseitigt worden, der noch heute das unverändert geltende Kernstück der Weltfriedensordnung wäre. Der danach verbotene Krieg sei ein strafbares Unrecht in und gegenüber der Staatengemeinschaft, und strafbar sei der Einzelne,

Wußten, daß sie in diesem Prozeß nicht verlieren konnten: der gelassene Hauptankläger Jackson (Hand in der Hosentasche) und sein sowjetischer Kollege Pokrowsky.

der verantwortlich gehandelt habe. Diese Strafklage gegen Einzelne sei zwar neuartig, aber nicht nur moralisch gefordert, sondern im Zuge der Rechtsentwicklung längst fällig, ja sie sei einfach die logische Folgerung aus dem neuen Rechtszustand: »Nur scheinbar setzt das Statut neues Recht.« [10]

Zug um Zug zerschlägt Prof. Jahreiss diese scheinbar so plausiblen Argumente. Er kann unschwer nachweisen, daß die tatsächliche geschichtliche Entwicklung in jedem Einzelfall das Gegenteil dessen beweist, was dieser Hauptankläger als unumstößliche Gewißheit hinstellt. Hätten Prof. Jahreiss bereits die geschichtlichen Erfahrungen zur Verfügung gestanden, die die letzten Jahrzehnte bieten, dann wäre sein Urteil über diese völkerrechtlichen Vorwände noch vernichtender ausgefallen.

Wie nach dem Ersten Weltkrieg hat man auch nach 1945 alle möglichen Versuche angestellt, den alten Kriegsgott Mars, der immer mehr zu einem bluttriefenden Dämon entartet ist, durch Paragraphen zu bändigen. Das Ergebnis ist noch negativer als in der Zeit zwischen 1919 und 1939. Die bereits der Völkerbundsatzung zugrundegelegte Absicht, den »ewigen Frieden« juristisch zu sichern, ist nach der Katastrophe von 1945 schneller gescheitert, als selbst die ärgsten Skeptiker befürchtet hatten. Die Kriege haben nicht aufgehört.

Prof. Jahreiss bekennt sich ausdrücklich zu dem höchsten ethischen Ziel, anstelle des Scheinfriedens, der bisher den Waffenstillstand abgelöst hat, einen wirklichen Weltfrieden vorzubereiten, der dann auch den Friedensbrecher einem international gültigen Strafrecht unterwerfen könnte. Er nennt allerdings auch die Bedingungen, die erfüllt werden müßten, um einen solchen Idealzustand zu erreichen:

»Die tragische Kette von Kriegen und bloßen Waffenstillständen, die sich Frieden nennen, muß zerrissen werden.«

Endlich müsse die Menschheit die Einsicht und den Willen bekommen, einen wirklichen Frieden nach feststehenden Rechtsgrundsätzen ohne Rücksicht auf Sieg oder Niederlage zu schaffen. Dies sei aber primär keine juristische, sondern eine politische Aufgabe. Kriege könnten nur überwunden werden, wenn man ihre Ursachen beseitige:

»die Überrüstungen, die Geheimverträge und die lebensfeindlichen Erstarrungen des status quo infolge der Einsichtslosigkeit des derzeitigen Besitzers.»

Die Menschheit sei jedoch diesen Weg bisher nicht gegangen, und man solle sich nicht wundern, daß sich im Lager der Besiegten und der Sieger, die gegen die Unrechtsverträge von Versailles, Saint Germain, Trianon, Neuilly und Sèvres gekämpft haben, gerade auch jene befunden hätten, die einen wirklichen, haltbaren Frieden erstrebten. Schuld an dieser Entwicklung seien gerade jene Mächte, deren Repräsentanten heute wieder als Ankläger gegen Deutschland auftreten. Jahreiss stellt fest:

»Auch für die Mitglieder des Völkerbunds blieb der Krieg das nur in Einzelfällen verbotene, im Ganzen also normale Mittel der Streiterledigung. So sagt noch im Jahr 1930 Jean Ray: ›Der Völkerbund hat sich nicht als Führer in die wahre Friedensordnung, ja nicht einmal als eine genügende Bremse gegen ein völliges Zurückgleiten in den alten Zustand erwiesen. Denn in der Tat: Die Welt ist völlig zurückgeglitten‹.«

Nochmals unterstreicht Prof. Jahreiss diese für die Grundlage dieses Prozesses entscheidende Tatsache:

»Vor Beginn des Zweiten Weltkrieges war das ganze System der kollektiven Sicherheit auch in den spärlichen Ansätzen, die es gehabt hatte, zusammengebrochen; und dieser Zusammenbruch war erkannt und von drei Weltmächten ausdrücklich oder in schlüssiger Handlung deklariert, mit vollem Recht deklariert.«

Der völlige Zusammenbruch sei den drei genannten Weltmächten im September 1939 bescheinigt worden, »und zwar nicht etwa als Folge des deutsch-polnischen Krieges«. Auch ein so hervorragender Völkerrechtsjurist wie der Amerikaner Edwin Borchard habe 1938, also ein Jahr vor dem Kriegsausbruch, festgestellt, das in Versailles konstruierte sog. Friedenssystem erscheine »geradezu als friedensfeindlich und als Kind der Hysterie unseres Zeitalters«.

Der erlaubte Krieg

Der mit so untauglichen Mitteln unternommene Versuch, eine »Weltfriedensordnung« zu konstruieren, ist nicht nur gegenüber einem sog. »ungerechten« Krieg, sondern gegenüber dem Krieg an sich gescheitert. Niemand konnte bisher wirklich definieren, was ein guter oder schlechter, »gerechter« oder »ungerechter« Krieg sei, weil sich Sieger und Besiegte in dieser Frage niemals einigen konnten.

Professor Jahreiss kann darum zusammenfassend feststellen, und dieses Ergebnis zerschlägt die rechtlichen Grundlagen der Anklage total: Am 1. September 1939 sei schon längst über die verschiedenen Versuche negativ entschieden gewesen, die seit dem Ersten Weltkrieg unternommen worden waren, um die »anarchische Weltordnung« durch eine wirkliche Friedensordnung zu ersetzen. Dazu hätte man in der Staatenwelt eine allgemeine Regelung finden müssen, nach der es rechtlich »verbotene« und »nicht verbotene« Kriege gäbe. »Diese Versuche waren nach dem Urteil der größten Mächte der Zeit zusammengebrochen. Die größten Militärmächte der Erde prallten aufeinander in einem Ringen mit allen Kräften.«

Prof. Jahreiss wiederholt dann unter Berufung auf alle anerkannten Autoritäten des Völkerrechts:

»Im geltenden allgemeinen Völkerrecht besteht die Unterscheidung zwischen verbotenen und nicht verbotenen Kriegen nicht.«

Man müsse also vom Zusammenbruch des Systems der kollektiven Sicherheit (Shawcross nennt es »Weltfriedensordnung«) sprechen. Das sei von größter Bedeutung für die Anklage wegen »Friedensbruchs«. Hier bestünden Schwierigkeiten, die keine Vorschriften irgendeines Gesetzgebers völlig beseitigen könnten. Selbst wenn es unzweideutige Maßstäbe gäbe, fehlte im Streitfall die Autorität, die zu entscheiden vermöchte:

»Aber man hat ja nicht einmal unfehlbare Maßstäbe für Angriff und Verteidigung. Das gilt sowohl für den sog. politischen Begriff, wie es gewisserweise natürlich ist, wie auch für den oder die mehreren juristischen Begriffe von Angriff und Verteidigung.«

Man müsse sich fragen, ob man überhaupt vom *Scheitern* des sog. Weltfriedenssystems sprechen dürfe, da ein solches praktisch *nie existiert* habe. Schon bei der Auslegung des Kellogg-Paktes hätten sich so unterschiedliche Deutungen ergeben, daß »nicht zwei der Mächte völlig das Gleiche unter dem Vertrag verstanden«.

Wie die Unterscheidung zwischen »gerechtem« und »ungerechtem« Krieg immer nach den Interessen von Siegern und Besiegten differieren wird, so sei unter den Beteiligten niemals eine Einigkeit darüber zu erzielen, wer einen Angriff und wer einen Verteidigungskrieg führt – und wo der Angriff in die Verteidigung oder die Verteidigung in den

Angriff übergehe. Professor Jahreiss meint zwar, man sei sich darin völlig einig gewesen:

»Der Verteidigungskrieg ist als unveräußerliches Recht jedes Staates erlaubt; ohne dieses Recht gibt es keine Souveränität, und zwar ist jeder Staat der alleinige Richter darüber, ob er im Einzelfall einen Verteidigungskrieg führt.«

Welcher Staat aber würde behaupten, sein Krieg sei kein Verteidigungskrieg? Und wo gab es jemals eine Autorität, die hätte entscheiden können, wann der Verteidigungskrieg anfängt oder aufhört. Bis 1939 gilt auf jeden Fall, was Professor Jahreiss nachdrücklich feststellt:

»Kein Staat der Welt ist jemals bereit gewesen, eine fremde Gerichtsbarkeit über die Frage anzunehmen, ob seine Entschlüsse in der letzten Existenzfrage berechtigt waren oder nicht.«

Professor Jahreiss kann sich dabei sogar auf den Verfasser des sog. »Kriegsächtungspaktes« selbst berufen. In einer Note vom 25. Juni 1928 hat Kellogg allen neun Verhandlungspartnern versichert:

»Das Recht der Verteidigung ... gehört zum Wesen der Souveränität und ist bei jedem Vertrag vorausgesetzt. Jeder Staat ... ist ganz allein dazu berufen, zu entscheiden, ob die Verhältnisse so liegen, daß er aus Gründen der Verteidigung zum Kriege schreiten muß.«

Der Verteidiger Dr. Siemers beruft sich ebenfalls für den Nachweis, daß der Kellogg-Pakt nur für gewisse Kriege zuständig war, auf eine Zirkularnote des amerikanischen Staatssekretärs Kellogg vom 23. Juni 1938, in der nochmals festgestellt wird:

»Nichts in dem amerikanischen Entwurf eines Antikriegsvertrages beschränkt oder beeinträchtigt irgendwie das Recht der Selbsterhaltung. Dieses Recht ist ein wesentlicher Bestandteil jedes souveränen Staates und implicite in jedem Vertrage enthalten.« [11]

Das war nichts anderes als das verklausulierte Eingeständnis des totalen Scheiterns des ursprünglichen Planes und Zweckes, der seine Aufgabe nur hätte erfüllen können, wenn er jeden Krieg dem Strafrecht einer supranationalen Legislative und Exekutive hätte unterwerfen können.

Professor Jahreiss stellt darum fest, die Friedensfreunde seien durch die Interpretation, die Kellogg selbst seinem Vertrag gegeben habe, grausam enttäuscht worden. Was sollte ein solcher Vertrag noch für eine praktische Wirkung haben? Jede der kriegsführenden Parteien konnte sich auf diese Ausnahmen berufen, und niemand war da, der eine solche Rechtfertigung hätte prüfen und über sie entscheiden können.

Bei der Abstimmung über den Kellogg-Pakt im amerikanischen Senat wurde bereits jene heftige Kritik laut, die sich später als allzu berechtigt erweisen sollte. Man nannte ihn ein »gigantisches Stück von Heuchelei«, die «Legalisierung des Krieges«, ein Mittel der Versailler Mächte, um Frankreichs Hegemonie in Europa und Englands Weltherrschaft zu garantieren und einen »fruchtbaren Boden für alle künftigen Kriege«. Kelloggs Interpretation des Verteidigungsrechtes, das nach dem Willen der Unterzeichner-Staaten ein integrierender Bestandteil des Vertrages war, mußte seine praktische Wirkung aufheben, denn: »Welcher Krieg war dann überhaupt verboten?«

Nach Auffassung des amerikanischen Völkerrechtlers Philip Marshall Brown hat der Kellogg-Pakt die fürchterliche Mißgeburt des »unerklärten Krieges« zur Welt gebracht.

Der eigentliche Grund des Versagens lag schließlich darin, daß er keinerlei Handhaben bot, die tieferen Ursachen der Kriege zu überwinden, die ja nie Selbstzweck gewesen sind, sondern Explosionen in einem Zustand politischer Spannungen. Wenn der Vertrag nicht Wege wies, große Ungerechtigkeiten zwischen den Völkern, die das Lebensrecht und die Entwicklungsmöglichkeit der nationalen Kraft bedrohten, einer Revision zu unterziehen und einen Ausgleich zu schaffen, dann konnte dieses Netz von Paragraphen niemals eine wirkliche Friedensgarantie bieten.

Man hat das Problem nur *juristisch* behandelt und konnte damit keine *politische* Friedensordnung aufbauen. Dieser Aufgabe ist auch Kellogg ausgewichen, darum konnte sein Vertragswerk nur eine Wirkung ha-

Die Richter (von oben links nach rechts): Volkow (UdSSR), Nikitschenko (UdSSR), Birkett (England), Lawrence (England), Biddle (USA).

ben, die bereits im amerikanischen Senat befürchtet worden war: die Sicherung des Besitzstandes der Versailler Mächte. Diese Versailler »Friedensordnung« war aber mit jenem Dynamit geladen, das 1939 zur Explosion geführt hat.

Auf diese Gefahren hat die deutsche Reichsregierung in der Note von Außenminister Stresemann an den amerikanischen Botschafter vom 27. April 1928 ausdrücklich hingewiesen.

Darum hat der Kellogg-Pakt weder juristisch noch politisch den Krieg als legales Mittel der Politik ausschalten können. Es war ihm nicht einmal gelungen, eine klare und praktisch anwendbare Unterscheidung zwischen »Angriff« und »Verteidigung« zu finden.

Das wird schon dadurch bewiesen, daß der Angreiferstaat im Kriege dieselben Rechte und Pflichten behielt wie der Angegriffene: die überkommenen kriegsvölkerrechtlichen.

Wäre es dem Kelloggpakt gelungen, den Krieg tatsächlich zu ächten und zum Verbrechen zu erklären, dann hätte dies die Neutralität jedes seiner Unterzeichner-Staaten beenden müssen. Jeder Staat müßte seither jeden anderen Staat, der Kriege begann, als Verbrecher behandeln und bekämpfen. Keiner konnte sich einem Kriegführenden gegenüber noch neutral verhalten.

Der erste große Probefall, der Abessinien-Krieg, bewies das genaue Gegenteil. Es zeigte sich, daß durch Kellogg kein neues Völkerrecht geschaffen worden war und daß das klassische Völkerrecht weiter galt. Die Schweiz erklärte 1935 ihre uneingeschränkte Neutralität; Belgien, Dänemark, Finnland, Luxemburg, Norwegen, Holland und Schweden gaben am 24. Juli 1938 die gleiche Erklärung ab. Das war de jure und de facto das Ende des Kellogg-Paktes.

Professor Jahreiss muß schließlich feststellen:

»Mindestens schon mehrere Jahre vor 1939 gab es in der Wirklichkeit des zwischenstaatlichen Lebens keine wirksame allgemeine völkerrechtliche Regelung über verbotene Kriege. Im Bewußtsein der leitenden Staatsmänner und der Völker hat keine solche allgemeine Regelung existiert.«

Im Grunde genommen war der Kellogg-Pakt der total verunglückte Versuch, die im Völkerbund und den ihm folgenden Vertragsbemühungen beabsichtigte Friedenssicherung doch noch zu erreichen. Deutschland war durch diese juristischen Bemühungen schon aus dem einen Grunde nicht verpflichtet, weil es aus dem Völkerbund ausgetreten war und den Locarno-Pakt gekündigt hatte, der 1934 um fünf Jahre verlängert worden war und nach Ablauf dieser Frist von keinem der Unterzeichner-Staaten verlängert worden ist. Nur der Kellogg-Pakt war nicht gekündigt worden, und zwar aus dem einfachen Grunde, weil er politisch nicht mehr existierte. Er war daran gestorben, daß er zwischen Angriffs- und Verteidigungskrieg unterscheiden wollte und es damit jeder Unterzeichner-Macht überließ, sich selbst den Verteidigungskrieg zuzubilligen.

Der bekannte englische Historiker und Jurist F. J. P. Veale behauptet darum, die vielgepriesene Unterscheidung zwischen einem Angriffs-

und einem Verteidigungskrieg gehöre zum größten Lug und Trug, den uns die internationale Semantik der Neuzeit beschert habe. Der amerikanische Professor H. W. Lawrence habe schon am 10. Oktober 1934 in der Zeitschrift Christian Century darauf hingewiesen, daß man mit dieser Einschränkung sich nur ein fingiertes moralisches Alibi besorgte, um den Besitzstand der saturierten Nationen zu sichern.

Der amerikanische Historiker Harry Elmer Barnes bezeichnet in seinem Buche »History of Western Civilization« die formalistische Unterscheidung zwischen Angriffs- und Verteidigungskrieg als »das traurigste und größte Denkmal für die Torheit der Formelanhänger«.

Da es keine besonderen Strafen für Verletzungen des Vertrages gab bzw. keine Vorkehrungen für die Durchführungen von Strafen getroffen wurden, blieb der Pakt eine Abstraktion, die sich auf keinen konkreten historischen Fall anwenden ließ: »Es ist ganz klar«, schreibt Veale, »daß jeder scharfsinnige Diplomat in der Lage war, fast jeden erdenklichen Krieg unter Berufung auf die eine oder andere dieser ausgenommenen Kategorien zu verteidigen.«

Der bedeutende amerikanische Völkerrechtler Professor Edwin M. Borchard von der Universität Yale erklärte vor der Hochschule für Politik in Williamstown bereits während der Unterzeichnung, der Pakt sei wertlos, um den Krieg in Schranken zu halten. Er habe vielmehr stillschweigend zum ersten Mal in der Geschichte der Menschheit die moralischen Kräfte der Welt aufgeboten, um alle eventuellen Kriege *gutzuheißen.*[12]

Morsche Säulen

Dieser Kellogg-Pakt aber wurde von der Nürnberger Anklage als Hauptstütze benutzt, um die deutschen politischen und militärischen Führer wegen Verbrechen gegen den Frieden zu verurteilen und aufzuhängen. Damals war leider noch nicht bekannt, was der ehemalige Lordkanzler von England in seinem Buche »U.N.O. and War Crimes« festgestellt hat. Viscount Maugham setzt sich ausführlich mit dem Kellogg-Pakt auseinander und weist entschieden den Anspruch des

Nürnberger Tribunals zurück, der Pakt gäbe die Berechtigung, Strafen für Verstöße gegen seine Bedingungen zu verhängen.

Der ehemalige Lordkanzler in England fällt ein vernichtendes Urteil über seine angelsächsischen Kollegen, die in Nürnberg Richter und Ankläger spielten:

»Die Hinrichtung oder Inhaftierung zahlreicher Soldaten, Marineoffiziere und Staatsmänner eines der Signatar-Staaten nach einem Kriege dürfte diesem löblichen Ziel kaum dienlich sein. Derartige Schritte werden sehr viel eher zu fortgesetzter Feindschaft führen.« [13]

Tatsächlich ist der Kellogg-Pakt seit seiner Unterzeichnung im August 1928, also lange vor 1939, nie zum Anlaß genommen worden, irgendeine Macht, die seither in Kriege verwickelt worden ist, zum Verbrecher zu stempeln und als Verbrecher zu behandeln.

Daß der Kellogg-Pakt sogar von seinen wichtigsten Unterzeichner-Staaten 1939 nicht mehr als existent betrachtet worden ist, wird am deutlichsten durch die Tatsache bewiesen, daß sich selbst England und Frankreich in ihren Kriegserklärungen gegen Deutschland nicht auf den Kellogg-Pakt, sondern nur auf ihre verhängnisvolle Polen-Garantie berufen konnten.

Auch der Verteidiger Dr. Horn hat darauf hingewiesen: Im Jahre 1939 habe es weder eine anerkannte Definition des Angreifers gegeben noch ein Organ, das zur Bestimmung des Angreifers berufen gewesen wäre. Nach der 1939 bestehenden Auffassung sei der Kriegsausbruch, gleichgültig wie er zustandegekommen, rechtlich überhaupt nicht gewertet worden. Diese Auffassung stimme überein mit dem völkerrechtlichen Standpunkt der hauptbeteiligten Signatarmächte und der international anerkannten Völkerrechtler. Mit dem Versagen des Kellogg-Paktes und des kollektiven Sicherheitssystems sei die herkömmliche Rechtsauffassung vom Kriege in Kraft geblieben. Dr. Horn faßt zusammen und erklärt unter Bezug auf die Garantieerklärungen gegenüber Polen:

»Diese Garantieerklärung zeigt wiederum, wie sehr Großbritannien in realpolitischer Betrachtung die Konsequenz aus dem Verfall des

Systems der kollektiven Sicherheit zog und wie wenig Zutrauen es in die praktische Wirkung der moralischen Verurteilung des Krieges durch den Kellogg-Pakt hatte.« [14]

Der Kellogg-Pakt, das Fundament der Anklage wie der Verurteilung wegen Verbrechen gegen den Frieden, vermag nicht zu leisten, was das Nürnberger Tribunal mit ihm vorzutäuschen versucht. Man ist immer wieder auf das selbstgeschaffene Statut angewiesen. Damit geraten die Richter selbst gewissermaßen in einen Befehlsnotstand. Sie müssen sich auf jenes Statut berufen, das mit dem damals geltenden Völkerrecht unvereinbar ist. Dieses Berufen auf höheren Befehl oder höhere Anordnung einer Regierung wird aber gerade durch dieses Statut verboten. Die omnipotenten Richter geraten dadurch in rechtliche Schwierigkeiten, die sie durch keine noch so apodiktisch vorgetragene Rabulistik überwinden können.

Wie einfach, klar und konsequent ist dagegen das Prinzip ihres sowjetrussischen Kollegen Nikitschenko. Schon am 20. Juni 1945 hat er sein Universalrezept enthüllt:

»Wir haben hier mit den Hauptkriegsverbrechern zu tun, die bereits verurteilt sind, und deren Verurteilung in den Erklärungen der Staatsoberhäupter in Moskau wie in Jalta ausgesprochen wurde; diese Erklärungen ordnen die sofortige gerechte Bestrafung für die begangenen Vergehen an.«

Dieses sowjetische Gewaltrecht hat unbestreitbar den Vorzug, auf angelsächsische Heuchelei zu verzichten.

Wer griff an?

Drei Jahre nach dem Nürnberger Urteil hat Lord Hankey am 5. Mai 1949 im englischen Oberhaus das moralische Todesurteil über die französischen, amerikanischen und englischen Mitglieder des Internationalen Militär-Tribunals gesprochen, als er vor dem Plenum mit erhobener Stimme feststellte, es sei

»ein schamloses und abstoßendes Schauspiel gewesen, britische, französische und amerikanische Richter neben Kollegen sitzen zu sehen, die ein Land vertraten, das während und nach dem Prozeß die Hälfte aller überhaupt möglichen politischen Verbrechen begangen hatte.«

Lord Justice Lawrence sah sich 14 Tage später gezwungen, vor dem Vorwurf von Lord Hankey in die Heuchelei auszuweichen, dies sei eine Beleidigung für seine sowjetischen Kollegen, die »ihre Befähigung und ihren Rechtssinn« in Nürnberg bewiesen hätten.[15]

Den stärksten Beweis für die demoralisierende Wirkung dieser bedingungslosen Kapitulation vor der sowjetischen Klassenjustiz hat Chief Justice Jackson selbst erbracht. Er, der sich immer wieder auf das west-östliche Statut beruft, um dann doch wieder mit völkerrechtlichen Argumenten zu kommen, wagt sich am 19. März 1946 soweit vor, daß er zugesteht, die Kriegsausweitung 1939 durch Frankreich und England stelle *keine* Angriffshandlung *Deutschlands* dar. Da nun aber Deutschland weder Frankreich noch England den Krieg erklärt hat, sondern umgekehrt, ohne Angriff aber kein Kriegszustand entstehen kann, müßten nach allen Regeln der Logik doch Frankreich und England die Angreifer gewesen sein. Der Verteidiger Dr. Horn hat am 8. Juli 1946 Jackson auf diesen Tatbestand festgenagelt:

»Herr Richter Jackson hat in der Sitzung vom 19. März 1946 die Anklage dahin präzisiert, daß es sich bei der durch die *Westmächte* herbeigeführten Kriegsausweitung nicht um eine strafbare Angriffshandlung Deutschlands handle. Er befindet sich in dieser Auffassung im Einklang mit seinen allgemeinen Ausführungen über den Begriff des Angriffs.

Wollte er sie ganz konsequent durchführen, so müßte er folgerichtig Großbritannien und Frankreich zu Angreifern gegenüber Deutschland erklären, weil sie den Kriegszustand durch das Ultimatum herbeigeführt haben.« [16]

Wäre also der Kellogg-Pakt 1939 noch gültig gewesen, hätte das Nürnberger Tribunal Frankreich und England bzw. die französischen und englischen Politiker und Generale des Verbrechens gegen den Frieden anklagen müssen.

Justizmörder?

Zum Wesensgesetz echter Demokratie gehört die Immunität der Parlamentsmitglieder. Um die Unabhängigkeit der Volksvertretung zu sichern, darf kein Abgeordneter wegen seiner politischen Entscheidungen und Abstimmungen dienstlich oder gerichtlich zur Verantwortung gezogen werden. Wenn ein solcher Schutz in einer echten Demokratie schon aus innenpolitischen Gründen notwendig ist, wieviel mehr hätten die demokratischen Siegerstaaten die Immunität der militärischen und politischen Führung respektieren müssen, die eine Regierung für ihr außenpolitisches Handeln beanspruchen muß? Die schlichte Überlegung, daß kein Minister und kein General als Privatmann einen Krieg vorbereiten oder durchführen könnte, hätte sie daran hindern müssen, sie in dieser völkerrechtswidrigen Art und Weise zu behandeln. Hätte Generalfeldmarschall Keitel als Privatmann aus persönlichen Motiven jemals einen Weltkrieg herbeiführen können oder wollen? Hätte Großadmiral Dönitz als Privatmann eine U-Boot-Waffe aufbauen und einen Seekrieg gegen die Weltmächte führen können? Sie handelten auf Befehl ihres Staatsoberhauptes im Dienste der ihnen vorgeschriebenen Aufgaben und konnten darum nur ihrem Souverän gegenüber verantwortlich sein.

Dies ist der Unterschied zwischen Völkerrecht und Privatrecht, daß das erstere nur Völker und darum Staaten als verantwortliche Rechtssubjekte kennt. Es ist ein Recht zwischen den Staaten oder Staatsgemeinschaften. Besonders die Entscheidung über Krieg und Frieden ist bisher das ausschließliche Recht souveräner Staaten gewesen. Der Gewaltakt von Flensburg konnte zwar die legale Reichsregierung entmachten, sich damit aber nicht das Recht erwerben, gegen Mitglieder einer souveränen Regierung wie gegen Privatpersonen vorzugehen. Alle Manöver, diesen Gewaltakt nachträglich juristisch zu rechtfertigen, sind so gescheitert. Das moralische Todesurteil über die Nürnberger Henker fällte die Vollversammlung der Vereinten Nationen bereits drei Jahre später.

Am 9. Dezember 1948 hat sie es abgelehnt, die Grundsätze des Nürnberger Militärtribunals als verbindliches Völkerrecht anzuerkennen.

Von Rachegefühlen geleitet

Der US-Richter Charles F. Wennerstrum vom Obersten Gericht des Staates Iowa, der im »Fall VII« der Nürnberger Nachfolge-Prozesse als Präsident fungiert hatte, fuhr empört nach Hause. In der »Chicago Tribune« (zit. nach Mark Lautern: »Das letzte Wort über Nürnberg«, S. 56) zog er Bilanz:

»Die Mitglieder der Gruppe der öffentlichen Ankläger, anstatt zu versuchen, ein neues, richtungweisendes Rechtssystem zu formulieren und zu erreichen, waren nur von ihrem persönlichen Vorteil und ihren Rachegefühlen geleitet.

*

Die Anklage tat ihr Äußerstes, um in jeder Weise der Verteidigung es unmöglich zu machen, ihren Fall vorzubereiten und Beweise herbeizuschaffen.

*

Die Anklage, angeführt durch General Taylor, tat alles in ihrer Macht Stehende, um zu verhindern, daß ein einheitlicher Beschluß des Gerichtes herbeigeführt werden konnte, wie z. B. die Regierung in Washington zu bitten, dem Gericht weitere Dokumente, die im Besitz der amerikanischen Regierung waren, herbeizuschaffen und zur Verfügung zu stellen.

*

90 Prozent des Personals des Nürnberger Gerichtshofes bestand aus voreingenommenen Leuten, die entweder aus politischen oder rassischen Gründen die Sache der Anklage unterstützten.

*

Die Anklage wußte genau, weshalb sie alle Verwaltungsposten des Militärgerichts mit ›Amerikanern‹ besetzte, deren Einwanderungsbescheinigungen tatsächlich sehr neu waren und die dann entweder im Verwaltungsdienst oder durch ihre Übersetzungen eine feindliche Atmosphäre gegenüber den angeklagten Personen schufen.

*

Das wirkliche Ziel der Nürnberger Prozesse war es, den Deutschen die Verbrechen ihrer Führer zu zeigen und das war die Absicht, aus welchem Grunde die Prozesse angesetzt wurden. Hätte ich sieben Monate früher gewußt, was in Nürnberg passierte, dann wäre ich niemals dorthin gegangen.«

Wäre diese Entscheidung bereits während des Prozesses gefallen, hätten die Nürnberger Richter ihre Funktionen beenden müssen, wollten sie nicht als Justizmörder überführt und verurteilt werden.

Zur Ehre der deutschen Verteidigung muß immer wieder festgestellt werden, daß sie es noch während des Verfahrens wagt, alle pseudojuristischen Rechtfertigungsmanöver des Militärtribunals zu widerlegen. Der Verteidiger des ehemaligen Reichsministers Alfred Rosenberg, Dr. Thoma, widerspricht z. B. dem Versuch, eine persönliche Verantwortlichkeit der Mitglieder der Reichsregierung gegenüber einem nachträglich geschaffenen internationalen Gremium zu konstruieren. Dr. Thoma stellt fest:

»Das höchste Gut (summum bonum) in der internationalen Völkermoral ist noch nicht verpflichtend statuiert: Es besteht keine autoritative Idee für die Völkergemeinschaft. Statt Überlegungen über private Sittlichkeit und private Kriminalität hätte die Anklage uns die von ihr angenommenen Prinzipien und Kriterien als völkerrechtliches Gewohnheitsrecht darlegen müssen, was nicht geschehen ist . . . So aber muß ich den Standpunkt der Anklagebehörde über die persönliche Verantwortlichkeit der handelnden Staatsmänner als völlig neue und in ihren Konsequenzen sehr gefährliche Philosophie bezeichnen.« [17]

Jackson mußte noch am 7. Juni 1945 in seinem Brief an Präsident Truman indirekt zugeben, daß bei Kriegsbeginn keine Völkerrechtsordnung existierte, die den Krieg zum Verbrechen und die Kriegsführenden zu Verbrechern stempeln könnte:

»Nach dem Völkerrecht des 19. und frühen 20. Jahrhunderts galt Kriegführung im allgemeinen nicht als ungesetzlich oder als Verbrechen im Rechtssinn. Zusammenfassend ging die herrschende Lehre dahin, daß beide Parteien in jedem Krieg als in gleicher Rechtslage befindlich angesehen wurden und demzufolge gleiches Recht besaßen.« [18]

Jackson muß 1945 erst »fordern«, den Krieg zu kriminalisieren. Dr. Stahmer hat bereits in seiner Eingabe vom 19. November 1945 darauf hingewiesen, daß sogar der Völkerbund niemals eine einzelne Persönlichkeit eines kriegsführenden Landes für seine staatlichen Aufgaben privat verantwortlich machen konnte und wollte. Die Praxis des Völkerbundes sei bis in die allerjüngste Zeit in diesem Punkte eindeutig gewesen. Er habe zwar mehrfach über die Rechtmäßigkeit oder Unrechtmäßigkeit des gewaltsamen Vorgehens eines seiner Mitglieder gegen ein anderes entscheiden müssen:

»Aber er hat stets das gewaltsame Vorgehen nur als Verstoß des Staates gegen das Völkerrecht verurteilt und nie auch nur daran gedacht, Staatsmänner, Generale und Wirtschaftsmänner des gewaltübenden Staates zu beschuldigen, geschweige denn vor ein internationales Strafgericht zu stellen.«

Aus den Erfahrungen mit dem Völkerbund und den Verträgen von 1919—39, besonders nach dem totalen Versagen des Kellogg-Paktes, haben die Nationen auch nach 1945 darauf verzichtet, eine individuelle Verantwortlichkeit der Staatsmänner zu statuieren, solange es nicht gelungen war, eine internationale Autorität aufzubauen, die den Staaten übergeordnet und dadurch allein in der Lage gewesen wäre, Repräsentanten eines einzelnen Staates zur Verantwortung zu ziehen. Dr. Stahmer trifft darum die entscheidende Feststellung:

»Als in diesem Sommer in San Francisco die neue Weltfriedensorganisation errichtet wurde, hat man keinen Rechtssatz geschaffen, nachdem in Zukunft ein internationales Gericht die Männer, die einen ungerechten Krieg auslösen, zur Strafe verurteilen werde.«

Internationales Unrecht

Wie dargelegt, bekennt sich Prof. Dr. Jahreiss im Namen der deutschen Verteidigung ausdrücklich zu dem erhabenen Ziel, eine uralte Menschheitssehnsucht zu erfüllen und durch ein erweitertes Völkerrecht eine gerechte und dauernde Friedensordnung zu sichern. Zwei Voraussetzungen müßten aber erst erfüllt sein:

1. Diese neuen Gesetze dürfen ihren Rechtscharakter nicht dadurch selbst vernichten, daß sie rückwirkend und einseitig angewandt werden.

2. Es muß erst eine supranationale Autorität geschaffen werden, die als Weltlegislative und Weltexekutive wirksam werden kann.

Solange diese Bedingungen nicht erfüllt werden können, darf sich kein Gericht das Recht anmaßen, Angehörige eines Staates oder einer Regierung wegen eines Verbrechens gegen den Frieden zu verurteilen und zu bestrafen.

Nach dem geltenden Völkerrecht ist auch der Bruch eines politischen Vertrages nichts anderes als eine Verletzung des Völkerrechts. Der vertragsbrüchige Staat hat nur ein Völkerrechtsdelikt, aber keine *strafbare* Handlung begangen.

Darum gäbe es bis dahin, beweist Jahreiss, kein völkerrechtliches Kriminalrecht. Auch wenn das Deutsche Reich 1939 einen Nichtangriffspakt verletzt hätte, was im Falle Polen nicht mehr möglich war, da der betreffende Vertrag gekündigt worden war, auch in diesem Falle hätte Deutschland nur ein völkerrechtliches Delikt begangen und dafür nach den Regeln des Völkerrechts gehaftet:

»Aber nur das Reich, nicht der Einzelne und wäre es das Staatsoberhaupt. Das ist nach dem geltenden Völkerrecht über jeden Zweifel erhaben.«

Ausführlich belegt Prof. Jahreiss dann diesen Standpunkt durch die geschichtlichen Tatsachen der Zeit nach dem Ersten Weltkrieg:

». . . es ist bis in die jüngste Zeit hinein weder im mandschurischen, noch im italienisch-abessinischen, noch im russisch-finnischen Konflikt auch nur die Möglichkeit erörtert worden, diejenigen Menschen, die auf japanischer oder italienischer oder sowjetischer Seite für Planung, Vorbereitung, Eröffnung und Durchführung des Krieges zuständig waren oder an diesen Akten irgendwie beteiligt waren, strafrechtlich zu verfolgen. Und die Anklage ist nicht etwa deshalb unterblieben, weil man in paradoxer Weise die Dinge nicht zu Ende gedacht hätte, sondern es ist nicht geschehen,

weil es nicht geschehen kann, solange die Souveränität der Staaten das organisatorische Grundprinzip der ganzen zwischenstaatlichen Ordnung ist.«

Das folgenschwerste Ereignis im staatlichen Leben, die Entscheidung über Krieg und Frieden, müßte der Staat fremden Staaten oder einem internationalen Gremium überlassen.

Er müßte sich praktisch selbst auflösen, wenn er seine Existenzfrage durch andere entscheiden ließe. Die Nürnberger »Gesetze« sind nur anwendbar, wenn der souveräne Staat vorher zerschlagen wird.

Professor Jahreiss stellt das Hohe Gericht vor diese Konsequenz:

»Die Anklage zerschlägt in Gedanken den deutschen Staat für eine Zeit, wo er in voller Kraft aufrechtstand und durch seine Organe handelte. Sie muß es tun, wenn sie einzelne Menschen wegen zwischenstaatlichen Friedensbruches treffen will. Sie muß die Angeklagten zu Privatpersonen machen.«

Wodurch wollen die alliierten Richter den Staat ersetzen? Noch sind die Staaten die alleinigen Subjekte des Völkerrechts. Wo ist eine übernationale Autorität, die 1939 bereits an ihre Stelle getreten wäre? Professor Jahreiss hält dem Tribunal diese entscheidende Tatsache entgegen:

»Die Vorschriften des Statuts negieren die Grundlagen dieses Rechtes, sie nehmen das Recht eines Weltstaates vorweg.«

Am Schluß seines Plädoyers faßt Professor Jahreiss seine Verteidigung des Völkerrechts gegen internationale Willkür nochmals zusammen, vorsichtig in der Form, unzweideutig in der Sache:

»Strafurteile gegen Einzelne wegen Bruchs des zwischenstaatlichen Friedens setzen andere Rechtsordnungen voraus, als diejenigen waren, die zur Zeit der vor dieses Gericht gebrachten Taten galten.

Die rechtliche Schuldfrage – und nur mit ihr habe ich es hier zu tun – ist damit in ihrer ganzen Schwierigkeit gestellt. Denn keiner der Angeklagten konnte auch nur eines der beiden rechtlichen Weltbilder haben, von denen die Herren Hauptankläger ausgehen.« [20]

Unrechts-Richter

Man veranstaltet einen Superprozeß und ein Weltgericht nach einem Weltgesetz, das noch nicht existiert, und für die es die einzig zuständige Autorität noch nicht geben kann: den Weltstaat. Was dem Gericht an wirklicher Autorität fehlt, versuchen die einzelnen Richter und Ankläger zu ersetzen durch Verleumdungen und Beschimpfungen der Angeklagten. Sie müssen den Ministern und Generälen das Ziel einer deutschen »Weltherrschaft« unterstellen, um alle Einwände, daß sie in nationaler Selbstverteidigung gehandelt hätten, übertönen zu können. Der französische Hauptankläger, Auguste Champetier de Ribes, beginnt mit der Behauptung, die Angeklagten hätten als eine Minderheit von Verbrechern das Kollektivgewissen eines Volkes deformiert. Ihr »Hauptverbrechen« sei der gigantische Plan einer «Weltherrschaft«. Sie hätten auf dem Wege zur Weltherrschaft nicht nur die bekannten Gebiete erobern, sondern auch methodisch und systematisch »alle Menschen ausrotten« wollen, die den von Deutschland begehrten Raum bewohnten. Nun aber müsse diesen verbrecherischen Umtrieben eines »Banditenstaates« ein Ende gesetzt werden: »Man muß stark zuschlagen, ohne Mitleid!« [21]

Das war der Advokat Frankreichs, das trotz seiner Versailler Schuld Deutschland 1939 den Krieg erklärt hatte und noch 1939 und 1940 einen ehrenvollen Frieden angeboten erhielt. Der französische Hauptankläger wird kaum übertroffen durch den Katyn-Massenmörder Rudenko. Er verflucht die »großsprecherische Verbrecherbande, die ohne Rücksicht auf das Recht und die menschliche Moral gehandelt« habe. Er hat vergessen, daß seine eigene Regierung mit diesen »Banditen« noch vor wenigen Jahren Verträge geschlossen und sich am Kriege gegen Polen beteiligt hatte.

Die Schimpfkanonaden des stalinistischen Schauprozeß-Experten werden vom englischen Hauptankläger zwar nicht wörtlich wiederholt, doch selbst Shawcross bleibt nicht weit hinter Rudenko zurück. Im Stile Vansittarts beteuert er, die Deutschen hätten sich jahrelang nur auf den Krieg ausgerichtet – in einer friedlichen Welt, die den Krieg als Verbrechen längst verabscheut habe. Diese bösen Männer hätten

Im Vordergrund: die Ankläger. Links: die Angeklagten. Mitte: die Verteidiger. Rechts: die Richter.

schließlich »wie ein ekler Seepolyp ihren Schleim über ganz Europa ausgebreitet und ihre Fangarme über die Welt ausgestreckt«.[22]

Interessant ist in diesem Zusammenhang der Versuch, seine sowjetischen Kollegen von der Schuld am deutsch-russischen Geheimabkommen zu entlasten. Shawcross ist schockiert durch die Absicht der deutschen Verteidigung, auch diesen Geheimvertrag als unerlaubt zu betrachten, und zwar auch für die sowjetische Seite. »Das interessiert mich nicht, und natürlich gebe ich es auch nicht zu«, heuchelt Shawcross. Auch wenn dies Unrecht gewesen sein sollte, meint er, gaben zwei Unrechte kein Recht, vor allem nicht ein Völkerrecht, das dieser Gerichtshof anwenden wolle.

»Verbrecher«, »Verräter«, »Banditen«, »Betrüger«, »Polypen« usw., man glaubt sich in einen Moskauer Schauprozeß versetzt. Wie dort ist man auch hier Richter in eigener Sache, einer der wesentlichen Gründe, die beweisen, daß das Internationale Militär-Tribunal die Rechtsprinzipien der Kulturvölker verletzt. Der Verteidiger Dr. Seidl prangert diesen Rechtsmißbrauch am 25. Juli 1946 an: Das Statut für das Internationale Militär-Tribunal sei unzweifelhaft kein Bestandteil einer allgemeinen neuen Rechtsordnung. Das beweise schon die Tatsache, daß es von den Siegerstaaten zeitlich begrenzt wurde, und zwar als Grundlage nur für ein Strafverfahren gegen die Staatsmänner, militärischen Befehlshaber und Wirtschaftsführer der im Krieg Unterlegenen. Darum sei das Statut zeitlich auf ein Jahr beschränkt worden.

Noch stärker aber sei der Grundsatz verletzt, daß niemand in eigener Sache richten könne:

»Eine Verletzung so fundamentaler Grundsätze jeder Rechtsordnung, und zwar auch jeder internationalen, wie sie in dem Satz ›nulla poena sine lege‹ und vor allem in dem weiteren Satz enthalten sind, daß niemand in eigener Sache Richter sein kann, würde nicht nur jede Fortentwicklung des Völkerrechts hemmen, sondern darüber hinaus unfehlbar zu vermehrter Rechtsunsicherheit führen.« [24]

Diese Justizgroteske hat Dr. Stahmer bereits in seiner schon erwähnten Eingabe in ihrer ganzen Fragwürdigkeit enthüllt. Jene Richter seien nur von Staaten bestellt, die in diesem Krieg die eine der Parteien gewesen sind. Diese Streitpartei sei alles in einem: Schöpfer der Gerichtsverfassung und der Strafrechtsnormen, Ankläger und Richter. Daß dies nicht so sein dürfe, sei bisher allgemeine Rechtsüberzeugung gewesen. Besonders die USA hätten als Vorkämpfer für die Errichtung einer internationalen Schiedsgerichtsbarkeit und Gerichtsbarkeit stets verlangt,

»daß die Richterbank mit Neutralen unter Zuziehung von Vertretern aller Streitparteien besetzt werde.« [25]

Im Internationalen Gerichtshof in Haag sei dieser Gedanke vorbildlich verwirklicht worden.

Doch alle auch noch so gründlich erforschten und wissenschaftlich erprobten Gegengründe der Verteidigung konnten nie jene Wirkung erreichen, die schon damals von der geschichtlichen Entwicklung selbst ausging:

Genau an jenem Tage, da Jackson, Nikitschenko und ihre Kollegen die deutschen Minister und Offiziere mit dem Todesurteil bedrohten, weil sie sich gegen die alliierte Zweck-Fiktion einer »Friedensordnung« vergangen hätten, überfiel eine der Anklägermächte, die Sowjetunion, das längst friedensbereite Japan – unter Verletzung des japanisch-sowjetischen Nichtangriffspaktes – durch einen geradezu klassischen Angriffskrieg.

So geschehen am 8. August 1945, ausgerechnet an jenem Tage, an dem das Londoner Abkommen über das Statut des Nürnberger Tribunals abgeschlossen worden ist.

Und man beachte:

Dieser sowjetische Angriffskrieg war bereits vor einem halben Jahr zwischen Stalin und seinen westlichen Verbündeten vereinbart worden.

Verschwörung ohne Verschwörer

Die Verfasser des Nürnberger Statuts haben sich die juristischen Mittel für ihr Verfahren auf drei Wegen beschafft:

1. durch Verletzung des Grundsatzes ethischer Rechtspflege »nulla poena sine lege«,
2. durch Kriminalisierung des Krieges,
3. durch Zerstörung des souveränen Staates, um die einzelnen Staatsmänner und Heerführer des Schutzes der Souveränität zu berauben.

Um aber auch noch die letzten Hindernisse und Schranken europäischer Rechtspflege zu beseitigen, hat man Kollektivschuld und Kollektivstrafe eingeführt. Die Soldaten und Bürger des deutschen Staates, die man zuerst staatenlos gemacht hat, werden nun doch nicht als Einzelne, sondern als strafbare Einheit behandelt. Die Ganzheit des legalen Staates mußte erst zerschlagen werden, um dieses neue Kollektiv konstruieren zu können. Dieses Manöver sollte ermöglicht werden durch die Fiktion einer »Verschwörung«.

Im Anklagepunkt I, C, des Statuts, wo der Krieg als eine »edle und notwendige Beschäftigung der Deutschen« hingestellt wird, steht auch die Behauptung, die »Naziverschwörer« hätten zur Erreichung ihrer Ziele und Zwecke die totalitäre Kontrolle über Deutschland vorbereitet, damit sich kein wirksamer Widerstand mehr erheben konnte. Ziel und Zweck ihrer Partei sei es gewesen,

erstens den Versailler Vertrag und seine Beschränkungen der militärischen Rüstung und Tätigkeit aufzuheben und zu vernichten,

zweitens jene Gebietsteile sich wieder anzueignen, die Deutschland durch den Ersten Weltkrieg verloren hatte, und andere Gebiete, die von »sog. Volksdeutschen« bewohnt waren, und

drittens weitere Gebiete, die die Volksdeutschen als Lebensraum benötigten.

Dieser »gemeinsame Plan oder die Verschwörung« erstrecke sich über einen Zeitraum von 25 Jahren, von der Begründung der Nazipartei im Jahre 1919 bis zum Ende des Krieges im Jahre 1945.

Noch im Urteil wird behauptet, daß jede bedeutsame Beteiligung an der Partei oder der Regierung

»einen Beweis für die Beteiligung an einer an und für sich schon verbrecherischen Verschwörung darstelle.«

Der Begriff der »Verschwörung« sei im Statut »nicht definiert«. Es sei auch nicht notwendig zu entscheiden, ob durch das Beweismaterial das Bestehen einer einzigen Hauptverschwörung unter den Angeklagten erwiesen worden ist.[27] Darf man urteilen ohne einen solchen Beweis?

Nicht ohne Grund verzichtet das sonst so breit angelegte Statut darauf, präzise zu definieren, was unter »Verschwörung« verstanden werden müsse. Gerade die unbestimmte Fassung ermöglicht es, je nach Bedarf das Delikt »Verschwörung« im weiteren oder engeren Sinne auszudeuten und darunter auch Handlungen anzuklagen, die schon 13 Jahre früher ausgeführt wurden, ehe es überhaupt eine nationalsozialistische Regierung und ein Drittes Reich gegeben hat.

Für normales Denken ist der Begriff der Verschwörung untrennbar verbunden mit der Geheimhaltung der Ziele und Mitverschwörer. Eine

Produkte geistiger Verirrung

Helmut Sündermann (1911—1972) war stellvertretender Pressechef der Reichsregierung. In Nürnberg als Zeuge inhaftiert, schrieb er:

Von welcher Seite immer man die Nürnberger Praxis bewertet – stets ist das Urteil notwendigerweise vernichtend. Historisch zwecklos, rechtlich unhaltbar und politisch verfehlt – das ist das Resultat eines dreijährigen Feldzuges, der viele Millionen Dollar verschlang und noch mehr an gutem Willen und Glauben in den Herzen der Deutschen vernichtete. Sie waren im Jahre 1945 aufgeschlossen gegenüber dem Sieger, sie erwarteten, ja sie hofften darauf, daß die Kriegspropaganda Lügen gestraft würde, die immer wieder von dem Haß und den Racheplänen der damaligen Feindmächte sprach.

Ich hatte während dieses Krieges mich als Journalist regelmäßig mit den Haß- und Racheprojekten zu befassen, die von der Gegenseite gegen Deutschland veröffentlicht wurden, und ich zweifelte oft am gesunden Menschenverstand unserer Feinde, wenn ich so verhängnisvolle Dokumente wie das Casablanca-Communiqué vom Januar 1943 auf den Tisch erhielt, das die Formel »Bedingungslose Kapitulation« enthielt, oder den Morgenthau-Plan vom September 1944, in dem aus jeder Zeile ein blinder, verstandesfremder Haß sprach. Alle diese Produkte geistiger Verirrung haben nicht nur deutsches, sondern auch amerikanisches, englisches und russisches Blut gekostet und sind damit teuer bezahlt worden.

Mir ist, wie den meisten Deutschen, die Gabe des echten Hasses nicht in die Wiege gelegt. Als politisch Denkender sehe ich in ihm ein Element der Blindheit, das niemals nutzen, nur schaden kann, wo immer es aktiv wird. Ich habe während des Krieges meine leidenschaftlichen journalistischen Angriffe gegen die Geistesverwirrung der Vansittart, Ilja Ehrenburg und schließlich jenes Morgenthau gerichtet, weil ich in ihnen die Erzfeinde nicht nur unseres deutschen, sondern auch ihrer eigenen Völker sah.

Ich wußte nicht, daß es mein Schicksal sein würde, diesen verderblichen Geist der Völkerentzweiung als Konzert in der Atmosphäre eines Hauses zu erleben.

Die Gitter vor meinem kleinen Fenster stören mich nicht, an die große Mauer, die bei den Spaziergängen den Blick beschränkt, habe ich mich gewöhnt, aber den Justizpalast, der dahinter sichtbar ist – ich glaube, ich hasse ihn als Symbol des Systems, das erst stürzen muß, bevor sich wieder ein Friede erheben kann.

öffentliche Verschwörung wäre so paradox wie ein öffentliches Geheimnis.

Die ersten 13 Jahre von 1920 bis 1933 hat diese »Verschwörung« sowohl im Parteiprogramm wie in Hitlers Buch »Mein Kampf« ihre Ziele vor dem In- und Ausland soweit wie möglich bekanntgemacht. Die demokratische Weimarer Republik konnte weder in einem Punkt des Programms noch in einem Teil des Hitlerschen Propagandabuches irgendeine »Verschwörung« gegen ihre Verfassung und ihre Regierung entdecken. Und das gilt selbstverständlich auch für jeden Staatsbürger. Welcher Soldat oder Offizier konnte z. B. im Punkt 22 des Parteiprogramms das geheime Ziel einer verbrecherischen Verschwörung erblikken: »Wir fordern die Abschaffung der Söldnertruppe und die Bildung eines Volksheeres.«?

Natürlich war die spätere Wehrmacht, wie früher die Reichswehr, eine »Verschwörung«, die gemeinsamen militärischen Zielen diente. Mit einiger Rabulistik kann man diese Einheit des Wollens und der Organisation als typische »Verschwörung« bezeichnen. Welche Armee der Welt wäre dann aber keine Verschwörung? Dies beweist bereits, daß man mit der »Conspiracy« einen juristisch noch gar nicht faßbaren Begriff verwendet hat. Im gesamten kontinentalen Recht gibt es kein Vorbild, es sei denn, man wählt die Piraterie als Muster, was den angloamerikanischen Richtern natürlich nahelag. Dr. Horn z. B. stellt fest, die Anklage bediene sich, um die Teilnahme dieser angeblichen Verschwörung als Einheit erscheinen zu lassen, der Piraterie als Norm. Die Verschwörer befänden sich alle auf einem Piratenschiff, das wider Gesetz und Recht aller Nationen auf Raub ausgehe und darum vogelfrei sei. Dieses Bild habe auf den ersten Blick etwas Bestechendes. Die Bekämpfung der Piraterie sei nach allgemeiner und unbestrittener Auffassung das Recht sämtlicher Nationen, die einem Piraten begegnen. Dadurch sei irrigerweise der Anschein entstanden, als ob es sich bei der Piraterie um ein Verbrechen auf völkerrechtlicher Ebene handele.

Gerade dies sei jedoch nicht der Fall. »Piraterie ist ein gemeines Delikt, dessen Verfolgung die Völkerrechtsordnung nicht nur in Küstengewässern, sondern auch auf der allen Nationen gehörenden See gestattet.« Um einen solchen, an der Piraterie orientierten Verschwörungsbegriff anwenden zu können, hätte man zunächst den Staat, der nach der in der Völkerrechtsgemeinschaft herkömmlichen Auffassung der einzige Träger von Rechten und Pflichten ist, zerschlagen, um die für ihn handelnden Personen einzeln strafrechtlich erfassen zu können.

Um aber über den auf wenige Einzelne beschränkten Kreis ein größeres Kollektiv bestrafen zu können, werden auf dem Umweg der »Verschwörung« die Einzelnen wieder zu einer künstlichen Einheit zusammengefaßt. Nach dem Rechtsempfinden zivilisierter Staaten müsse aber der Einzelne den Plan einer solchen Verschwörung selbst gefaßt, gekannt und die in seiner Ausführung begangenen Taten vorausgesehen und gebilligt haben. Eine solche »Conspiracy« sei im deutschen Rechtsdenken in dem fraglichen Zeitraum unbekannt gewesen. Darum sei es auch nach deutscher Rechtsauffassung unmöglich, daß man z. B. Herrn von Ribbentrop für Geschehnisse in den Ostgebieten, auf die er keinen Einfluß hatte, verantwortlich mache, oder der Angeklagte Streicher für außenpolitische Taten haftbar gemacht werde.[28]

Ein-Mann-Verschwörung

Ein weiterer Widerspruch beweist, wie wenig diese »Conspiracy«-Konstruktion auf die deutsche Staatswirklichkeit anwendbar ist. Man behauptet einerseits, die NS-Regierung sei absolut undemokratisch gewesen, eine totalitäre Diktatur. Gleichzeitig soll aber der Monokrat Hitler wieder als Kollektiv gehandelt haben, als eine Verschwörergruppe. Dieser Gegensatz läßt sich durch kein nachträgliches Gesetz überbrücken. Man benötigt dazu neben der »Piraterie« noch eine weitere Aushilfe, das Gangstertum, das Gangsterrecht, das aus dem gleichen Lande stammt, das Begriff und Typus des Gangsters entwickelt hat, aus den USA.

Dr. Stahmer hält den Anklägern entgegen, der Begriff der Conspiracy gehöre nur zum anglo-amerikanischen Rechtskreis und gelte auch dort bereits als umstritten. Jedenfalls sei der Begriff in dem Sinne, wie ihn die Anklage verwende, *»dem deutschen Recht schlechterdings unbekannt«*.

Er stellt deshalb die Frage, ob ein Strafverfahren, das Gerechtigkeit verwirklichen wolle, Rechtsbegriffe zur Anwendung bringen dürfe, die den Angeklagten und dem Rechtsdenken des deutschen Volkes »völlig fremd sind und immer fremd gewesen sind«.

Schon im Wort »konspirieren« liege, daß jeder mit seinem Wissen und Willen dabei ist. Wenn also einer seinen Willen dem anderen aufzwinge, könne dies keine Verschwörung ergeben: *»Darum ist eine Verschwörung mit einem Diktator an der Spitze ein Widerspruch in sich selbst. Der Diktator verschwört sich nicht mit seinen Gefolgsleuten, er diktiert.«*

Man habe ganz einfach einen innerstaatlichen Begriff des Straf- und Privatrechts in England und Amerika kurzerhand auf zwischenstaatliche Tatbestände angewendet:

»Das Statut tut dies, indem es Personen, die rechtswidrige Kriege planen oder führen, wie Gangster behandelt, die an einem Straßenraub teilnehmen. Das ist eine juristische Kühnheit, denn in diesem Falle steht zwischen den Einzelpersonen und dem Erfolg ihres Handelns der souveräne Staat, was dem Vergleich mit den Tatsachen des innerstaatlichen Alltags jede Grundlage entzieht.

Dem Völkerrecht ist der Begriff der Conspiracy bisher unbekannt.«

Der einzelne Verschwörer solle nach dem Statut für Taten bestraft werden, die nicht er, sondern ein *anderer* Verschwörer begangen hat. Der Art. 6 des Statuts besage, *alle* Verschwörer seien mitverantwortlich für *jede* Tat, die irgendein Mitverschwörer begehe. Die Beispiele, mit denen Jackson seine Conspiracy-These auszudeuten versuche, seien typisch für das amerikanische Gangsterwesen, wo jedes einzelne Mitglied einer Räuberbande den Ausgang und die Folgen kenne und deshalb mit haftbar gemacht werde. Dem deutschen Rechtswesen sei es jedoch fremd, die Verantwortlichkeit von Mitverschwörern auf Fälle auszudehnen, an denen sie selbst nicht schuldig geworden sind. Die Ansicht der Ankläger, mit dem Beitritt zu einer Verschwörung genehmige der Verschwörer alles, was vorher irgendein anderer Verschwörer in Ausführung eines gemeinsamen Planes verübt hat, sei im deutschen Strafrecht unhaltbar.

Dr. Stahmer betont dann auch den Widerspruch zwischen Diktatur und Verschwörung. Hitler hätte über die Behauptung wohl gelächelt, er habe mit seinen Ministern, Parteileitern und Generalen eine Vereinbarung getroffen, mit ihnen gemeinsam diesen oder jenen Krieg mit diesen oder jenen Mitteln zu führen. Es sei ihm nicht auf das Einverständnis dieser Leute angekommen, sondern auf die Ausführung seiner Entschlüsse, mochten sie diesen zustimmen oder nicht. Auch mangele der Gruppe von Angeklagten jede Homogenität in bezug auf Gesinnung, Herkunft, Bildungsstand, Stellung und sozialer Funktion; zum Teil hätten sich die Angklagten erst im Prozeß kennengelernt.

Am Beispiel seines Mandanten Göring erläutert dann Dr. Stahmer, daß die Verschwörerkonstruktion nicht einmal auf diesen entscheidenden Fall anzuwenden sei:

Hätte es damals eine Verschwörung zur Führung eines Angriffskrieges gegeben, wie könnte dann der zweitwichtigste Mann dieser »Verschörung« in den entscheidenden Augusttagen alle Anstrengungen unternommen haben, um den deutsch-polnischen Krieg zu verhindern?

Hätte es auch noch eine Verschwörung zur Begehung von Kriegsverbrechen gegeben, dann wäre doch von Anfang an der Krieg mit aller Rücksichtslosigkeit und Verachtung des Kriegsrechtes geführt worden. Man müsse das Gegenteil feststellen. Gerade in den ersten Kriegsjahren sei unbestritten das Völkerrecht von beiden Seiten eingehalten worden; man bemühte sich, den Kampf mit Anstand und Ritterlichkeit zu führen.[29]

Auch Dr. Nelte, der Verteidiger des Generalfeldmarschalls Keitel, weist nach, daß der Tatbestand der Conspiracy begrifflich und logisch mit den Aufgaben eines Soldaten und der Stellung seines Mandanten Keitel als Chef des OKW unvereinbar ist. Der Soldat handle in Ausübung seiner Pflicht und seines Dienstes und das sei mit »Verschwörung« nicht zu erfassen:

»Ein Soldat kann also wohl einer Verschwörung angehören, die sich gegen seine Pflichten richtet, die er als Soldat übernommen hat, niemals aber kann man seine Tätigkeit im Rahmen seiner soldatischen Funktion als Verschwörertätigkeit bezeichnen.« [30]

Vom KZ auf die Anklagebank

Je öfter man versucht, das Piraten- und Gangsterrecht auf politische Fälle anzuwenden, umso krasser werden die Widersprüche. Der Hinweis auf Dr. Schacht möge genügen. Man mußte ihn erst aus dem deutschen KZ befreien, um ihn hier auf die Anklagebank bringen zu können. Vorher war er durch den Gestapo-Chef Kaltenbrunner inhaftiert worden, mit dem er nun der gemeinsamen Verschwörung angeklagt ist. Oder sollten sie sich dazu verschworen haben, gemeinsam auf die Nürnberger Anklagebank zu kommen?

Ähnlich liegt der Fall Papen. Er hatte bis zum Jahre 1933 alles getan, um die Machtübernahme Hitlers zu verhindern, und ist jetzt angeklagt, Mitglied einer Verschwörung zu sein, die von 1919 bis 1933 nur ein Ziel gehabt haben soll, Hitler an die Spitze der deutschen Regierung zu bringen.

Es sei nur noch der Fall des Großadmirals Raeder erwähnt. Auch er soll einer 25jährigen Verschwörung angehört haben, obgleich er – als unpolitischer Offizier – Hitler erst nach der Machtübernahme begegnet ist. Bis 1944 durfte überhaupt kein Offizier Mitglied der Partei werden. Natürlich war Raeder als deutschbewußter Offizier Gegner des Versailler Diktats und versuchte in seiner Stellung alles zu tun, um dessen Ungerechtigkeiten zu beseitigen. Wenn dies Conspiracy ist, dann waren auch alle französischen Soldaten und Offiziere verbrecherische Verschwörer, weil sie seit 1871 die Revanche gegen das Kaiser-Reich vorbereitet hatten.

Denkt man die »Conspiracy«, wie sie die Ankläger gegen die deutschen Offiziere und Beamten anwenden, folgerichtig zuende, dann ist jeder Staat eine Verschwörung, selbstverständlich auch der nationalsozialistische. Wie ist es schließlich mit der Tugend und Rechtlichkeit jener demokratischen Staaten vereinbar, daß sie es vor 1939 nicht abgelehnt haben, mit dem nationalsozialistischen Verschwörerstaat diplomatische Beziehungen zu unterhalten, einzelne Demokratien sogar bis Kriegsende?

Auch die Aufrüstung wurde nicht nur durch Erlasse und Gesetze dem In- und Ausland bekanntgegeben, sondern auch in aller Öffentlichkeit, soweit sie nicht wie in jedem anderen Lande der militärischen Geheimhaltung unterlag, durchgeführt.

Einen besonders drastischen Beweis gegen die Verschwörertheorie bietet das Schicksal von Rudolf Heß. Als Stellvertreter des damaligen Staatsoberhauptes ist dieser »Verschwörer« mitten im Kriege nach England geflogen, um England zum Frieden zu drängen. Er faßte diesen Entschluß ohne Kenntnis des bevorstehenden Präventivkrieges gegen die Sowjetunion wie der Brief, den er Hitler hinterlassen hat, beweist. Wie kann man da von einer gemeinsamen Verschwörung sprechen, wenn an der Spitze des Staates so unterschiedliche Entschlüsse gefaßt werden können?

Man könnte diese Beispiele noch lange fortsetzen. Das erübrigt sich, weil uns Jackson selber beweist, wie unvereinbar sein Verschwörungstrick mit der rechtlichen, staatlichen, militärischen Wirklichkeit des damaligen Deutschland bleibt. In seiner Anklagerede behauptet er zunächst, daß alle Taten der Angeklagten in der Verfolgung eines allgemeinen Planes oder einer Verschwörung begangen worden seien. Das zentrale Verbrechen, der Knotenpunkt, der alles zusammenhält, sei der Plan des Angriffskrieges gewesen. Vom Moment der Machtübernahme an habe jeder Nazi »wie ein Biber daran gearbeitet, um irgendeinen Krieg vorzubereiten«. Was war das aber für eine »Verschwörung«, von der Jackson wenige Minuten später selbst behauptet, Hitlers Angriffs-

»Als wir Frauen erstmals in den Gefängnishof zum ›Spaziergang‹ geführt wurden, stellten sich die amerikanischen Posten entlang unseres Weges auf – und urinierten in unsere Richtung.«

Bericht einer Zeugin in Nürnberg 1945
(zit. nach Maser: »Nürnberg«, Econ, Düsseldorf 1977)

pläne seien genauso geheim gewesen wie sein »Mein Kampf« – von dem mehr als 6 Millionen Exemplare veröffentlicht wurden? Hitler habe nicht nur die Beseitigung von Versailles öffentlich befürwortet, sondern auch Forderungen gestellt, die weit über eine bloße Berichtigung des behaupteten Unrechts hinausgingen. Die ganze Welt kannte also die »Geheimnisse» dieser »Conspiracy«.[31]

Ein weiteres Argument des amerikanischen Hauptanklägers wirkt ebenso »überzeugend«. Noch am gleichen Tage behauptet er, die heimlichen Vorbereitungen eines Staates gegen die internationale Gesellschaft könnten, »wenn sie auch dem Ausland gegenüber getarnt sind, unter dem eigenen Volk vollkommen offen und wohl bekannt sein«. Welch schlechtes Zeugnis für die anglo-amerikanische Spionage im 20. Jahrhundert![32]

Marshall widerlegt Conspiracy

Die »Verschwörung« wird gerade auf ihrem wichtigsten Gebiete, dem militärischen, eindeutig widerlegt: durch den ehemaligen Chef des Generalstabes der amerikanischen Armee, General Marshall, der seinem Kriegsminister in der Zeit vom 1. Juli 1943 bis zum 30. Juni 1945 u. a. berichtet:

»Kein Beweis ist bis jetzt gefunden, daß das deutsche Oberkommando einen alles umfassenden strategischen Plan hatte. Das Oberkommando billigte zwar grundsätzlich die Politik Hitlers, aber dessen ungestüme Strategie überrannte die deutschen militärischen Fähigkeiten und führte schließlich zur Niederlage Deutschlands. Die Geschichte des deutschen Oberkommandos von 1938 an ist von ständigen persönlichen Konflikten erfüllt, in welchen sich zunehmend Hitlers persönliche Befehle gegen militärisches Urteil durchsetzten . . .

Die Feldzüge in Polen, Norwegen, Frankreich und in den Niederlanden wiesen ernste Meinungsverschiedenheiten zwischen Hitler und den Generalen auf.

In jedem Fall setzte sich der Generalstab für die orthodoxe Form der Offensive ein, Hitler dagegen für einen unorthodoxen Angriff, dessen Ziele tief im Feindgebiet lagen. In jedem Fall setzte sich Hitlers Auffassung durch, und der wirklich erstaunliche Erfolg jedes dieser aufeinanderfolgenden Feldzüge erhoben Hitlers Prestige zu einem Punkt, wo man nicht mehr wagte, seiner Ansicht zu widersprechen . . .

Es liegt fernerhin keinerlei Beweis vor für eine strategische Planung zwischen Deutschland und Japan. Der deutsche Generalstab erkannte die Bindung Japans durch den Neutralitätspakt mit Rußland an, hoffte jedoch, daß Japan starke britische und amerikanische Land-, See- und Luftstreitkräfte im fernen Osten binden würde.« [33]

Unter Bezugnahme auf diese Berichte stellt Dr. Seidl fest, es könne als erwiesen angesehen werden, daß nicht einmal im engsten Mitarbeiterkreis um Adolf Hitler eine völlige Übereinstimmung über die auf dem politischen und militärischen Gebiet zu ergreifenden Maßnahmen bestanden habe. Nicht einmal für den Personenkreis der höchsten Offiziere könne das Bestehen eines gemeinsamen auf einen Krieg gerichteten Planes angenommen werden.

Besonders in dieser Richtung trifft zu, was die Chikago-Tribune am 10. Juni 1946 – während des Prozesses – dem amerikanischen Hauptankläger vorwirft:

»Das Statut, in dessen Namen die Angeklagten abgeurteilt werden, ist die persönliche Erfindung Jacksons und widerspricht dem Völkerrecht, sowie es in der zweiten Haager Übereinkunft definiert ist. Durch die Erfindung eines solchen Statuts verleiht Jackson der Lynch-Justiz die Legalität.«

Strick um den Hals

Im Urteil wird behauptet, daß eine gemeinsame Verschwörung zur Kriegsvorbereitung und Kriegsführung erwiesen sei. Dann folgt eine der typischen Zweideutigkeiten. Es erübrige sich zu erwägen, ob »eine einzige Verschwörung in dem Ausmaße und während des Zeitraumes, wie sie die Anklageschrift darlegt, schlüssig bewiesen worden ist«. Wie kann eine derart schwerwiegende Anklage erhoben werden und zu Todesurteilen führen, wenn ein so wichtiger Punkt nicht schlüssig bewiesen worden ist? Nochmals sei auf die ganze Ungeheuerlichkeit dieses Verschwörerbegriffs im Art. VI des Statuts hingewiesen:

»Anführer, Organisatoren, Anstifter und Teilnehmer, die am Entwurf oder der Ausführung eines gemeinsamen Planes oder einer Verschwörung zur Begehung eines der vorgenannten Verbrechen teilgenommen haben, sind für alle Handlungen verantwortlich, die von irgendeiner Person in Ausführung eines solchen Planes begangen worden sind.« [34]

So wird geurteilt, obgleich es der deutschen Verteidigung in zwei entscheidenden Punkten gelungen war, die Verschwörerkonstruktion zu zerschlagen. Im Urteil über die Reichsregierung muß der Gerichtshof eingestehen, daß sie aus zwei Gründen nicht als »verbrecherisch« erklärt werden könne: Erstens sei nicht dargetan, »daß sie nach 1937 jemals in Wirklichkeit als Gruppe oder Organisation tätig gewesen ist«, zweitens sei die hier beschuldigte Personengruppe so klein, daß gegen ihre Mitglieder ohne weiteres Einzelverfahren geführt werden könnten, ohne daß es erforderlich wäre, die Regierung, deren Mitglieder sie gewesen sind, als verbrecherisch zu erklären.

Keine noch so spitzfindige Formulierung kann darüber hinwegtäuschen, daß mit diesem Urteil zugleich die ganze Verschwörertheorie verurteilt worden ist. Wie könnte noch die Fiktion einer »Verschwörung« aufrechterhalten werden, wenn nicht einmal die Minister dieses Staates der Verschwörung überführt werden können?

Wenn noch ein stärkerer Beweis gegen diesen Versuch, Generale und Minister nach Gangsterjustiz zu verurteilen, möglich ist, dann ist er durch das Urteil über den Generalstab und das Oberkommando der Wehrmacht erbracht worden. Die Anklagevertretung, so erklärt das Gericht, habe auch verlangt, Generalstab und OKW zu einer verbrecherischen Organisation zu erklären:

»Der Gerichtshof ist der Ansicht, daß Generalstab und OKW nicht für verbrecherisch erklärt werden sollten.«

Blick in eine der Nürnberger Zellen, 2,5 mal 4 Meter groß. Kein Stuhl, nur eine eiserne Pritsche, dazu eine jahrelang nicht gesäuberte Strohmatratze und eine nicht minder verdreckte Wolldecke. Kein Waschbecken. Von den Wänden fiel der Kalk, in den Löchern hausten Mäuse. Aus den offenen Klosetts stank es. Fenster waren eingeschlagen, die Heizung funktionierte nicht. Hunger, Kälte, Lärm und Demütigungen (z. B. keine Scheren zum Nägelschneiden, einmal wöchentlich drei Minuten Dusche, manche Woche auch gar nicht) sollten die Angeklagten geistig und körperlich zermürben.

Wenn auch die Anzahl der beschuldigten Personen größer sei als im Falle der Reichsregierung, so sei sie doch so klein, daß Einzelprozesse gegen diese Offiziere den hier verfolgten Zweck besser erreichten, der Generalstab und das OKW seien weder eine Organisation noch eine Gruppe im Sinne des Art. 9 des Statuts.[35]

Was bleibt noch übrig von einer verbrecherischen »Verschwörung« zur Vorbereitung und Durchführung eines Angriffskrieges, wenn über hundert der höchsten Offiziere des OKW und des Generalstabs, also die Spitzengruppe der militärischen Führung, von der Verschwörung freigesprochen werden müssen?

Der Widerspruch wird unerträglich, weil man neben diesem Freispruch über 800 000 Angehörige der politischen Organisationen und über 500 000 Soldaten des vierten Wehrmachtsteils, der Waffen-SS, als verbrecherische Verschwörer gebrandmarkt, verurteilt und bestraft hat. Das muß wohl auch der Zweck des Verschwörer-Manövers gewesen sein.

Mit der Kollektiv-Bestrafung wollte man praktisch den politisch aktiven Teil des deutschen Volkes als verbrecherisch diffamieren und verfemen.

So hat man jenes Ziel erreicht, das mit dem Gangster- und Piratenbegriff »Verschwörung« erstrebt worden war. Bereits bei den Vorbereitungen des Statuts in London hat Jackson zugegeben, daß es ohne die »Verschwörermethode« nicht möglich wäre, Persönlichkeiten wie z. B. Dr. Schacht zu verurteilen, die in keinem Zusammenhang mit Völkerrechtsbrüchen oder kriminellen Verbrechen stehen:

»Nichts außer dem Menschenverstand oder unsere Verschwörungstheorie wird diesen Typ von Verbrechern erreichen.«

Niemand wird ernsthaft glauben, daß von einem Prozeß, der auf derart rechtswidrigen Grundlagen geführt worden ist, eine positive Friedensordnung ausgehen könnte. Die letzte Konsequenz hat Feldmarschall Montgomery am 9. Juni 1948 gezogen, als er in Paris erklärte:

»Die Nürnberger Prozesse haben einen verlorenen Krieg zum Verbrechen gestempelt: Die Generale der besiegten Seite werden erst vor Gericht gestellt und dann an den Galgen gebracht.«

Der englische Historiker Veale zieht daraus die Schlußfolgerung, daß heute ein Offizier bzw. ein Soldat nicht mehr den Marschallstab im Tornister, aber jeder Offizier von Rang von jetzt ab einen Strick um den Hals trage.

Friede ohne Recht

Die ersten Nutznießer der gewaltsamen Beseitigung der deutschen Reichsregierung waren nicht die Westmächte, deren Soldaten die Schergendienste verrichten mußten. Sie konnten damit nur die völkerrechtlichen Barrieren beseitigen, die ihrer Pseudo-Justiz noch entgegenstanden.

Für die Sowjets aber haben sie mit der Verhaftung der Dönitz-Regierung zugleich den letzten Widerstand zerschlagen, der ihre Expansion in den Westen hätte aufhalten können. Als Eisenhower die Vorschläge des neuen Staatsoberhauptes zur Rettung der Millionen Soldaten und Zivilisten, die aus dem Osten nach dem Westen flüchten wollten, ablehnte, hat er sich dem politischen Willen Stalins unterworfen. Unermeßlich ist die moralische und politische Schuld, die die Westmächte damit auf sich geladen haben. Auch jene Hunderttausende Deutsche, die sich vor den angloamerikanischen Luftangriffen in die Ostgebiete geflüchtet hatten, wurden nun daran gehindert, rechtzeitig in die westliche Heimat zurückzukehren, davon in Ostpreußen allein 200 000, in Ostpommern 100 000, in Ostbrandenburg 75 000 und in Schlesien 450 000 Menschen. Nur ein Bruchteil konnte sich den Flüchtlingsmassen anschließen und den Truppen und Panzern der Roten Armee entkommen.

Rund 2 Millionen Deutsche konnten nicht mehr aus Ostpommern, dem Danziger Raum und Westpreußen fliehen. In Schlesien blieben eineinhalb Millionen zurück.

Unvorstellbar waren die Leiden und Qualen der Männer, Frauen und Kinder, die zwischen die Panzer und Marschkolonnen der Roten Armee gerieten.

Die Katastrophe wurde vervielfacht durch die Befehle der westlichen Oberkommandierenden, die ihre Armeen nicht an der äußersten Grenze im Osten, die sie erreicht hatten, stehen ließen, sondern sie nach dem Westen zurücknahmen, um den Sowjets die Möglichkeit zu geben, immer tiefer nach Europa hineinzustoßen. So haben sie Berlin preisgegeben, Mitteldeutschland geräumt und auch den strategisch so wichtigen tschechischen Raum den Truppen Stalins überlassen.

Eisenhower hat die Forderungen erfüllt, die die »Prawda« am 20. Mai 1945 gestellt hatte: Stalin konnte mit ihm zufrieden sein. Er hat alle strategischen und taktischen Positionen erobert, die ihm die Reichsregierung mit den Vorschlägen zur Teilkapitulation – nicht nur im Interesse Deutschlands, sondern des gesamten freien Westens – verweigern wollte.

Die Westmächte hatten nur ein Ziel erreicht: Sie konnten nun, nachdem sie das deutsche Volk seiner Regierung beraubt hatten, in dem »befreiten Raum« nach eigener Willkür herrschen. An die Stelle der deutschen Regierung trat der »Interalliierte Kontrollrat«, der sich jede Kontrolle anmaßte und sich selbst jeder Kontrolle entzog. Er hat ein antidemokratisches Gesetz nach dem anderen erlassen, deren Inhalt unwillkürlich an Stalins Definition der kommunistischen Diktatur erinnert: »Die Diktatur des Proletariats ist die durch kein Gesetz beschränkte und sich auf Gewalt stützende Herrschaft des Proletariats über die Bourgeoisie.« Man braucht nur statt »Proletariat« die »Siegermächte« und anstelle von »Bourgeoisie« die »Besiegten« zu setzen, dann hat man eine genaue Beschreibung des Zustandes, der in den ersten vier Nachkriegsjahren herrschte und teilweise noch länger fortdauerte.

Nirgends aber wird die totale Demontage des Rechtes und der Gerechtigkeit brutaler offenbar als im Wortlaut des berüchtigten Kontrollratgesetzes Nr. 10. Dieses »Gesetz« richtet sich ebenso gegen den »deutschen Militarismus« und damit gegen die deutschen Soldaten und Offiziere wie gegen die nationalsozialistischen Organisationen. Mit den Normen der Militärdiktatur hat sich der alliierte Unrechtsstaat konstituiert, und zwar durch keine Kriegsnot gezwungen, sondern mitten im »Frieden«, gestützt auf Panzer und Maschinenpistolen.

Die Kontrollratsgesetze sind aus dem gleichen Geist geboren wie das Nürnberger Statut. Die amerikanischen Richter erklären nun:

»Wir sind ein Tribunal, das seine Macht und seine Urteilsfällung einzig und allein aus dem Willen und den Befehlen der vier Besatzungsmächte ableitet ... In den Fällen, in denen man annehmen könnte, daß das Kontrollratsgesetz Nr. 10 über die feststehenden Regeln des Völkerrechts hinausgeht, beruht seine Autorität selbstverständlich auf der Ausübung der souveränen gesetzgebenden Gewalt derjenigen Staaten, vor denen das Deutsche Reich bedingungslos kapituliert hat.«

Schon die Voraussetzung, mit der dieser Anspruch auf Macht und Gewalt begründet werden soll, widerspricht den geschichtlichen Tatsachen. Niemals hat das Deutsche Reich als Staat kapituliert. Die Kapitulationsurkunden wurden nur im Auftrag und mit Vollmacht der

Wehrmacht unterzeichnet. Die Regierung Dönitz hat sich strikt geweigert, als Staat bedingungslos zu kapitulieren. Das war ja schließlich auch der Hauptgrund, warum man sie beseitigt hat.

Die Voraussetzung dieser »Gesetze« sind so fragwürdig wie die Folgerungen, die die Alliierten daraus ziehen. Sie stützen ihre Gewalt auf das Völkerrecht, soweit es sich für den Vergeltungszweck mißbrauchen läßt und handeln gegen das Völkerrecht, sobald es dem Vergeltungszweck eindeutig widerspricht.

Zugleich setzen sich die Alliierten skrupellos über die in vielen Generationen geschaffenen Gesetze zur Humanisierung des Krieges hinweg, mit denen sie anklagen und exekutieren. Auf die Frage der Verteidigung, warum man Humanitätsverbrechen, die im Kriege begangen wurden, auf deutscher Seite verfolgt und die gleichen Vergehen straffrei läßt, wenn sie im Kriege oder in der Besatzungszeit durch die Alliierten verübt werden, antworteten die Nürnberger Juristen:

»Die Alliierten sind nicht den Beschränkungen der Haager Konvention und der Landkriegsgerichtsordnung unterworfen.«

Noch verblüffender als diese Feststellung ist ihre Begründung. Die Richter erreichen den Gipfel juristischer Sophisterei, wenn sie einerseits behaupten, ihr Prozeß sei die »Fortsetzung der alliierten Kriegsanstrengungen« (Jackson) und andererseits jene Schutzgesetze beseitigen, die sogar im Kriegszustand noch Geltung haben. Sie beanspruchen die Rechte einer kriegsführenden Macht und berauben die Besiegten gleichzeitig der im Kriegszustand geltenden Schutzgesetze der Haager und Genfer Konvention. Sie vernichten den Rechtsstaat des Friedens und zugleich die Schutzrechte des Krieges. Der Friede gilt soweit, wie man die Schutzgesetze des Krieges mißachten darf, und Krieg herrscht so lange, wie man die Friedensgesetze ausschalten kann.

In der Rabulistik des Internationalen Militär-Tribunals wird das folgendermaßen definiert: Die Alliierten seien der Haager Konvention und der Landkriegsordnung nicht unterworfen . . .

». . . weil die Regeln der Landkriegsgerichtsordnung sich nur so lange auf das Verhalten einer kriegsführenden Macht in einem besetzten Gebiet beziehen, solange dort noch eine Armee im Felde steht, die den Versuch macht, das Land an seinen rechtmäßigen Herrn zurückzubringen. Diese Regeln gelten aber nicht mehr, wenn der Kriegszustand beendet ist, nicht mehr länger eine Armee im Felde steht, und – wie im Falle Deutschlands – die Unterwerfung eine Folge der Eroberung durch militärische Gewalt gewesen ist.«

Der Friede wird also in einen Zustand verwandelt, der noch rechtloser ist als jener, den Cicero mit dem bekannten Worte gekennzeichnet hat: »Wenn die Waffen sprechen, schweigen die Gesetze.« Nun sollen zwar die Waffen schweigen, aber auch noch jene Gesetze, die in einem zivilisierten Staat sogar im Kriege nicht schweigen dürfen. Noch deutlicher werden die Nürnberger Juristen, wenn sie erklären:

»Man muß einen klaren Unterschied machen zwischen den von den Alliierten vor der Vernichtung der deutschen Herrschaft getroffenen Maßnahmen und denjenigen, die hinterher angewendet wurden. Lediglich jene müssen einer Prüfung anhand der Haager Bestimmungen unterzogen werden, diese sind aber in der zur Zeit für Deutschland gegebenen Situation nicht anwendbar.«

Nach diesem Unrechtsprinzip wurde bereits im Prozeß gegen die sogenannten Hauptkriegsverbrecher und dann auch in allen späteren sogenannten Generalprozessen verfahren. Alle Verbrechen gegen das Völkerrecht, wie Zerstörungen ohne militärische Notwendigkeiten, Beschlagnahme von Privateigentum, Zwangsrekrutierung der Bevölkerung für Arbeit im Siegerlande, kurz alle Verstöße gegen die Haager und Genfer Konvention waren nur dann Vergehen, wenn sie von Deutschen im Kriege begangen wurden und keine Verbrechen, wenn sie die Alliierten im Frieden verübten. Die amerikanischen Richter scheuen sich nicht, dies offen zuzugeben:

»Es ist im Laufe dieses Verfahrens festgestellt worden, daß Kommandeure amerikanischer Besatzungstruppen ähnliche Befehle gegeben haben. Dieser Gerichtshof ist nicht zusammengetreten, um gegen Kommandeure alliierter Besatzungstruppen zu verhandeln, es muß vielmehr darauf hingewiesen werden, daß als Folge der bedingungslosen Kapitulation Deutschland keine Truppen mehr im Felde stehen hatte, die nach dem Gesetz als Kriegsführende gelten konnten.«

Die amerikanische Schriftstellerin Freda Utley faßt ihre Kritik an der alliierten Rechtsbeugung in folgender Feststellung zusammen:

»Wir weigerten uns, das Völkerrecht zu beachten, weil wir im Besitz der souveränen Macht waren, weigerten uns jedoch, deutsches oder amerikanisches Recht anzuwenden, weil angeblich unsere Gerichtshöfe ihre Macht von internationalen Autoritäten ableiteten. Man ließ die Deutschen rechtlos – ohne Schutz durch irgendwelche Gesetze und der Willkür ihrer Sieger unterworfen . . .

Weder das Völkerrecht noch deutsches oder amerikanisches Recht und auch nicht die Grundprinzipien der angelsächsischen Jurisprudenz waren die Grundlagen für die Anklagen, Prozesse und Urteile des Nürnberger Tribunals.« [36]

III

Greuelpropaganda im Gerichtssaal

Weder völkerrechtlich noch strafrechtlich gibt es also eine Rechtfertigung für dieses Statut und seine Anwendung. Um diesen Zustand der Rechtlosigkeit zu vernebeln, mußte eine Massenpsychose erzeugt werden, wie man sie sonst nur während des Krieges durch Greuelpropaganda hervorzurufen vermochte. Die Anklage überschwemmt darum die Gefangenen, das deutsche Volk und die Weltöffentlichkeit mit einer Flut von Beschuldigungen.

In jedem Krieg und bei jeder Armee gab und gibt es Entartungserscheinungen, weil einzelne unter der Herrschaft der Kriegsfurie die letzten Hemmungen verlieren. Im bisher größten Krieg aller Zeiten konnten darum an allen Fronten und hinter allen Fronten schlimmste Exzesse passieren. Wenn man nun ausschließlich die deutschen Barbareien anklagte, dann konnte auch ein Gutwilliger dem Eindruck erliegen, die Deutschen seien die geborenen Kriegsverbrecher.

Man mußte dabei nur leugnen, daß neben einem Verbrecher Hunderttausende deutscher Soldaten kämpften, die auch in den härtesten Stunden des Krieges anständig und ehrenhaft gefochten haben. Nur so konnte jenes Zerrbild entstehen, das, in der Kriegspropaganda vorbereitet, im Nürnberger Verfahren noch durch die schrecklichsten Züge bestialisiert werden sollte.

Vom Angeklagten Julius Streicher, der mit seiner antisemitischen Hetzzeitschrift »Der Stürmer« schon 1933 nur einen kleinen Bruchteil der Deutschen beeinflussen konnte und nach 1933 kaltgestellt worden war, wird behauptet, »25 Jahre lang hatte er das deutsche Volk in der Philosophie des Hasses, der Rohheit und des Mordes erzogen.« [1] Das Ergebnis dieser 25jährigen Verderbnis seien die deutschen Bürger und Soldaten gewesen, die sich an der Abschlachtung von Millionen Mitbürgern beteiligten. Diese Verleumdung eines alten Kulturvolkes stammt nicht etwa von Rudenko, sondern von Sir Hartley Shawcross.

Neben ihm kann nur sein sowjetrussischer Kollege Pokrowsky bestehen, der von den bolschewistischen Greueln durch die Verleumdung ablenkt, die deutschen Soldaten und Offiziere hätten in der Behandlung der Kriegsgefangenen »alle Schrecken des Mittelalters« in den Schatten gestellt. Ihre sadistischen Befehle seien einfach »kannibalisch« gewesen. Er stützt seine Vorwürfe darauf, daß die Soldaten nach einem Befehl Keitels gehandelt hätten, wonach »Menschenleben in besetzten Ländern nichts kosten«. Ein vernichtender Vorwurf, der aber nur derart wirken kann, weil Pokrowsky unterschlägt, daß Generalfeldmarschall Keitel dies nicht selbst behauptete, sondern damit jenen vom Stalinismus an der Ostfront verschuldeten Zustand kennzeichnete, jenen *bolschewistischen* Terror, bei dem »Menschenleben nichts kosten«.

Zweck dieser deutschen Befehle sei es nach Rudenko gewesen, Verbrechen gegen die »ganze Menschheit« zu begehen, zu keinem geringeren Ziele, als zur Errichtung einer Hitler-Tyrannei über die »ganze Welt«. Der Ankläger einer Macht, die seit über einem Jahrhundert die Weltrevolution vorbereitet, um die ganze Menschheit der bolschewistischen Diktatur zu unterwerfen, kann natürlich in die Gefahr geraten, die eigene Zielsetzung dem Gegner zu unterstellen.

Psychologische Wunderwaffen

Der englische Dichter Samuel Johnson hat schon im 18. Jahrhundert, in den ersten Anfängen der Großmacht Presse, den Satz geschrieben: »Ich weiß nicht, was man mehr zu fürchten hat: Straßen voller Soldaten, die zu plündern gewöhnt sind, oder Dachkammern voller Schreiberseelen, deren einziges Metier das Lügen ist.«

Ein anderer berühmter Engländer, der Staatsmann John Bright, hat, wohl nicht zuletzt aufgrund seiner Kenntnis angelsächsicher Methoden der psychologischen Kriegsführung, festgestellt: »Wenn Krieg erklärt ist, fällt die Wahrheit als erstes Opfer.«

Da nach Jackson der Nürnberger Prozeß nur die Kriegsanstrengungen der Alliierten fortsetzen soll, hat man auch die Kriegspropaganda fortgesetzt und die historische Wahrheit auf dem Altar der Rache geopfert. In seinem bekannten Buch »Lügen in Kriegszeiten« schreibt der frühere englische Parlamentarier Arthur Ponsonby:

»Die Lüge ist eine anerkannte und außerordentlich nützliche Kriegswaffe, und jedes Land gebraucht sie mit voller Überlegung, um das eigene Volk zu täuschen, Neutrale für sich zu gewinnen und den Feind irrezuführen.« [3]

Im ersten Weltkrieg hat der berüchtigte Northcliffe einen Generalstab des Lügenfeldzuges aufgebaut, wie es Sir Campbell Stuart in seinem Buch »The Secrets of Crewe House« enthüllt hat. Horchposten, Brieföffnungsstellen, Zensurstellen, Entzifferer, Telefonüberwacher, Fälscher, Agitatoren und Spione wurden dort planmäßig eingesetzt. Sie erzeugten eine neue Form der Englischen Krankheit unter den Völkern, eine seelische Rachitis, die noch heute nachwirkt. In den vier Kriegsjahren hat er mit seinen Gehilfen mehr Lügen fabriziert, als in der gesamten bisherigen englischen Geschichte gelogen worden war.

Wie der Zweite Weltkrieg den Ersten in allem Negativen übertroffen hat, so fand Lord Northcliffe im Zweiten Weltkrieg einen Jünger, der seinen Meister weit überbot: Lord Vansittart. Seine Leistungen auf diesem Gebiete haben sich bis zum Nürnberger Verfahren und bis zur Gegenwart ausgewirkt.

Niemand kann den Haß gegen das deutsche Volk und seine Soldaten, der in der gesamten westlichen Welt bis zur Raserei gesteigert wurde, verstehen, der nicht Vansittarts Reden und Schriften kennt. Hier hat nicht irgendein anonymer Hetzer das Bild des deutschen Soldaten bis zur Unkenntlichkeit verzerrt, sondern einer der mächtigsten und einflußreichsten Männer des britischen Empire.

Seine berüchtigte Schrift »Black Record – Germans Past and Present« ist geradezu die Bibel des Antigermanismus geworden. Diese Schrift faßt die Rundfunkreden zusammen, die Vansittart in offiziellem Auftrag gehalten hat und die vor allem dazu bestimmt waren, in der amerikanischen Öffentlichkeit den Widerstand gegen den Kriegseintritt zu zermürben.

Man kann die psychologische Wirkung des Nürnberger Prozesses nicht darstellen, ohne nachzuweisen, in welchem Umfang und mit welchen Argumenten Vansittart jenen Zustand kollektiven Wahnsinns erzeugt hat, der auch noch aus den Nürnberger Anklagereden spricht. Er wäre kein Engländer, wenn er sich dabei nicht auch immer wieder auf die Bibel berufen hätte:

»Jehova wollte Sodom und Gomorrah schonen, wenn zehn Gerechte darin gefunden werden könnten, aber die Stätte wurde vertilgt . . . Vielleicht gab es zehn Gerechte in Sodom und Gomorrah, aber sie alle waren als Handelsreisende unterwegs. Das ist meine Erfahrung mit dem ›anderen Deutschland‹. Es mag Gerechte in Deutschland geben, aber wenn man sie braucht, sind sie nicht da . . .

Deutschland ist über siebzig und ist ein Gewohnheitsverbrecher geworden . . .«

Das schreibt, wie gesagt, nicht irgendein unverantwortlicher Literat, sondern einer der höchsten Repräsentanten der damaligen englischen Weltmacht. Seit 13. November 1929 war Sir Robert »Permanent Undersecretary of State« und damit der ranghöchste Beamte im diplomatischen Dienst, die zentrale Figur im britischen Außenministerium. Die Außenminister wechselten, Vansittart blieb. Er war tatsächlich zwölf Jahre hindurch »permanent«, gerade in jener Zeit der Kriegsvorbereitung und des Kriegsbeginns gegen Deutschland. 1941 wurde Sir Robert als Lord ins Oberhaus berufen und »Erster Diplomatischer Berater« der Regierung Seiner Majestät. Seine Macht hatte auch den deutschen Widerstand veranlaßt, mit ihm Kontakt zu suchen und zu finden. Allerdings ohne jeden Erfolg – wenigstens für Deutschland. Vansittart hatte schon 1919 als Mitglied der englischen Delegation in Versailles von den damaligen deutschen Selbstbesudlern verächtlich als von den

Ilja Ehrenburg (links) in Moskau und Lord Vansittard (rechts) in London prägten mit ihrem unverblümten Deutschenhaß auch die Gerichtsatmosphäre in Nürnberg. »Jetzt werden wir Richter sein«, schreibt Ehrenburg schon am 24. August 1944. »Wehe Dir, Deutschland!«

»Mea-Culpisten« gesprochen, und nach den Erfahrungen vor dem Zweiten Weltkrieg erklärte er, man brauche für die Deutschen keinen Secret-Service, denn viele kämen selbst nach England, um ihm alles Wissenswerte zu erzählen.

Churchill war Halbamerikaner und auch Vansittart mit einer Amerikanerin verheiratet. Er ist der fanatischste Gegner einer deutsch-englischen Freundschaft und stets bereit gewesen, sogar vitale britische Interessen gegenüber Amerika und auch gegenüber der Sowjetunion preiszugeben, um alle Macht und allen Haß gegen Deutschland zu mobilisieren. So hat er den Begriff des »Vansittartismus« geschaffen, der in der ganzen Welt zum Symbol des Antigermanismus geworden ist.

Wer glaubt, dies sei übertrieben, unterrichte sich beim berühmten englisch-jüdischen Philantropen Victor Gollancz, dem Träger des Friedenspreises des deutschen Buchhandels von 1960, der mitten im Kriege, im Jahre 1941, in seiner bekannten Schrift »Shall our children live or die?« geschrieben hat:

»Die Grundlehren des Vansittartismus werden den meisten vertraut sein . . . Zurückgreifend auf ferne Geschichtsperioden wird uns von Lord Vansittart nunmehr erklärt, daß es vor allem die Deutschen waren, die sich als Fluch der Welt erwiesen. Denn, abgesehen von einer sehr kleinen und unwirksamen Minderheit, seien es die Deutschen, die als blutdürstige Würger auftraten oder sich bereit zeigten, dem Würgewerk zuzustimmen. Es sind immer wieder die Deutschen, das unterstellt Vansittart, die angegriffen haben.«

Vansittart behaupte, es sei verhängnisvoll, wenn man versuche, zwischen deutscher Regierung und deutscher Volkheit oder zwischen Nationalsozialisten, Nazis und den übrigen Deutschen zu unterscheiden. Hitler sei das natürliche und stets wiederkehrende Ergebnis einer Rasse, die vom frühesten Morgenrot der Geschichte an raub- und kriegssüchtig war. Im angeborenen Bösen der deutschen Denkungsart – der Art des gesamten deutschen Volkstums – sei das Problem der Welt zu finden.

Vansittart in Nürnberg

Dieser Katechismus des Deutschenhasses hat eine unabsehbare Wirkung. Für die englisch-amerikanische Welt konnte es keine höhere Autorität als Vansittart geben für die Beurteilung des deutschen Volkes und seiner Soldaten. Es war nicht zu bezweifeln, daß die Reden und Schriften dieses einflußreichsten Mannes des englischen Außenministeriums mit Wissen und Billigung des britischen Außenministers verbreitet wurden. Bei einem Politiker dieses Ranges mußten seine Verlautbarungen vom gesamten Kabinett autorisiert sein. Wir wissen inzwischen auch, daß das Manuskript des »Black Records« Winston Churchill unterbreitet worden ist, der es als übereinstimmend mit seiner Überzeugung begutachtete und die weiteste Verbreitung forderte.

Allerdings war man nicht so unvorsichtig, diese Reden auch in deutscher Sprache zu verbreiten. Noch in der Nachkriegszeit sucht man vergeblich nach einer Übersetzung dieses deutschfeindlichen Dokumentes. Wir bringen den Inhalt, nur soweit er unmittelbar das deutsche Soldatentum angreift, zum ersten Mal in eigener Übersetzung.

Schon das Vorwort der Schrift zeigt das eigentliche Ziel der Angriffe des Vansittartismus:

»Die Deutschen haben in den letzten 75 Jahren fünf Kriege geführt . . . hätten die Deutschen freie Bahn gehabt, dann würde es während der letzten 75 Jahre alle 8 Jahre einen Krieg gegeben haben. Schuld daran sind ihr Charakter und ihr System . . .«

Es sei ihm entgegnet worden, berichtet Vansittart, viele Historiker würden seine Geschichtsdeutung nicht anerkennen. Er habe aber keine Geschichtsphilosophie versucht, sondern Kriegsziele und Kriegsmethoden definiert:

»Ich habe nur gesagt, daß die Deutschen fortgesetzt und immer wieder ihre Nachbarn getötet haben – und wie und warum . . .«

Seit Friedrich dem Großen hätte es in der deutschen Politik nur eine Bewegung mit einem einzigen Ziel gegeben: der Errichtung der Weltmacht und den Krieg gegen England, als deren Vorbedingung. Die Kriegsverbrechen der Deutschen im Zweiten Weltkrieg seien nur die Wiederkehr von etwas, das viel weiter zurückliege als Hitler, der Kaiser oder Bismarck oder Friedrich: »Die Wiederholung von Untaten in tausend und zweitausend Jahren vorher . . .«

Als Routinier einer Psychologie des Hasses veranschaulicht Vansittart sein Zerrbild der Deutschen und besonders der deutschen Soldaten durch ein einprägsames Symbol: Er versinnbildlicht den Charakter des Deutschen durch den »Würger«, den grausamsten Totschläger der ganzen Vogelwelt. Der Würger täusche andere Vögel durch Nachahmen ihrer Stimmen, um sie totzuhacken und aufzuspießen. Dieses Motiv variiert er in der gesamten Geschichte des deutschen Volkes:

»Der Würger bekam seine drei Kriege vor 1914, und jedes Mal vergrößerte sich die Beute des Schlächters: Sie wurde 1866 größer als 1864,

1870 größer als 1866. Jeder dieser Kriege war durch den Würger sorgfältig geplant und provoziert worden . . . Seinen vierten Krieg erreichte der Würger erst 1914, noch rechtzeitig genug. Zu dieser Zeit verstärkte sich das Crescendo, die Beute und der Schnabel des Würgers wuchsen gewaltig . . .«

Es habe niemals eine Hoffnung gegeben, daß es dem Kaiser oder Hitler nicht gelänge, einen Krieg herbeizuführen. Ein deutscher Krieg alle 15 Jahre sei der Durchschnitt. »Würger sind mörderische Tiere.« So habe der Würger hintereinander drei Kriege geführt, ehe seine Nachbarn anfingen, zu argwöhnen, worauf er hinaus wollte:

»Es war die Weltherrschaft. Die ersten drei Kriege waren Einleitung und Vorbereitung, der vierte Krieg war der Einsatz für das eigentliche Ziel. Diese Gier nach Weltherrschaft wirkt in den Deutschen seit Generationen, und zwei davon beobachtete ich bei der Vorbereitung.«

Man beachte, mit welcher Perfidie einer der einflußreichsten Freunde Churchills hier den innerdeutschen Konflikt von 1866 in eine Vorbereitung der deutschen Weltherrschaft umlügt. Den französischen Angriffskrieg Napoleons III. von 1870 fälscht er um in einen Überfall Bismarcks auf das friedliche Frankreich und mißdeutet auch diesen als eine Vorstufe zur deutschen Weltherrschaft, die 1914 vom deutschen Kaiser genauso angestrebt worden sei wie 1939 durch Hitler. Ein kurzer Blick auf die Literatur seit 1945 zeigt, wie stark diese Geschichtslügen nachwirken.

Für den Lügenlord sind die Deutschen aber nicht nur die einzigen Friedensbrecher, sondern die geborenen Kriegsverbrecher seit zwei Jahrtausenden. Über den von London begonnenen Bombenterror gegen die Zivilbevölkerung schwindelt er:

»Diese ›Ritter der Luft‹ sind die übelsten Schlächtervögel, und wir hoffen, den Himmel von ihnen zu säubern. Um alle diese Dinge zu verüben, die kein Engländer tun könnte oder tun würde, fanden die Nazis einen großen Bestand an kaltblütigen, jungen Barbaren, die nicht nur willens waren, solches zu tun, sondern sich daran ergötzten.«

Man könne mit diesen »Schlächtervögeln« unmöglich zu ehrenhaften Bedingungen kommen. Sie würden stets darauf bestehen, »uns«, die Engländer, »aufzufressen«.

Der Fluch der Welt

Der Diplomatic Chief Adviser, der außenpolitische Hauptberater der englischen Regierung und Lord seiner Majestät des englischen Königs, stellt hier wieder heuchlerisch die Tatsachen auf den Kopf. Er wußte schon damals, was der englischen Öffentlichkeit verheimlicht wurde: daß die britische Regierung jahrelang die deutschen Vorschläge für ein Verbot der Bombardierung der Zivilbevölkerung abgelehnt hatte. England hat stattdessen seit 1936 den Luftterror gegen Wohnbezirke vorbereitet. Erst nach vielen Monaten englischer Angriffe auf offene deutsche Städte wurden deutsche Vergeltungsangriffe geflogen. Churchill hat entsprechend den Vorschlägen seines Freundes Lindemann diesen Luftterror befohlen, einschließlich des Massenmordes von Dresden.

Nahezu wortwörtlich werden jetzt von den Nürnberger Anklägern die Verleumdungen des deutschen Volkes wiederholt, die Vansittart der antideutschen Kriegspropaganda als Parolen ausgegeben hatte: »Preußentum, Militarismus, Sucht nach Weltherrschaft, Nazismus – diese Reihenfolge macht die Deutschen zu Exponenten jeder nur denkbaren Sorte von schmutzigem Krieg und perfider Politik.«

Erinnern wir uns an den Absatz C Ziffer 3 der Anklageschrift: »Der Krieg ist eine edle und notwendige Beschäftigung für die Deutschen.« Das ist beinah wörtlich die Wiederholung von Vansittart. Schon unter Bismarck und dem Kaiser hätten sich – in einer Flut von Büchern – hervorragende Deutsche am nächsten Krieg ergötzt, den Krieg als »der edelsten Beschäftigung des Menschen«. In diesen Büchern sei man sich einig gewesen in der Notwendigkeit, »alle zu vernichten, die sich den Deutschen auf ihrem Wege zur Vorherrschaft entgegenstellten: Sie barsten vor Haß und Verachtung gegen ihre Nachbarn und forderten die äußerste Brutalität in der Führung des totalen Krieges.«

Schon bei seinem Aufenthalt in den neunziger Jahren des 19. Jahrhunderts habe er nur Kriegsgeschrei gelesen und gehört. »Mein erster Eindruck war, ich sei in ein Land voll mordgieriger Verrückter gekommen.« Dieser Eindruck sei später vollauf gerechtfertigt worden.

Kriegspropaganda im Frieden

Der Ungeist Vansittarts hat dann auch in Nürnberg angeklagt und exekutiert. Man kann diesen maßlosen Haß gegen deutsche Soldaten und Offiziere, der seither das Bild des Deutschen verzerrt, nur verstehen, wenn man diese Methoden bis in die Ursprünge verfolgt.

Was Ponsonby im Kriege festgestellt hat, das gilt jetzt zum ersten Mal auch für den Frieden:

»Krieg wird in diesem Nebel von Falschheit geführt, wovon ein großer Teil nicht aufgedeckt und als Wahrheit hingenommen wird . . .

In Kriegszeiten ist das Versäumnis zu lügen eine Nachlässigkeit, das Bezweifeln einer Lüge ein Vergehen und das Erklären der Wahrheit ein Verbrechen.« [4]

Ponsonby ahnte bereits auch, daß mit dem Rundfunk ein noch viel wirksameres Instrument der Haßpropaganda verfügbar sein würde. Die Lügen könnten dann, schreibt er, auf wissenschaftliche und autoritative Weise verbreitet werden.

Ponsonby unterscheidet zwischen intellektueller und grober Lüge. Beide verbinden sich in der Nürnberger Generallüge, daß man gegen Deutschland nur Krieg geführt habe, um die Demokratie zu retten. Dieser Trick hat sich bereits im Ersten Weltkrieg als besonders wirksam erwiesen. Erst nachträglich merkte man den Widerspruch dieses alliierten Schlagwortes; man hatte sich, um die »Demokratie« zu retten, mit der zaristischen Autokratie verbündet. Ähnlich ließ man Ende 1941 Stalin die Ehre, die westlichen Demokratien retten zu dürfen. Das Ergebnis nach 1918: Diktaturen in Italien, Spanien, Polen, Griechenland, Türkei, Persien u. a., nach 1945: die Unterwerfung von über einer Milliarde Menschen unter bolschewistische Diktaturen.

Churchill und Roosevelt sind im Erfinden von Kriegsparolen nicht sehr originell gewesen. Wie die »Rettung der Demokratie«, so war auch die andere Parole, »die Verteidigung der kleinen Staaten«, bereits 1914/1918 verwendet und verbraucht worden. Premier Asquith hat am 26. September 1914 dieses englische Kriegsziel verkündet – und später ebenso verwirklicht wie Churchill, als er in Teheran, Jalta und Potsdam diese »kleinen Staaten« zu ihrem Schutze in sowjetische Satelliten verwandeln ließ.

Auch der Länderraub hatte damit begonnen, daß Asquith im Oktober 1914 erklärte, »wir haben nicht den Wunsch, die Bürden unseres Reiches durch neuen Flächenraum oder größere Verantwortung zu vermehren.«

Trotz dieser Beteuerungen hat sich England nach 1918 zusätzlich mit neuem Kolonialraum von 1,4 Millionen Quadratmeilen »belastet«.

Nach 1945 hat man das gleiche Kriegsziel dadurch verwirklicht, daß man den Achsenmächten viele Hunderttausende von Quadratkilometern Lebensraum raubte, jetzt aber diese »Bürde« nicht mehr selbst übernehmen konnte, sondern dem sowjetischen Bundesgenossen überlassen mußte.

Dieses Ergebnis wurde nicht zuletzt auch durch jene Greuelpropaganda erreicht, die Northcliffes Nachfolger Vansittart mit seinem Gehilfen Sefton Delmer gesteuert hat. Schon Northcliffe beschäftigte in seinem Generalstab des Lügenfeldzuges 500 Beamte und 10 000 Gehilfen.

Das Gegenstück zu seinem »Crewe House« war in Frankreich das »Maison de la Presse«, ein Riesenbau, die französische Giftküche der alliierten Agitation. Sie lieferte besonders wirksame Karikaturen und gefälschte Photos, die auch nach England exportiert wurden. Aus dem Buch »Hinter den Kulissen des französischen Journalismus« zitiert Ponsonby:

»Das Pressehaus war der nimmermüde Geiser, der unausgesetzt falsche Kriegsberichte und erfundene Nachrichten von der Front und den Etappen, die niederträchtigsten und gröbsten Verleumdungen der Gegner, die verblüffendsten Erdichtungen ruchloser ihnen auferlegter Handlungen aussprudelte.«

»Wir haben«, schreibt der französische Verfasser, »die Lüge zu einem wissenschaftlichen System reduziert, um ganze Nationen zu betrügen und sie zu einem Morden anzuspornen, das für sie nicht das geringste Interesse hatte.« Um der Anklage der Kriegsschuld zu entgehen, müsse man den Gegner als einen gefährlichen Friedensstörer und den ruchlosesten Feind der Menschheit hinstellen.[5]

Die Nürnberger Ankläger haben von diesen Vorbildern gelernt, ihre Methoden verfeinert, bis sie immer wissenschaftlicher und zuletzt auch »juristisch« geworden waren. Schon Sefton Delmer war nicht nur ein Nachahmer von Northcliffe und Vansittart; er hat neue Wege beschritten: »Alle unsere Lügen müssen wohl überlegte Lügen sein!«, war sein Prinzip. Ihm standen für seine Aufgabe über 300 Mitarbeiter aus allen europäischen Ländern zur Verfügung. Delmers Zweck war so heilig, daß er auch teuflische Mittel erlaubte. Sefton log nicht nur emotional und improvisiert, sondern mit politischer Ratio und wissenschaftlicher Präzision.

Als er sich den späteren und sehr vorübergehenden Präsidenten des Bundesverfassungsschutzes, Otto John, als Helfershelfer kaufen konnte, führte er ihn mit folgender Anweisung in die Moral der antideutschen Propaganda ein:

»Wir führen einen totalen Nervenkrieg gegen Hitler . . . Sollten Sie Lust haben, sich meiner Einheit anzuschließen, so muß ich Sie gleich darauf aufmerksam machen, daß wir jeden, auch den schmutzigsten Trick anwenden, der sich nur denken läßt.

Jeder Griff ist erlaubt. Je übler, umso besser. Lügen, Betrug, – alles.« [6]

Die dialektische Methode

Vansittarts Fernwirkung spürt man auch noch bei Rudenko. Er fälscht den Einsatz von Ostarbeitern, die nach den Elendsjahren unter der stalinistischen Tyrannei in Deutschland Arbeitsverhältnisse geboten bekamen, die im Vergleich zu den allgemeinen Lebensbedingungen der Zivilbevölkerung im Osten einigermaßen erträglich waren, in

»Sklaverei« um. Am 8. Februar 1946 behauptet er: »Sowjetbürger wurden von den faschistischen Usurpatoren an Konzerne und Privatpersonen in Deutschland in die Sklaverei verkauft. Diese Sklaven wurden dem Hunger, tierischer Behandlung und zum Schluß qualvollem Tode preisgegeben.« [7]

Immerhin waren die meisten dieser »Sklaven« nur mit Zwang dazu zu bewegen, nach 1945 in das Sowjetparadies zurückzukehren. Umgekehrt haben sich Millionen Sowjetbürger dem Rückmarsch der deutschen Armeen nach dem Westen anzuschließen versucht.

Rudenko versucht ernsthaft, die Greuel der sowjetischen Kirchenverfolgungen und Priestermorde den deutschen Soldaten anzuhängen:

»Die deutschen Soldaten verspotteten die religiösen Gefühle der Bevölkerung. Sie kleideten sich in Kirchengewänder, hielten Pferde und Hunde in den Kirchen und machten Bettgestelle aus den Ikonen.« [8]

Katyn-Mörder Rudenko hält sich beinahe wörtlich an Vansittart, wenn er hetzt, nur die Deutschen hätten »unbeschreibliche und ungeheuerliche« Verbrechen gegen die Menschlichkeit begangen, Verbrechen gegen die menschliche Ethik und das Völkerrecht, »wie man ihnen niemals zuvor in der Geschichte begegnet ist«. Diese Verbrechen hätten bereits »mit dem Augenblick der Gründung der Hitlerpartei«, also 1920, begonnen. Vansittart ging noch etwas weiter zurück.

Mit diesen Denunziationen gelingt es den Sowjets, die Weltöffentlichkeit von den Greueltaten der Roten Armee abzulenken. Für Deutschland allerdings, unter den Soldaten der Ostfront und den Bewohnern jener Gebiete, die von der roten Terrorwelle erfaßt wurden, ist der Widerspruch zwischen Prozeßpropaganda und erlebter Wirklichkeit allzu kraß. In der sowjetischen Propaganda und Erziehung und bis in die Schulbücher hat dieses Gift jedoch gewirkt, und es wirkt heute noch weiter, nicht mehr gegen die »Nazis«, jetzt gegen die Deutschen in der Bundesrepublik.

Mitverantwortlich für diese Völkerverhetzung sind jene Vertreter der Westmächte, die es den Sowjets gestatten, offensichtlich verlogenes Material tonnenweise als Anklage-»Dokumente« in dieses Verfahren einzuschmuggeln. Das Statut des Gerichtes hat für diese Manöver den Weg geöffnet. Gemäß Art. 21 mußten auch alle Dokumente, die von Sowjetrußland und seinen Satelliten eingereicht wurden, als »unanfechtbare Beweise« anerkannt werden. Die Sowjets hatten sich dazu auf lange Sicht vorbereitet. Durch Erlaß des Präsidiums des Obersten Sowjets vom 2. November 1942 wurde in der UdSSR eine besondere »Staats-Kommission« organisiert, die, in Staats-, Land-, Gebiets- und Ortsunterkommissionen aufgeteilt, bei der Feststellung und Untersuchung »der Untaten der faschistischen Angreifer« behilflich war. In der Zentrale und in den Zweigstellen sind dann Berge von »Material« zusammengefälscht worden, das zunächst für die Greuelpropaganda im Krieg und dann im Prozeß verwendet werden sollte.

Am 8. Februar 1946 trumpft Rudenko auf:

»Allein über die Verbrechen, die von den deutsch-faschistischen Unholden gegen die friedlichen Bürger der UdSSR verübt worden sind, wurden 54 784 Akten angelegt. Diese Akten sind gem. Art. 21 des Statuts des Internationalen Militärgerichtshofs unanfechtbare Beweismittel.« [9]

Gründlicher konnten sie ihren Schauprozeß nicht vorbereiten. Alles geschieht unter eigener Regie: die Herstellung der »Dokumente«, die Auswahl der »Zeugen« und der Nachweis der Echtheit und Unanfechtbarkeit dieses Materials.

Man fälscht immer nach dem gleichen dialektischen Prinzip: Um von den eigenen Verbrechen abzulenken, wird – nach der Methode Katyn – die deutsche Armee verleumdet.

Das berüchtigte Lügenbuch Rauschnings, der Hunderte von Seiten »Gespräche mit Hitler« erfunden hat, wird als »Beweis« für den Vorwurf verwendet, den Pokrowsky am 14. Februar 1946 gegen die deutsche Führung erhebt. Er behauptet, in Form von Verordnungen und Befehlen seien Hunderttausende Deutsche für Hauptverbrechen und Greueltaten »wie Bluthunde« erzogen worden. Für diesen Zweck habe Hitler »die Menschheit von dem Wahn, den man Gewissen nennt«, befreit, eines der verhängnisvollen Zitate, das der Scheinzeuge Rauschning für diesen Zweck erfunden hat.

Wie großzügig man im Erfinden deutscher Verbrechen vorging, wird bei der Vernehmung von Hans Fritzsche sogar vor diesem Tribunal nachgewiesen. Es handelt sich um eine Lügenmeldung der »Times«, die bei Kriegsbeginn in der ganzen Welt verbreitet worden war: Die Deutschen hätten »zehntausend Tschechen ermordet«:

Dr. Siemers: Herr Fritzsche! Ist es richtig, daß im September 1939 in der englischen Presse behauptet worden ist, daß in der Tschechei durch deutsche Kreise zehntausend Tschechen einschließlich des Oberbürgermeisters in Prag ermordet worden sind?

Fritzsche: Ob es in der Times gestanden hat, das weiß ich nicht, sicher aber im »News Chronicle«.

Dr. Siemers: Was hat das Propagandaministerium daraufhin getan?

Fritzsche: Es hat deutsche und ausländische Journalisten nach Prag gebracht. Wenn ich mich nicht irre, ist einer der ausländischen Journalisten, der damals mit nach Prag flog, sogar hier im Gerichtssaal anwesend.

Dr. Siemers: Und was stellten diese ausländischen Journalisten fest?

Fritzsche: Sie hatten ein Interview mit dem angeblich getöteten Oberbürgermeister von Prag, sie reisten im Lande herum und berichteten entsprechend.

Dr. Siemers: Stellte sich demnach die Meldung als völlig unrichtig heraus?

Fritzsche: Sie stellte sich damals als völlig unrichtig heraus . . .« [10]

Lügen um Mölders

Wie man ohne Rücksicht auf Leiden und Gefühle der Betroffenen Greuelpropaganda treibt, darüber berichtet der britische Propagandachef Sefton Delmer ein infames Exempel. Oberst Mölders, einer der bekanntesten Fliegerhelden des Zweiten Weltkrieges, war durch einen unglücklichen Zufall abgeschossen worden. Sofort begann die Phantasie des Propagandastrategen zu spielen. Delmer erfand das Gerücht, Oberst Mölders sei auf Befehl Himmlers abgeschossen worden. Daß der Reichsführer-SS keine Befehlsgewalt über die deutsche Flak haben konnte, störte in dieser Lügenfabrik kaum. Über den Propagandasender »Gustav Siegfried Eins« ließ man eine flammende Rede gegen die »brutale Ermordung des edlen Fliegerhelden« verbreiten.

Gleichzeitig wurde ein Brief Mölders' an einen katholischen Domprobst in Stettin erfunden, in welchem Mölders sich selbst als gläubigen Kämpfer für den katholischen Glauben schildert, der von den »Gottlosen« verfolgt werde. Das »erschütternde Dokument« schloß mit der bitteren Feststellung:

»Wenn in meiner letzten Stunde kein Priester mir beistehen kann, werde ich diese Erde im Bewußtsein verlassen, daß ich in Gott einen gnädigen Richter finden werde. Schreiben Sie mir bald wieder, mein lieber väterlicher Freund, und beten Sie für Ihren Werner Mölders.«

Diesen erschwindelten Brief ließ Delmer durch die Royal Air Force über Deutschland abwerfen. Um die beabsichtigte Wirkung zu erzielen, hatte man den Text auf gefälschte Funkerbögen der Luftwaffe gedruckt:

»Binnen kürzester Frist war der ›Mölders-Brief‹ in ganz Deutschland bekannt. Unerschrockene Priester verlasen ihn von ihren Kanzeln. Der greise Feldmarschall von Mackensen, der entsetzt war über die antichristliche Einstellung des nationalsozialistischen Regimes, hatte ihn vervielfältigen lassen und an seine Freunde verschickt. Die BBC und der Sowjetische Rundfunk griffen den Fall auf und berichteten darüber.«

Die deutsche Führung konnte sofort nachweisen, daß der Brief eine Fälschung war. Sogar die Mutter von Mölders erklärte öffentlich, daß der Brief nicht echt sei »aber niemand wollte ihnen glauben«. Mölders galt als ermordet.[11]

Sobald die Hetze einen gewissen Grad von Massenpsychose erzeugt hatte, wurden auch die kuriosesten Erfindungen geglaubt. Hilfsankläger Smirnow erzählt am 19. 2. 1946 aus dem Material der »Außerordentlichen Staatskommission« einen Fall, der beweise, daß die Deutschen bei der »Ausrottung« der Sowjetbürger besonders »raffiniert« vorgingen. So hätten sie folgende Mordmethode erfunden:

»Einige Sowjetbürger wurden gezwungen, auf einen Baum zu steigen und andere mußten diesen absägen. Die Menschen, die mit dem Baum umstürzten, wurden getötet.« [12]

Warum man, statt die Sowjetbürger einfach zu erschießen, diesen »raffinierten« Umweg gewählt hat, vermochte Genosse Smirnow nicht zu erklären. Seine Story erinnert an Erfindungen der alliierten Propaganda im Ersten Weltkrieg. Damals hat ein ehemaliger Agent der Standard Oil Company aus Schottland Kriegsnachrichten nach den Vereinigten Staaten exportiert. Er »berichtete« u. a., als das britische Heer 1914 in Frankreich zurückweichen mußte, habe General French einige französische Generale um Verstärkung gebeten. Die Bitte sei ihm abgeschlagen worden. Am nächsten Tag habe sich Kitchener nach Frankreich begeben, um diese französischen Generale zu verhören. Sie hätten keine andere Entschuldigung vorzubringen gehabt, als daß ihre französischen Truppen müde gewesen seien. Die tatsächlichen Ursachen waren aber viel gefährlicher. Wer nur konnte schuld gewesen sein? Zwei deutsche Frauen!

Unglaublich, aber wahr: Während das Siegertribunal in Nürnberg den Angeklagten unter anderem vorwarf, sie hätten ausländische Arbeitskräfte in Deutschland – so wörtlich – »versklavt«, wurden deutsche Zeugen der Verteidigung kurzerhand verhaftet und zu schweren Arbeiten auf dem Gefängnishof gezwungen (Bild).

»Bei der Untersuchung der Sache stellte sich heraus, daß zwei der französischen Generale deutsche Frauen hatten. Kitchener ließ zwei von ihnen erschießen.« [13]

Man kann sich das Entsetzen der US-Bürger über die Gefährlichkeit der deutschen Frau vorstellen. Wirkungen, die in der Kriegspsychose eher verständlich erscheinen als in der nüchternen Atmosphäre eines Gerichtes der Nachkriegszeit. Daß es aber auch hier unbegrenzte Möglichkeiten gibt, beweist Sir Hartley Shawcross. Er will seine Anklagerede durch ein Goethe-Zitat überhöhen, das seine Literaturkenntnis beweisen und auch zeigen soll, daß der größte Deutsche, Johann Wolfgang Goethe, den verbrecherischen Charakter des deutschen Volkes, wie ihn dieser Prozeß offenbare, bereits durchschaut hatte. Am 27. Juli 1946 läßt er den Olympier im Zeugenstand des Internationalen Militär-Tribunals aussagen. Sir Hartley kündigt an, vor vielen Jahren bereits habe der Dichter dem deutschen Volk gedroht, eines Tages werde es von seinem Schicksal ereilt werden. Und dann spricht der »Zeuge« Goethe:

»Das Schicksal wird sie schlagen, weil sie sich selbst verrieten und nicht sein wollten, was sie sind. Daß sie den Reiz der Wahrheit nicht kennen, ist zu beklagen, daß ihnen Dunst und Rauch und berserkerisches Unmaß so teuer ist, ist widerwärtig. Daß sie sich jedem verrückten Schurken gläubig hingeben, der ihr Niedrigstes aufruft, sie in ihren Lastern bestärkt und sie lehrt, Nationalität als Isolierung und Rohheit zu begreifen, ist miserabel.«

»Mit welch prophetischer Stimme hat er gesprochen«, schlußfolgert der englische Hauptankläger triumphierend, denn genau so seien jene wahnwitzigen Schurken, die Angeklagten, die genau diese Dinge ausgeführt hätten.[14]

Verblüfft von der hohen literarischen Bildung eines Shawcross und dankbar für das Geständnis Goethes, verbreitet man seine Zeugenaussage über die ganze Welt. Nur wenige erfahren, daß dieser Belastungszeuge nicht Goethe, sondern *Thomas Mann* war. Als Emigrant hatte er vom sicheren Amerika aus Brandreden gegen sein eigenes Volk gehalten. Später versuchte er, sich in seinen Nachkriegsromanen zu rechtfertigen. So hatte er in »Lotte in Weimar« seinem Vorgänger Goethe kollegial auf die Schulter geklopft und ihm diese Denunziation seines eigenen Volkes angedichtet.

Nicht immer ist es so einfach, die Ankläger durch die Tatsachen zu widerlegen. Maurice Bardèche, der französische Literaturhistoriker, schreibt in seiner Stellungnahme zum Nürnberger Verfahren, ein deutscher Historiker werde zehn Jahre benötigen, um auch nur die Anklagereden des französischen Vertreters durch Dokumente, Daten und Zahlen vor der ganzen Welt in ihrer Unehrlichkeit zu entlarven. Er wendet sich vor allem gegen die Methode, aus fünf Jahren deutscher Besetzung in Frankreich ein Dutzend Repressalien herauszugreifen und so aneinander zu reihen, als seien alle Jahre von solchen Grausamkeiten erfüllt gewesen. Diese isolierten Schilderungen – ohne Gegenüberstellung der tatsächlichen Geschehnisse während der Besatzungszeit – könnten die geschichtliche Wirklichkeit nur verfälschen. Man müsse entweder alles sagen oder nichts. Ein Teilbericht sei immer parteiisch. »An dieser Stelle wird man uns eines Tages sagen: Frankreich hat gelogen!« [15]

Mit diesen Methoden arbeitet nicht nur die französische Anklage. Hin und wieder ist man dabei aber doch zu unvorsichtig vorgegangen. Nach monatelangen Schilderungen von Brutalitäten und Folterungen hat man vergessen, daß bereits die Anklageschrift ein Dokument enthält, das die Wirklichkeit relativiert. Aus einem Befehl des Gestapochefs Müller vom 12. Juli 1942, der »verschärfte Vernehmungen« fordert, zitiert man folgendes:

». . . Verschärfte Vernehmung darf unter dieser Voraussetzung nur angewendet werden gegen Kommunisten, Marxisten, Bibelforscher, Saboteure, Terroristen, Angehörige der Widerstandsbewegungen, Fallschirmagenten, Asoziale, polnische oder sowjetrussische Arbeitsverweigerer oder Bummelanten.

In allen übrigen Fällen bedarf es grundsätzlich meiner vorherigen Genehmigung . . . Die Verschärfung kann je nach Sachlage u. a. bestehen in: einfachste Verpflegung (Wasser und Brot), hartes Lager, Dunkelzelle, Schlafentzug, Ermüdungsübungen, aber auch in Verabreichung von Stockhieben. (Bei mehr als 20 Stockhieben muß ein Arzt zugezogen werden.)«

Diese gewiß nicht entschuldbaren Methoden dürften manchem, der mit den alliierten Vernehmungsmethoden während des Krieges und in der Nachkriegszeit Bekanntschaft machen mußte, nicht extrem unüblich erscheinen. Es sei nur an die grauenhaften seelischen und körperlichen Folterungen, Quälereien und Morde im Malmedy-Prozeß erinnert, Brutalitäten, die nach dem Kriege, in den ersten »Friedensjahren« verübt wurden.

Während man im Ersten Weltkrieg vor allem mit Zeichnungen, Karikaturen und »Gemälden« deutsche »Greueltaten« illustriert hat, ermöglicht es die Photo- und Filmtechnik nun mit ganz neuen Mitteln zu »dokumentieren«. Man wendet dabei oft den Trick an, Photos oder Filme, die man bei deutschen Soldaten oder aus beschlagnahmten Archiven erbeutet hat, so zu verändern, daß z. B. deutsche Aufnahmen von Greueltaten der Rotarmisten und der Partisanen in Beweise für deutsche Kriegsverbrechen umgefälscht werden können.

In deutscher Uniform

»In anderen Gegenden, welche der Gefahr der deutschen Besetzung ausgesetzt waren, gingen NKWD-Truppen, oft in deutschen SS-Uniformen gekleidet, hin, besetzten Städte und Dörfer und mordeten, vergewaltigten und raubten mit schockierender Barbarität, dabei immer achtgebend, daß es einige überlebende Zeugen gab. . . Nachdem die sowjetische Zivilbevölkerung auf diese Weise die ›deutschen‹ Verbrechen am eigenen Leibe verspürt hatte, war es für die Sowjets leichter, antideutsche Partisaneneinheiten zu organisieren.«

Zitat aus dem Buch: »The New KGB«, Seite 202, von William R. Corson und Robert I. Crowley (USA).

Der Verteidiger Dr. Exner fragt den Generaloberst Jodl als Zeugen, warum er zu Photos, in denen Greueltaten in den besetzten Gebieten gezeigt worden seien, gesagt habe, diese Bilder seien echt. »Was meinen Sie damit?«

Jodl: »Ich wollte damit sagen, daß es sich nicht um eine Photomontage handelt, in der nach meinen Erfahrungen die russischen Propagandisten Meister waren, sondern daß es sich um Aufnahmen tatsächlicher Geschehnisse handelte. Aber ich wollte sagen, daß die Bilder keinen Beweis lieferten, ob es sich überhaupt um Greueltaten handelte, wer sie begangen hat. Dadurch, daß sie bei den Deutschen gefunden worden sind, ist sogar anzunehmen, daß es sich um Aufnahmen handelt, die von der Gegenseite begangen worden sind, also durch Tito-Kräfte, vielleicht auch durch Ustaschen; denn seine eigenen Greueltaten nimmt man im allgemeinen nicht auf, wenn überhaupt welche begangen worden sind.« [16]

Trotz dieser Richtigstellung von Jodl, der später hingerichtet wurde, ist noch heute in Büchern über den Prozeß zu lesen, der Generaloberst habe die »Echtheit« der Aufnahmen bestätigt – tatsächlich bezog sich die Aussage nur auf die photographische Qualität, nicht auf die Motivbeschreibung. Besonders die Aufnahmen aus deutschen KZ's, nahezu alle nach der Kapitulation entstanden, wirkten schockierend, ließen aber viele Fragen offen. Unabhängig vom verbrecherischen Charakter des NS-Lagersystems weiß man heute, daß es gegen Kriegsende erhebliche Versorgungsprobleme gab, auch medizinische. Seuchen brachen aus. Die Häftlinge konnten Nahrung nicht mehr verwerten, magerten innerhalb weniger Wochen auf Haut und Knochen ab. Ihr erschütternder Anblick ließ sachliche Fragen nach den Ursachen nicht zu, so daß die Anklage in Nürnberg psychologisch ein leichtes Spiel hatte. Angesichts der Bilder und in Kenntnis des schrecklichen Umfangs tatsächlicher NS-Verbrechen hielt sich die Verteidigung in diesem Punkt zurück.

Eine Rechtfertigung des KZ-Systems und seiner scheußlichsten Auswüchse gegen Kriegsende konnte und sollte es nicht geben. Dieser Moral-Standpunkt der deutschen Verteidigung, in dem sich auch der Wille der Angeklagten spiegelte, erleichterte es allerdings den Sowjets, eigene Massenmorde den Deutschen zuzuschreiben. In Nürnberg war die Erforschung kommunistischer Verbrechen noch nicht auf dem heutigen Stand. Was Rudenko und seine Helfershelfer vortrugen, paßte teilweise nur zu gut zu den grauenhaften KZ-Bildern und den Berichten der Einsatzgruppen. Eine Verteidigung, die an Zahlen und Einzelheiten herumgedeutelt hätte, wäre in moralisches Zwielicht geraten. So konnten denn die Sowjets mit »Berichten« aufwarten, die niemand an Ort und Stelle zu überprüfen vermochte, die aber durch die Medien gingen, zum Beispiel:

— Die Deutschen hätten Hinrichtungsopfern vor der Exekution Zement in den Mund gegossen, um Schreie zu verhindern.

— Die Deutschen hätten ihre Seife aus dem Fett ermordeter Juden gewonnen (eine Horrormär, die erst 1990 und nochmals 1995 von israelischen Wissenschaftlern zurückgewiesen wurde).

— Die Deutschen hätten Kriegsgefangene und sowjetische Bürger absichtlich mit Typhus infiziert, um durch Seuchen große Teile der Menschheit auszurotten.

— Die Deutschen hätten in Lemberg Gefangene gezwungen, »das Stiegenhaus in sieben Aufgängen des vierstöckigen Hauses mit ihren Lippen und Zungen aufzuwischen. Als dies getan, zwangen sie die gleichen Leute, den Abfall in ihrem Hof mit ihren Lippen zu sammeln.«

Letzteres »Dokument« wird den Angeklagten Streicher besonders beeindruckt haben. In seinem Buch »Epitaph on Nuremberg« berichtet der englische Journalist Montgomery Belgion 1946:

»Am 26. April 1946 erklärte Julius Streicher, einer der Angeklagten, daß er nach seiner Verhaftung vier Tage lang in seiner Zelle ohne jegliche Bekleidung gelassen worden sei. ›Man hat mich gezwungen, Negern die Füße zu küssen. Man hat mich gepeitscht. Man gab mir Speichel zu trinken. Man öffnete mir den Mund gewaltsam mit einem Stück Holz und spuckte mir in den Mund. Als ich ein Glas Wasser zu trinken begehrte, führte man mich zur Latrine und sagte, trinke!‹.« [20]

Justitia ohne Augenbinde

Schaut man sich die Aussagen an, die insbesondere die Sowjets in Nürnberg beibringen, wimmelt es nur so von deutschen Soldaten, die plündern, vergewaltigen und morden. In perversesten Details wird der Eindruck geschürt, Wehrmacht und Waffen-SS seien eine ruchlose Räuber- und Mörderbande gewesen, die sich an keinerlei kriegsrechtliche und humanitäre Regeln gehalten habe. Immer wieder werden Zeugen zitiert, die niemand kennt und deren Angaben unüberprüfbar sind. Behauptungen werden erhoben, die man glauben kann oder auch nicht. »Im Zweifel gegen die Angeklagten«, lautet die Gerichtspraxis.

»Tausende Dokumente, die geeignet erscheinen, die Alliierten möglicherweise zu belasten und die Angeklagten zu entlasten, sind plötzlich verschwunden«, berichtet der Historiker Werner Maser in seinem Buch »Nürnberg – Tribunal der Sieger« (Econ-Verlag 1977). »Hinzu kommt, daß gefälschte Dokumente die Arbeit der teilweise nicht nur vom Gerichtshof bestimmten, sondern von ihm auch honorierten Verteidiger erschweren.« Und: »Dafür, daß schon 1945 Dokumente beschlagnahmt, der Verteidigung entzogen oder auch gestohlen wurden, gibt es zahlreiche Beweise.«

Schon diese Tatsache, die auch von siegerfreundlichen Historikern etwas verschämt zugegeben wird, macht den Nürnberger Prozeß zu einer Farce. Maser über den Verlauf des Tribunals: »Die Augen der Justitia deckt nach wie vor keine Binde zu.«

Die Masse des Grauenvollen, das Rudenko, Pokrowsky, Smirnow und ihre nichtkommunistischen Kollegen diesem Forum zumuten, macht es nahezu unmöglich, deren Wirkung noch durch exakte Wahrheitsbeweise einzudämmen. Auf dem Siedepunkt ihrer immer fanatischer werdenden Anklagen haben die Sowjets ein Kriegsverbrechen nachzuweisen versucht, bei dem durch ihre »Beweisführung« das ganze Lügengebäude zerstört worden wäre, hätten sie vor einem neutralen Gericht agiert: Am 14. Februar 1946 schildert Pokrowsky als Gipfelpunkt hunnischer Brutalitäten die Ermordung von 11 000 kriegsgefangenen polnischen Offizieren im Walde von Katyn. Konsequent wie immer beruft er sich dabei auf seine »Außerordentliche Staatskommission« und deren Dokumentationskunst. Aus dem gesamten Material, das dieser Sonderkommission zur Verfügung stehe, aus der Aussage von mehr als hundert Zeugen und den Angaben der gerichtsmedizinischen Sachverständigen, aus allen Dokumenten und Beweisstücken ergäbe sich mit unwiderlegbarer Sicherheit, daß diese beispiellosen Massenmorde durch die deutsche Militärbehörde ausgeführt worden seien, und zwar unter Oberleutnant Arnes, Oberleutnant Rex und Oberleutnant Hott. Alle Mitglieder der »Außerordentlichen Staatskommission« bestätigen unterschriftlich:

»Indem die deutsch-faschistischen Eindringlinge die polnischen Kriegsgefangenen im Wald von Katyn erschossen, führten sie folgerichtig ihre Politik der physischen Ausrottung der slawischen Völker durch.« [52]

Wir werden noch ausführlich auf diesen größten Skandal der Rechtsgeschichte eingehen und zeigen, mit welcher Frechheit die sowjetische Anklagebehörde versuchte, eines der brutalsten Verbrechen des Stalinismus auf deutsche Offiziere und Soldaten abzuwälzen. Hier soll nur angedeutet werden, was von anderen Zeugenaussagen und Dokumente zu halten ist, wenn an einem solch monumentalen Fall bewiesen wird, wozu die sowjetischen Ankläger fähig waren und wie weit die westlichen Ankläger und Richter sie dabei unterstützt haben.

Erstaunlicherweise verzichtete die sowjetische Anklagebehörde darauf, ihre prominentesten Zeugen persönlich vorzuführen. Durch diese Vorsicht hatte die Verteidigung keine Möglichkeit, an typischen Fällen die »Dokumente« und die Zeugenaussagen zu überprüfen. Warum man solche Scheinzeugen nicht vor dem Internationalen Militärtribunal erscheinen lassen durfte, zeigt ein Fall, den Rechtsanwalt Dr. Siemers entlarven kann:

In der Verteidigung von Schirach hat er als Entlastungszeugen den ehemaligen Gauleiter Lauterbacher benannt. Daraufhin versuchen die Ankläger die Glaubwürdigkeit des Zeugen Lauterbacher im Kreuzverhör dadurch zu erschüttern, daß sie ihn bei seiner Vernehmung am 27. April 1946 fragen, wieviele Leute Lauterbacher öffentlich habe aufhängen lassen, habe er doch auch angeordnet, vierhundert bis fünfhundert Gefangene des Zuchthauses Hameln sollten vergiftet und erschossen werden? Um diese Beschuldigung möglichst eindrucksvoll zu beweisen, legt der amerikanische Anklagevertreter *sieben* eidesstattliche Erklärungen als Dokument US/874 vor.

Darunter erscheint als Kronzeuge ein gewisser Josef Krämer, der in einer eidesstattlichen Erklärung behauptet hat, Lauterbacher habe den Befehl zur Ermordung der Gefangenen gegeben. In der Sitzung vom 27. Mai 1946 protestiert Rechtsanwalt Dr. Siemers gegen die Verwertung dieser eidesstattlichen Versicherung Krämers und legt einen Zeitungsbericht vor, wonach dieser Kronzeuge kurz vorher, am 2. Mai 1946, vom Gericht der 5. britischen Division zu sieben Jahren Gefängnis verurteilt worden ist.

Am 17. Juli 1946 kann Dr. Siemers einen Bericht der »Rhein-Neckar-Zeitung« vom 6. Juli 1946 vorlegen, durch den bewiesen wird, daß Lauterbacher inzwischen vom Obersten Britischen Militärgericht in Hannover als schuldlos freigesprochen worden ist. Natürlich gab es kein Verfahren gegen den meineidigen »Zeugen« Krämer.[53]

Bei der erdrückenden Masse des Materials sind solche Gegenbeweise leider nur in Ausnahmefällen gelungen. Mit dem § 20 des Statuts hatte man sich alle Möglichkeiten vorbereitet, um unerwünschtes Beweismaterial auszuschalten, noch ehe es den Gerichtssaal erreichen konnte.[54]

Ein trübes Kapitel, das Teile der deutschen Führung beschämend belastet, sind die Menschenversuche in einigen KZ's. Hier kam es zu verbrecherischem Mißbrauch, der von der Nürnberger Anklage denn auch entsprechend herausgestellt wurde. Eine deutsche Spezialität waren diese verdammungswürdigen Experimente an wehrlosen Menschen gleichwohl nicht. Verteidiger Pelckmann erklärt am 22. Juni 1946, daß er durchaus nicht die Meinung vertrete, daß solche Versuche mit den Prinzipien der Menschlichkeit zu vereinbaren seien. Er weist aber nach, und zwar aus wissenschaftlichen Veröffentlichungen der neuesten Zeit, daß die Frage, ob an lebenden Menschen Versuche, die zum Tode führen können, ausgeführt werden dürfen, um Zehntausenden und Hunderttausenden von Menschen das Leben zu retten, »mindestens in der Wissenschaft umstritten ist, und, wie ich mindestens in diesen Dokumenten nachweise, von namhaften ausländischen, amerikanischen und englischen Gelehrten bejaht wird.«

Dr. Pelckmann beweist ferner, daß sich die meisten Häftlinge für solche Experimente freiwillig zur Verfügung gestellt hätten und daß solche Experimente auch im Ausland nachzuweisen seien. Er beruft sich dabei auf eine nahezu gleichzeitig erscheinende amerikanische Zeitschrift, auf die »Time« vom 24. Juni 1946. Dort wird ein neues Tuberkulosemittel behandelt:

»Amerikanische Wissenschaftler haben Experimente vorgenommen mit Tuberkuloseschutzimpfungen an dreitausend Indianern. Die Hälfte wurde mit diesem Schutzmittel geimpft, die Hälfte erhielt eine harmlose Salzinjektion. 40 Tuberkulosefälle haben sich dann entwickelt, 185 Fälle reagierten nicht, 38 gingen tödlich aus. Und zwar wurden die Experimente an nichttuberkulösen Indianern vorgenommen.«

Als weiteren Beweis legt Rechtsanwalt Pelckmann eine Übersetzung des amerikanischen Buches »An American Doctor's Odyssey« vor, in welchem Experimente mit der berüchtigten »Beri-Beri«-Krankheit geschildert werden, die die amerikanischen Forscher Fraser und Stanton mit Strafgefangenen in Bilibid durchgeführt hatten. Gegen kleine Nebeneinnahmen und Strafmilderungen stellten sich Gefangene für diesen Zweck zur Verfügung. Versuche wurden auch an Zöglingen der Irrenanstalt von Kuvala Lumpur gemacht. Man gab einem Teil der Zöglinge unpolierten und einem anderen Teil polierten Reis als Verpflegung . . . »Die Folgen dieser Experimente und die Krankheit überhaupt sind außerordentlich stark. Die Kranken können schließlich nicht mehr das Bett verlassen und sterben häufig an Herzschwäche.« [56]

Natürlich sind solche Hinweise keine Entlastung in deutscher Sache. Anzumerken ist aber, daß die Verbrechen einer kleinen Zahl deutscher Mediziner in einem »total« geführten, durch und durch unmenschlichen Weltkrieg geschahen. Die Menschenversuche anglo-amerikanischer Mediziner fanden im Frieden statt, unter »demokratisch geordneten« Verhältnissen. Eine Aufrechnung läßt sich daraus nicht ableiten, aber ein Argument gegen die Behauptung, einzig und allein Deutsche seien zu solcher Grausamkeit fähig.

Grausamkeiten der USA berichtet ein Zeuge, dem sich inzwischen eine Anzahl anderer – auch in der amerikanischen Literatur – angeschlossen haben. Der Journalist Edgar L. Jones war während des ganzen Krieges Korrespondent an der Pazifik-Front. Im Februar 1946 schildert er in der Revue »The Atlantic Monthly« seine Erlebnisse und Beobachtungen in einem umfassenden Bericht:

»Was glauben die Zivilisten denn, welche Art Krieg wir geführt haben? Wir haben kalten Blutes Gefangene niedergemacht, wir haben Lazarette pulverisiert, Rettungsboote versenkt, feindliche Zivilisten getötet oder verwundet, Verwundeten den Garaus gemacht und Sterbende mit Toten in ein Loch zusammengelegt. Im Pazifik haben wir die Schädel unserer Feinde zerschlagen, sie abgekocht, um aus ihnen Tischgarnituren für unsere Bräute zu machen. Wir haben ihre Knochen ausgemeißelt, um Brieföffner aus ihnen anzufertigen.

Wir haben unsere Phosphorbombenwürfe und unsere Morde an der Zivilbevölkerung mit dem Abwurf von Atombomben auf zwei unverteidigte Städte gekrönt. Wir haben den zur Zeit unbestrittenen Rekord im Massenmord erreicht.

Als Sieger haben wir uns das Recht angemaßt, unsere Feinde für ihre Kriegsverbrechen vor Gericht zu ziehen! Aber wir sollten Realisten genug sein, zu begreifen, daß wir in einem Dutzend von Anklagepunkten schuldig wären, stellte man uns wegen Bruches der Kriegsgesetze vor Gericht.

Wir haben einen ehrlosen Krieg geführt, denn die Moral stand im Denken des kämpfenden Soldaten erst an letzter Stelle. Je härter die Schlacht ist, umso weniger Raum bleibt für edle Regungen.

Und im Pazifikkrieg hat die Menschheit den düstersten Grad von Bestialität erreicht.

Man kann nur sagen, daß kein amerikanischer Soldat, auch nicht einer von hundert, ungerechtfertigte Greuel mit Überlegung begangen hätte; aber dieses muß auch den Deutschen und Japanern zugestanden werden.

Die Notwendigkeiten des Krieges haben uns oft zu Dingen gezwungen, die man Verbrechen nennt . . .«

Solche Zeugen durften in Nürnberg nicht auftreten. Dort wurde ausschließlich gegen die Besiegten verhandelt und so getan, als seien Kriegsverbrechen eine deutsche Spezialität und die deutsche Führung eine Gangsterbande. Noch fünf Jahrzehnte später durchzieht dieser Eindruck die Geschichtsschreibung.

IV

Die jüdische Tragödie

Der spätere Bundespräsident Professor Theodor Heuß hatte sich nach dem Ersten Weltkrieg mit schärfsten Worten dagegen gewandt, daß durch die deutsche »Selbstprostituierung« zu Hause und in der Fremde ein unermeßlicher Schaden angerichtet werde. Als Deutsche hätten wir keine Welt zu erlösen, indem wir alle Schuld auf uns nähmen, denn:

»Dann sind wir die Verbrecher der Weltgeschichte und sprechen uns selbst das Urteil.«

Seit 1945 herrschen die entgegengesetzten Auffassungen. Der politische Wert des Staatsbürgers wird nach der Tiefe seines Schuldgefühls gemessen. Diese Wandlung hat ohne Frage mit dem Entsetzen über die NS-Judenverfolgung und ihre massenmörderischen Exzesse zu tun. Bei allem Streit über Zahlen und Details steht fest, daß dieses Kapitel weder geleugnet noch verharmlost werden darf. Angeklagte und Verteidigung haben in Nürnberg auch keinen Versuch dieser Art gemacht. Im Gegenteil. Mit Ausnahme von Julius Streicher, der bis zum Schluß radikalen Antisemitismus zur Schau stellte, zeigte man sich auf der Anklagebank entsetzt über die bekanntgewordenen Zustände und Vorgänge in deutschen Konzentrationslagern. Auch das Treiben der »Einsatzgruppen« hinter der Front löste Abscheu und Scham aus.

Doch auch dieses schreckliche Kapitel, für das es 1945/46 das Stichwort »Holocaust« noch nicht gab, eignet sich nicht für Pauschalurteile und Kollektivschuldthesen. Mehrere Historiker haben bereits festgestellt, daß der massenhafte Judenmord keine Friedens-, sondern Kriegserscheinung war.

Diese Einsicht, daß es sich auch bei der Judenvernichtung um *Kriegsverbrechen* handelt, die nur als Folge der Kriegsausweitung und der sich verschlimmernden Kriegsbarbarei jemals verübt werden konnten, ist die erste Voraussetzung für ein gerechtes Urteil. Schon die zeitliche Reihenfolge dieser Verbrechen beweist dies. Sogar das Nürnberger Urteil bestätigt den unauflösbaren Zusammenhang zwischen Kriegsausweitung und antijüdischen Verbrechen auf seine Weise:

»Die Verfolgung der Juden im Vorkriegsdeutschland durch die Nazis, so hart und unterdrückend sie auch war, läßt sich jedoch nicht mit der während des Krieges in den besetzten Gebieten verfolgten Politik vergleichen. Ursprünglich glich diese Politik der bis dahin innerhalb Deutschlands betriebenen. Die Juden mußten sich registrieren lassen und wurden gezwungen, in Ghettos zu leben, den gelben Stern zu tragen und sich als Sklavenarbeiter verwenden zu lassen.

Im Sommer 1941 wurden jedoch Pläne entworfen für eine ›Endlösung‹ der Judenfrage in ganz Europa. Diese ›Endlösung‹ bedeutete die Ausrottung der Juden, die, wie Hitler bereits Anfang 1939 angedroht hatte, eine der Folgen eines Kriegsausbruches sein würde.« [1]

Daß es vor dem Krieg keine Ghettobildung, jedenfalls nicht in Deutschland, und keinen »Judenstern« gab, sei als einer der zahlreichen kleineren Irrtümer in der Urteilsbegründung nur am Rande vermerkt. Tatsächlich entspricht der Unterschied in der Verfolgung der Juden vor 1941 und nach Ausweitung des Krieges genau dem Gegensatz von Frieden und Krieg. Diese grundsätzliche Unterscheidung ist vor allem wichtig für die Frage, ob und wie weit das deutsche Volk und seine Soldaten an den antijüdischen Verbrechen schuldig oder mitschuldig geworden seien.

Bis 1938 bewegen sich die Maßnahmen in einem Rahmen, der zwar nachträglich nicht mehr zu verteidigen ist, der aber für einen antisemitisch geführten Staat noch verständlich erscheint. Keine ausländische Macht hat gegen die betreffenden Gesetze und Anordnungen protestiert oder seine diplomatischen Beziehungen zum Dritten Reich davon beeinträchtigen lassen.

Rechtsanwalt Dr. Stahmer hält am 7. Juli 1946 der Anklage entgegen: »Waren diese Angriffe auch hart und die Beschränkungen der staatsbürgerlichen Rechte außerordentlich stark, so stellten sie keineswegs Vergehen gegen die Menschlichkeit dar . . .« Derartige gesetzliche Bestimmungen, die eine bestimmte Rasse oder einen bestimmten Kreis von Staatsbürgern in ihrer rechtlichen Stellung beschränken, hätten auch andere Staaten getroffen, ohne daß an solchen Maßnahmen Anstoß genommen worden wäre oder fremde Staaten sich zur Intervention veranlaßt gesehen hätten. Sogar der zweitmächtigste Mann der damaligen Regierung, Hermann Göring, habe jedes ungesetzliche und gewalttätige Vorgehen gegen die Juden abgelehnt. Das zeige klar sein Verhalten gegen das Pogrom in der Nacht vom 9. zum 10. November 1938, von dem er erst nachträglich Kenntnis erhielt und das er schärfstens verurteilte. Göring habe nach diesem Vorfall sämtliche Gauleiter nach Berlin berufen und mit scharfen Worten das gewalttätige Vorgehen getadelt, das die Würde der Nation verletzt und dem deutschen Ansehen im Auslande schwer geschadet habe.[2]

Rechtsanwalt Dr. Kubuschok, der Verteidiger Papens, kann am 22. Juli 1946 das Gericht darauf hinweisen, daß sich nicht nur jüdische Organisationen bei den ersten Wahlen 1933 für die Liste der Hitlerregierung eingesetzt hatten, sondern, und hier wird die Tragödie der deutsch-jüdischen Beziehungen offenbar, auch der »Bund jüdischer Frontsoldaten« am 25. März 1933 in einer Veröffentlichung erklärte, die Lage der jüdischen Bevölkerung sei im allgemeinen ruhig und Übergriffe hätten sich auf Einzelaktionen beschränkt, die nunmehr durch Befehl Hitlers verboten seien.

Auf den gleichen Standpunkt habe sich eine Veröffentlichung der amerikanischen Handelskammer in Köln vom 25. März 1933 gestellt. Der Judenboykott, der einige Tage später angekündigt und am 1. April 1933 durchgeführt worden sei, wäre entgegen den Behauptungen der Anklage keine Maßnahme der Regierung gewesen, sondern eine Parteiaktion, gegen die neben anderen Ministern auch Herr von Papen Widerspruch erhoben hätte. Im übrigen sei der Judenboykott auf das Geschäftsleben beschränkt und als Mittel der Gegenwehr angekündigt worden. Es sei ausdrücklich verboten worden, Gewalt anzuwenden.

Durch entsprechende Maßnahmen sollten Ausschreitungen verhindert werden.[4]

Tatsächlich war dieser Boykott, von Übergriffen einiger Radikalisten abgesehen, eigentlich ein Antiboykott und die erste drastische Maßnahme auf die Aktionen und die Propaganda gegen den deutschen Außenhandel, besonders in den USA. Wie der Verteidiger Dr. Marx beweisen konnte, hat man am 1. April 1933 bewußt davon abgesehen, die gesamte Macht des Staates und der Partei einzusetzen. Lediglich eine Kennzeichnung und eine Bewachung der jüdischen Geschäfte sei befohlen worden. Ausdrücklich hätte man angeordnet, »daß jede Belästigung und jede Gewalttätigkeit gegen die Juden, sowie jede Beschädigung jüdischen Eigentums verboten und strafbar sein solle.«[5]

Eine Rechtfertigung ist auch dieser Verteidigungshinweis nicht, nur ein Appell zugunsten differenzierter Chronologie. Gerade der Boykott des 1. April, der die Bevölkerung am Betreten jüdischer Geschäfte hindern sollte, bewies auf seine Weise, daß die NSDAP der Bevölkerung keine spontanen antisemitischen Aufwallungen zutraute.

Hitlers Politik zielte unverkennbar auf ein Deutschland ohne Juden. Von deren Vernichtung stand im NSDAP-Programm kein Wort. Viele Deutsche waren damals der Meinung, daß der jüdische Einfluß auf das politische, wirtschaftliche und kulturelle Leben überproportional groß sei und eingedämmt werden müsse. Von einer Tötung der Juden war nirgendwo die Rede. Schlimm genug waren aber die Ausgrenzungs- und Diskriminierungsmaßnahmen der NS-Staatsführung.

Weg in den Abgrund

Das »Gesetz zum Schutze des deutschen Blutes« vom 5. 9. 1935 hatte folgenden Wortlaut:

»Durchdrungen von der Erkenntnis, daß die Reinheit des deutschen Blutes die Voraussetzung für den Fortbestand des deutschen Volkes ist, und beseelt von dem unbeugsamen Willen, die deutsche Nation für alle Zukunft zu sichern, hat der Reichstag einstimmig das folgende Gesetz beschlossen, das hiermit verkündet wird:

§ 1

(1) Eheschließungen zwischen Juden und Staatsangehörigen deutschen oder artverwandten Blutes sind verboten. Trotzdem geschlossene Ehen sind nichtig, auch wenn sie zur Umgehung dieses Gesetzes im Ausland geschlossen sind.

(2) Die Nichtigkeitsklage kann nur der Staatsanwalt erheben.

§ 2

Außerehelicher Verkehr zwischen Juden und Staatsangehörigen deutschen oder artverwandten Blutes ist verboten.

§ 3

Juden dürfen weibliche Staatsangehörige deutschen oder artverwandten Blutes unter 45 Jahren in ihrem Haushalt nicht beschäftigen.

§ 4

(1) Juden ist das Hissen der Reichs- und Nationalflagge und das Zeigen der Reichsfarben verboten.

(2) Dagegen ist ihnen das Zeigen der jüdischen Farben gestattet. Die Ausübung dieser Befugnis steht unter staatlichem Schutz.«

Von diesem »Blutschutzgesetz« waren 500 000 »Volljuden«, 200 000 »Halb«- und 100 000 »Vierteljuden« betroffen. Aus rassischen Gründen hat man damit eine kollektive Diffamierung ausgesprochen, die besonders von alteingesessenen Judenfamilien als ungerecht empfunden wurde, die sich selbst schon seit Jahrzehnten gegen den immer stärker werdenden Zustrom von Juden aus dem Osten ausgesprochen hatten. Mit dem »Blutschutzgesetz« wurde das sog. »Reichsbürgergesetz« erlassen, das von dem Grundsatz ausging, Reichsbürger könne nur ein Staatsbürger deutschen oder artverwandten Blutes sein, »der durch sein Verhalten beweist, daß er gewillt und geeignet ist, in Treue dem deutschen Volk und Reich zu dienen.«

Fraglos waren diese Gesetze diskriminierend, moralisch überhaupt nicht zu rechtfertigen, und ein Freibrief für politische Willkür. Sie entsprachen nicht deutscher und abendländischer Rechtskultur. Allein das durch sie geschaffene Unrecht und Leid würde im Rückblick das NS-Regime mit einer unentschuldbaren Hypothek belasten. Aber zu diesem Zeitpunkt gab es keine »Holocaust«-Planung.

Die berühmte jüdische Soziologin und Politologin Prof. Dr. Hannah Arendt (1906—1975) schreibt, bis 1938 hätten die Juden in Deutschland wenigstens gewisse freie Berufe weiter ausüben können. Auch die jüdische Auswanderung habe sich in diesen Jahren in relativ geordneten Bahnen vollzogen. Die noch aus der Weimarer Republik stammenden Devisenbestimmungen, die für jedermann galten, hätten es den Juden schwer, doch nicht unmöglich gemacht, Teile ihres Vermögens mitzunehmen.

Die unverdächtige Hannah Arendt, selber 1933 emigriert, zieht Vergleiche, die sich ein deutscher Wissenschaftler kaum leisten könnte. Sie kritisiert nämlich, daß rabbinische Vorschriften den Juden ähnliche Maßgaben machen, wie sie damals unter umgekehrtem Vorzeichen in den Nürnberger Gesetzen zu finden waren. Der Personalstatus jüdischer Bürger, den das rabbinische Gesetz bestimmt, fordere, daß kein Jude einen Nichtjuden heiraten dürfe, völkische Unterschiede also juristisch verankert seien. Trotz der Verweltlichung des Familienrechts in Israel gebe es weiterhin Vorschriften, die auf eine Diskriminiernng von Nichtjuden hinausliefen. Über den Eichmann-Prozeß schrieb Hannah Arendt deshalb:

»Die Unbekümmertheit, mit der der Ankläger die berüchtigten Nürnberger Gesetze von 1935 anprangerte, in denen Eheschließung und Geschlechtsverkehr zwischen Juden und Deutschen verboten wurden, verschlug einem einigermaßen den Atem.« [13]

Die Nürnberger Gesetze zeigen jedenfalls, daß im deutschen Volk auch unter der nationalsozialistischen Regierung kein radikaler Antisemitismus herrschte, denn wäre ein solcher vorhanden gewesen, hätte es dieser Unrechts-Gesetze nicht bedurft.

Vorboten der Katastrophe

In der zweiten Hälfte des Jahres 1938 verschärften sich die internationalen Spannungen. Als dann nach einer Reihe von Mordanschlägen gegen Repräsentanten des Deutschen Reiches im Ausland der junge polnische Jude Grynszpan den Gesandtschaftsrat vom Rath in Paris ermordete, kam es am 9. November 1938 zur sog. »Kristallnacht«, zum ersten Pogrom in der deutschen Geschichte seit Jahrhunderten. Vor dem Internationalen Militär-Tribunal konnte nachgewiesen werden, es handelte sich dabei nicht, wie bei früheren Pogromen, besonders in den slawischen Staaten, um spontane Ausbrüche der Volkswut, sondern diese Aktion war von radikalen Elementen in der SA-Führung, unterstützt von der Polizei, auf dem Befehlsweg erzwungen worden. Nachweisbar haben fast sämtliche Mitglieder des Kabinetts, die Reichsleiter der NSDAP und Hitler selbst diese wahnwitzigen Aktionen abgelehnt. Nachdem das Verbrechen geschehen war, glaubte man aus Gründen der Staatsräson und des politischen Prestiges, die Aktion decken und die Juden zum Sündenbock erklären zu müssen. Statt die Schuldigen für den Schaden, den sie im In- und Ausland angerichtet hatten, zur Verantwortung zu ziehen, wurden Gesetze und Maßnahmen erlassen, die die Lage des Judentums unerträglich werden ließen.

Entrechtung

Dennoch hat man auch im Ausland aus dieser Verschärfung keine ernsthaften Konsequenzen gezogen. Die antideutsche Propaganda hatte die Lage der Juden bereits als so schlecht dargestellt, daß diese Maßnahmen nicht mehr überraschen konnten. Viele haben auch die antisemitischen Gewaltakte mit der Härte verglichen, die wenige Jahre vorher gegenüber der angeblichen Röhm-Revolte mit einer zehnfachen Zahl von Todesopfern angewandt worden war.

Zweifellos wurde der Boden der Legalität verlassen, und es sind Maßnahmen getroffen worden, die auch mit dem Programm der NSDAP nicht mehr zu vereinbaren waren. Die Verschlechterung der außenpolitischen Lage bis zur drohenden Kriegsgefahr hat dann die deutsche Öffentlichkeit von den antisemitischen Ausschreitungen auf den eigenen Existenzkampf abgelenkt.

Der sowjetische Hauptankläger Rudenko legte keinen Wert auf eine sachgerechte Darstellung der Eskalation. Am 8. Februar 1946 erklärte er:

»Die faschistischen Verschwörer hatten die Ausrottung der Juden der Welt (!) bis zum letzten Manne geplant und führten diese Vernichtung während der ganzen Zeit ihrer Verschwörertätigkeit seit 1933 durch.« [14]

Daß die Ausrottung des Judentums der Welt eine deutsche Weltherrschaft vorausgesetzt hätte, liegt auf der Hand. 1933 aber rang Deutschland um die Grundlagen seiner politischen und wirtschaftlichen Existenz. Die Ketten des Versailler Vertrages würgten. Der Staat war praktisch bankrott. Von Weltherrschaft auch nur zu sprechen, hätte im In- und Ausland brüllendes Gelächter ausgelöst. Zu keinem Zeitpunkt der zwölf braunen Regierungsjahre deckte der deutsche Herrschaftsbereich auch nur Europa ab, von Amerika, Afrika, Asien und Australien ganz zu schweigen.

Tatsache war in den dreißiger Jahren, daß das radikal antisemitische Organ der Vorkriegszeit, der »Stürmer«, von Schirach für die Hitlerjugend verboten war. Der Reichskommissar für die Niederlande, Dr. Seyss-Inquart, konnte dem Gerichtshof nachweisen, daß jüdische Beamte, die entlassen werden mußten, bis März 1941 ihre Pension erhielten.[15]

Je mehr sich dann die Entwicklung auf den Krieg zubewegte, umso radikaler wurden auch die antisemitischen Maßnahmen und näherten sich im Krieg jenem Zustand, der heute als »Holocaust« zu den schrecklichsten Kapiteln der Menschheitsgeschichte gezählt wird. Dieser mörderische Vernichtungswille war in den Friedensjahren so nicht zu erkennen gewesen. Er hätte bei der großen Mehrheit der Deutschen einen Aufschrei des Entsetzens und energischen Widerstand ausgelöst.

Der in Nürnberg freigesprochene Leiter der deutschen Rundfunkpropaganda im Krieg, Ministerialdirektor Hans Fritzsche, hat als Zeuge zur Judenfrage unter Eid erklärt:

»Ich wünschte eine Einschränkung des überragenden Einflusses des Judentums auf die deutsche Politik, Wirtschaft und Kultur nach dem Ersten Weltkrieg, eine Einschränkung bis auf das Maß, das dem zahlenmäßigen Anteil der Juden an der Bevölkerung Deutschlands entsprach.« [16]

Dagegen wendet US-Ankläger Jackson ein Hitler-Zitat aus »Mein Kampf« ein:

»Hätte man zu Kriegsbeginn und während des Krieges einmal zwölf- oder fünfzehntausend dieser hebräischen Volksverderber so unter Giftgas gehalten, wie Hunderttausende unserer besten deutschen Arbeiter aus allen Schichten und Berufen es im Felde erdulden mußten, dann wäre das Millionenopfer der Front nicht vergeblich gewesen. Im Gegenteil: Zwölftausend Schurken zur rechten Zeit beseitigt, hätten vielleicht einer Million ordentlicher, für die Zukunft wertvoller Deutschen das Leben gerettet.« [19]

Dieses Zitat eines radikalen Judenhasses bezieht sich auf westalliierte Giftgasangriffe im 1. Weltkrieg, denen auch Hitler ausgesetzt gewesen war. Es beinhaltet einen rückwärtsgewandten Konjunktiv. Und es war in seiner extremen Emotionalität ebensowenig ein »Ausrottungsplan« wie das zur etwa gleichen Zeit geschriebene Wort des linken Kurt Tucholsky: »Möge das Gas in die Spielstuben eurer Kinder schleichen. Mögen sie langsam umsinken, die Püppchen! Ich wünsche der Frau des Kirchenrates und des Chefredakteurs und der Mutter des Bildhauers und der Schwester des Bankiers, daß sie einen bitteren und qualvollen Tod finden, alle zusammen« (»Weltbühne«, Nr. 30/1927).

Es gab damals links und rechts eine allgemeine Empörung über die Hersteller, Anwender und Befürworter von Giftgas. Manche Reaktionen, wie die von Hitler oder Tucholsky, steigerten den Verbalradikalismus ins Maßlose. Die praktische deutsche Politik der dreißiger Jahre gegenüber den Juden bestand in massivem Auswanderungsdruck. Wie der jüdische Historiker Tenenbaum in seinem Buch »Race and Reich« bestätigt, konnten monatlich etwa 1500 Juden legal aus Deutschland auswandern. Die jüdischen Autoren Poliakoff und Wulf vermerken in ihrem Buch »Das Dritte Reich und die Juden«, daß bis zum 31. Dezember

1942 aus dem Altreich, Österreich, Böhmen und Mähren insgesamt 557 357 Juden auswandern konnten.

Wenn nicht alle auswandern konnten, dann lag das weniger an hemmenden Maßnahmen von deutscher Seite, sondern an den Barrieren, die das Ausland gegen die Judeneinwanderung aufgerichtet hat. Auch Frau Prof. Arendt bestätigt, daß in den Vorkriegsjahren ein modus vivendi gefunden werden konnte, der Juden und Deutschen eine Zusammenarbeit in der Auswanderung ermöglichte. Die Nationalsozialisten hätten geradezu eine prozionistische Haltung eingenommen.[20]

Dadurch wäre in dieser Zeit eine tatsächliche Kollaboration zwischen jüdischen und deutschen Stellen zustande gekommen. In jenen ersten Jahren sei ein scheinbar gegenseitig zufriedenstellendes Übereinkommen zwischen den »Nazibehörden« und der »Jewish Agency for Palestine« getroffen worden, das den Auswanderern ermöglichte, ihr Geld in Form von deutschen Waren zu transferieren. Was sie in Deutschland eingezahlt hatten, wurde ihnen bei der Ankunft in Palästina in Pfund zurückgezahlt. Das habe bewirkt, daß in den dreißiger Jahren, als das amerikanische Judentum den bekannten Boykott deutscher Waren organisierte, »ausgerechnet Palästina mit allen möglichen Erzeugnissen ›made in Germany‹ überschwemmt war«.[21]

Und das führte im Eichmann-Prozeß zu der paradoxen Lage, daß der Angeklagte behaupten konnte, er habe in der damaligen Zeit Hunderttausende Juden gerettet. Ein jüdischer Funktionär aus Palästina habe ihn damals in Berlin besucht, um ihn zur Besichtigung nach Palästina einzuladen.[22]

Verhinderte Rettung

Während führende Kreise des deutschen Judentums diese Chance nützen wollten, setzte der Präsident des jüdischen Weltkongresses, Chaim Weizmann, von London aus der Auswanderung, soweit sie sich nicht auf Palastina beschränkte, schroffen Widerstand entgegen. Der jüdische Schriftsteller J. G. Burg berichtet in seinem Buch »Schuld und Schicksal«: Der langjährige Ratgeber des englischen Generals Allanby, ein

Palästina-Kenner, Colonel Meinertzhagen, sei 1934 in Berlin gewesen, um bei Hitler Erleichterungen für die Auswanderung zu erreichen. Hitler habe sich mit der Mitnahme eines Vermögens von 1000 englischen Pfund oder Waren im Werte von 20 000 Reichsmark einverstanden erklärt. Als jedoch Meinertzhagen Chaim Weizmann von dieser Chance verständigte, habe dieser massive Gegenforderungen gestellt: Mitnahme des gesamten jüdischen Vermögens. Der Engländer sei nochmals nach Berlin zu einer weiteren Aussprache mit Hitler, Ribbentrop und Heß gereist. Ribbentrop habe ihm versichert, die Reichsregierung sei bereit, jedem »vernünftigen« Vorschlag für die jüdische Auswanderung zuzustimmen, könne aber nicht mit Weizmann oder anderen Juden verhandeln. Er habe vorgeschlagen, eine Regierung solle als Treuhänder der Juden fungieren. Als Meinertzhagen Weizmann darüber berichtete, sei der Zionistenführer in Wut geraten und habe erwidert:

»Mich würde es wenig genieren, wenn über Deutschland die Cholera oder der Bolschewismus käme. Meinetwegen können über die Deutschen beide Plagen kommen . . . Eher will ich den Untergang der deutschen Juden sehen als den Untergang des Staates Israel für die Juden.«

Burg folgert daraus, daß Weizmann ohne Rücksicht auf das Schicksal der deutschen Juden nur sein zionistisches Konzept verwirklichen wollte.[23]

Wie stark der Wille der Reichsregierung war, auch noch Ende 1938, nach der verhängnisvollen »Kristallnacht«, die Auswanderung zu verwirklichen, beweist die Entsendung einer internationalen Autorität wie die des Reichsbankpräsidenten Dr. Schacht nach London. Schacht hatte Hitler den Vorschlag unterbreitet, ein internationales Treuhänderkomitee zur Kontrolle des beschlagnahmten jüdischen Vermögens einzusetzen, in das Juden aufgenommen werden sollten. Als Sicherheit für dieses Kapital sollte eine internationale Anleihe von eineinhalb Milliarden Mark in Dollarwährung ausgegeben werden. Aus diesem Vermögen hätte jeder jüdische Auswanderer einen Betrag erhalten, der ihm den Aufbau einer neuen Existenz im Auslande ermöglichte.

Hitler stimmte dem Plan zu und ermächtigte Dr. Schacht, Verhandlungen in London zu beginnen. Der Reichsbankpräsident informierte den Gouverneur der Bank von England, Norman, und den Amerikaner Rublee vom Evian-Komitee. Beide waren mit dem Plan einverstanden. Der Reichsbankpräsident stieß aber auf die entschiedene Ablehnung seines Vorschlages durch Chaim Weizmann. Burg folgert daraus:

»Damit war eine der größten Chancen zur Rettung des deutschen Judentums vertan, in der Hauptsache, weil Chaim Weizmann nicht zustimmte.« [24]

Die deutsche Regierung ließ sich auch durch diese Mißerfolge und die negativen Nachrichten aus Evian nicht entmutigen. Am 31. Januar 1939 schrieb Göring an Ribbentrop, die Auswanderung aus Deutschland solle mit allen Mitteln gefördert und eine Reichszentrale für die jüdische Auswanderung gebildet werden. Das Auswärtige Amt erkundete in allen diplomatischen Vertretungen im Ausland, welche Einwanderungsmöglichkeiten in den einzelnen Ländern bestünden. Das Vermögen sollte durch Reichsschuldverschreibungen transferiert werden.[25]

Noch für die ersten Kriegsjahre bestätigt Frau Prof. Arendt, »die Hitlerregierung war immer noch willens, Juden gehen zu lassen«. Erst zwei Jahre später, im Herbst 1941, sei die Auswanderung verboten worden.[26]

Wenn es nicht gelingen konnte, auch die Mehrzahl der restlichen Juden vor der Ausweitung des europäischen Krieges zum Zweiten Weltkrieg auswandern zu lassen, dann trägt die Hauptschuld daran neben Chaim Weizmann die englische Regierung. Im März 1939 hatte sie beschlossen, für die nächsten fünf Jahre *insgesamt* nur noch 75 000 Juden die Einwanderung nach Palästina zu genehmigen.

Diese folgenschwere Entscheidung hat selbst Ben Gurion nicht abstreiten können. In einem Interview mit der israelischen Zeitung »Yediot Achronot« bestätigt er im April 1961 noch während des Eichmann-Prozesses, eine schwere Mitschuld laste auf dem Westen, da Frankreich, Großbritannien und die USA »es versäumt haben, Juden vor Vernichtung zu retten. Vor allem gelte dies für Großbritannien, denn die Regierung von Chamberlain, Eden und auch Winston Churchill hätte Juden retten können, die nach Palästina zu entkommen versuchten. (Palästina war zu jener Zeit unter britischer Mandatsverwaltung, die jedoch die Einwanderung für jüdische Flüchtlinge sperrte.)«

POLICE D'ISRAEL

משטרת ישראל
המטה הארצי לשכה 06

464

Abschrift [illegible]

Der Chef der Sicherheitspolizei und des SD
-IV B 4 - 1574/40-

Berlin SW.11, den 24. Juni 1940

An den
Herrn Reichsaußenminister
SS-Gruppenführer Joachim von Ribbentrop,
Berlin W.8
Wilhelmstr.
(Auswärtiges Amt)

Lieber Parteigenosse von Ribbentrop!

Der Herr Generalfeldmarschall hat mich im Januar 1939 in seiner Eigenschaft als Beauftragter für den Vierjahresplan mit der Durchführung der jüdischen Auswanderung aus dem gesamten Reichsgebiet beauftragt. In der Folgezeit gelang es, trotz großer Schwierigkeiten, selbst auch während des Krieges, die jüdische Auswanderung erfolgreich fortzusetzen.

Seit Übernahme der Aufgabe durch meine Dienststelle am 1. Januar 1939 sind bisher insgesamt über 200 000 Juden aus dem Reichsgebiet ausgewandert. Das Gesamtproblem – es handelt sich bereits um rund 3 1/4 Millionen Juden in den heute Deutscher Hoheitsgewalt unterstehenden Gebieten – kann aber durch Auswanderung nicht mehr gelöst werden. Eine territoriale Endlösung wird daher notwendig.

Ich darf bitten, mich bei bevorstehenden Besprechungen, die sich mit der Endlösung der Judenfrage befassen, falls solche von dort aus vorgesehen sein sollten, zu beteiligen.

Heil Hitler!
Ihr
gez. Heydrich.

372047

Aus den Akten des Eichmann-Prozesses in Israel: Weitere Auswanderung nicht mehr möglich, eine »territoriale« Endlösung sei daher notwendig.

Alteingesessene deutsch-jüdische Familien aus Rassenhaß außer Landes zu treiben, ist bereits für sich genommen ein Verbrechen, das durch Querverweise auf westalliierte Gleichgültigkeit nicht aus der Welt geschafft wird. Was aber empören muß, ist die Chuzpe, mit der auch die Engländer in Nürnberg so taten, als sei ihr Gewissen gegenüber den aus Deutschland verdrängten Juden rein und klar. Anstatt vor der eigenen Haustür zu kehren, schwang man sich ohne die geringste Selbstkritik zu Richtern auf. Hatte man kein Gewissen, oder war es so schlecht, daß es dringend einer Ablenkung bedurfte?

Um kein Mißverständnis zu provozieren: Der Unterschied zwischen Verfolgung und verweigerter Hilfe ist von qualitativer Bedeutung. Aus Gründen historischer Vollständigkeit müssen aber beide Aspekte berücksichtigt werden, um überhaupt verstehen zu können, weshalb sich die Tragödie der europäischen Juden im Laufe des eskalierenden Krieges zu den bekannten Dimensionen ausweiten konnte.

In einer historischen Untersuchung über die Versenkung der jüdischen Flüchtlingstransporter »Struma« und »Mefkure« im Schwarzen Meer, bearbeitet von Jürgen Rohwer, wird noch für 1944 nachgewiesen, daß die beiden Judenschiffe nicht, wie jahrelang behauptet, von der deutschen Marine versenkt worden waren:

»Nach wie vor konnten Juden das Land von den Schwarzmeer-Häfen aus verlassen. Der Oberbefehlshaber der Kriegsmarine, Großadmiral Dönitz, befahl sogar, die im März und April 1944 von Constanza auslaufenden Judentransporter »Bella Citta«, »Marizta« und »Milka« auf ihrem See-Treck nicht zu behindern, sondern wie normale Schiffe zu behandeln.«

Die Seekriegsleitung wies deutsche U-Jäger an, die drei Schiffe durch die Minensperren zu bugsieren. Versenkt aber wurden die beiden Judentransporter durch sowjetische Kriegsschiffe.

Madagaskar oder Auschwitz?

Bis in die ersten Kriegsjahre wurde deutscherseits die Auswanderung der Juden favorisiert und geplant. Stichwort: Madagaskar-Projekt. Es taucht in Nürnberg auf bei der Vernehmung des Goebbels-Referenten von Schirmeister:

»*Dr. Fritz:* Herr Zeuge! Wohin wurden die Juden nach Äußerung von Dr. Goebbels evakuiert?

Von Schirmeister: Bis etwa einschließlich das erste Jahr des Rußlandfeldzuges hat Dr. Goebbels in den von ihm geleiteten Konferenzen wiederholt den Madagaskar-Plan erwähnt. Später änderte er das ab und sagte, es sollte im Osten ein neuer jüdischer Staat gebildet werden, in den dann die Juden kommen würden.« [27]

Noch für 1942 bestätigt die Vernehmung Ribbentrops die Existenz des Madagaskar-Plans:

»*Von Ribbentrop:* Der Führer hat damals den Plan gehabt, die Juden aus Europa entweder nach Nordafrika – es war auch von Madagaskar die Rede – zu evakuieren. Er hatte mir Befehl gegeben, an verschiedene Regierungen heranzutreten und nach Möglichkeit die Auswanderung der Juden herbeizuführen . . .« [28]

Frau Professor Arendt berichtet, man habe im September 1939, ähnlich wie in der Sowjetunion, auch in Polen einen autonomen Judenstaat gründen wollen. Im September 1939 hätten Eichmann und Dr. Stahlecker den Plan erwogen, ein möglichst großes Territorium in Polen abzuzweigen und dieses zu einem autonomen Judenstaat, zu einem Protektorat, zu erklären. Sie seien zu Heydrich gegangen, dieser sei mit der Planung einverstanden gewesen und habe sie zum Weitermachen aufgefordert.[29]

Der weitere Versuch, eine dem Zionismus nicht wesensfremde Lösung zu finden, sei dann der Madagaskar-Plan gewesen. Eichmann wollte »festen Grund und Boden unter die Füße der Juden bekommen«. Der Plan, 4 Millionen Juden aus Europa nach der französischen Insel vor der südöstlichen Küste Afrikas zu evakuieren, sei im Auswärtigen Amt entstanden und dann ans RSHA weitergeleitet worden. Eichmann habe stets behauptet, daß sein Plan vom jüdischen Vorkämpfer der Judenstaatsidee, von Theodor Herzl, bereits schon einmal geträumt worden sei.

Dieser Traum ist allerdings nicht nur von Theodor Herzl, sondern auch von der polnischen Regierung geträumt worden, die im Jahre 1937 eine Kommission damit beauftragte, zu prüfen, ob man nicht 3 Millionen polnischer Juden nach Madagaskar verfrachten könne.

Auch George Bonnet, der französische Außenminister, habe das Projekt erwogen, die rund 200 000 ausländischen Juden Frankreichs in die französische Kolonie abzuschieben; er habe sich 1938 sogar mit seinem deutschen Kollegen Ribbentrop über dieses Projekt beraten. Hannah Arendt faßt dann zusammen:

»Jedenfalls wurde Eichmann im Sommer 1940, als sein Auswanderungsbetrieb zum völligen Stillstand gekommen war, angewiesen, einen detaillierten Plan für die Evakuierung von vier Millionen Juden nach Madagaskar auszuarbeiten, und bis zum Beginn des Feldzuges gegen Rußland scheint dieses Projekt den größten Teil seiner Zeit beansprucht zu haben.« [30]

Interessant ist dabei das Argument der Autorin, daß der Transport von Millionen Juden damals undurchführbar gewesen wäre, weil Englands Flotte den Atlantik beherrscht habe. Will sie damit sagen, daß die englische Regierung die Rettung von vier Millionen Juden mit militärischer Gewalt verhindert hätte? Nach dem Kriegseintritt Amerikas und der Sowjetunion war es dann zu spät. Am 5. Mai 1942 haben die Engländer ohne Rücksicht auf Frankreich Madagaskar überfallartig besetzt.

Der jüdische Autor Burg bestätigt, daß man nicht nur in den Auswanderungsdienststellen, sondern auch im deutschen Außenministerium an der Verwirklichung des Madagaskar-Projektes gearbeitet hat:

»Legationsrat Rademacher, der 1939 das Referat für jüdische Auswanderung übernahm, trug Hitler persönlich vor, daß die Unterstützung der Zionisten die traditionellen deutsch-arabischen Beziehungen gefährde. Schon am 15. August 1940 wurde der Madagaskar-Plan schriftlich fixiert. Einen Monat zuvor, am 12. Juli 1940, wurde ein detaillierter Plan für die jüdische Auswanderung von der deutschen Reichsregierung protokolliert.« [31]

Auch in »Hitlers Tischgesprächen«, von Dr. Henry Picker protokolliert und publiziert, findet sich der Madagaskar-Plan. Am 24. Juli 1942 soll Hitler anstößig rabiat gesagt haben:

»In diesem Zweiten Weltkrieg als einem Ringen auf Leben und Tod dürfe nie vergessen werden, daß das Weltjudentum nach der Kriegserklärung des Weltzionistenkongresses und seines Führers Chaim Weizmann (in seiner Botschaft an Englands Premier Chamberlain) der unerbittlichste Gegner des Nationalsozialismus, der Feind Nr. 1, sei. Geschäftlich suche das Judentum Europa, Europa müsse es aber schon aus Sacro-Egoismus ablehnen, da das Judentum rassisch härter sei. Nach Beendigung des Krieges werde er sich rigoros auf den Standpunkt stellen, daß er Stadt für Stadt zusammenschlage, wenn nicht die Drecksjuden rauskämen und nach Madagaskar oder einem sonstigen jüdischen Nationalstaat abwanderten.« [32]

Am 17. Juni 1941 hat Hitler Madagaskar in einer Unterredung mit Mussolini erörtert. Es war sogar eine der vorbereiteten Bedingungen für den Friedensvertrag mit Frankreich, daß Frankreich die Kolonie Madagaskar als jüdisches Staatsgebiet abtreten müsse.[33] Noch am 21. 8. 1942 taucht der Madagaskar-Plan in einem Schreiben des Unterstaatssekretärs Luther im Auswärtigen Amt auf.

50 Jahre nach dem Nürnberger Prozeß veröffentlichte der Historiker Götz Aly im S.-Fischer-Verlag, Frankfurt a. M., sein Buch »Endlösung«, eine der fundiertesten Arbeiten zu diesem Thema. Aly geht auf das Madagaskar-Projekt ausführlich ein und äußert dann seine Überzeugung, daß es keinen »determinierten Vernichtungsplan« gegeben habe. Zum Massenmord sei es erst gekommen, als sich die Umsiedlungspolitik nicht mehr fortsetzen ließ. Aly über die Geschehnisse im Osten:

»Der Plan Heydrichs vom Frühjahr 1941 war unlösbar mit dem erfolgreichen Blitzkrieg gegen die Sowjetunion verbunden. Im Zeichen der Niederlage wurde dieses Projekt so verändert, wie wir es heute als Holocaust umschreiben . . . Erst in dieser Situation wurde die schnelle, umstandslose Vernichtung konzipiert. Dieser Option war das kumulative Scheitern aller Deportationsprojekte vorangegangen, dem selbsterzeugte, kumulierende Handlungszwänge entsprachen.« (S. 393)

Diese Aussagen der modernen Forschung sind deshalb so wichtig, weil damit das in Nürnberg vorgetragene Hauptargument zusammenbricht, der Vorwurf nämlich, der Nationalsozialismus und damit die

Mehrheit der Deutschen hätten es von vornherein auf die Ausrottung der Juden angelegt. Zugleich stellt sich Frage, in welcher Weise die Alliierten mitschuldig geworden sind, als sie die jüdische Emigration aus dem NS-Machtbereich behinderten und stoppten. Natürlich kann in der Antwort keine Entlastung für die NS-Täter liegen. Es dürfte aber erkennbar werden, daß eine andere Politik zumindest Chancen eröffnet hätte, einen Großteil der Opfer zu retten und die allerschlimmste Eskalation zu verhindern. Doch der Gesprächsfaden zwischen Deutschen und Alliierten war abgerissen; der totale Krieg, der von den Deutschen die »bedingungslose Kapitulation« forderte, walzte humanitäre Überlegungen da wie dort nieder.

»Endlösung«

Durch die Kriegsausweitung im Osten und Westen im Sommer und Winter 1941 wurden alle Möglichkeiten für die Verwirklichung des Madagaskar-Projekts vernichtet. Wieder entscheidet die militärische Entwicklung auch das jüdische Schicksal. Auf der Wannsee-Konferenz vom 20. Januar 1942 – nach Beginn des offenen Krieges mit der Sowjetunion und Amerika – wurde anstelle der Auswanderung nach dem Westen und Süden die Evakuierung nach dem Osten beschlossen. Der dabei verwandte Terminus »Endlösung« für Gesamtlösung hat zu einem bis heute andauernden Streit um die Auslegung geführt. Die offiziöse Geschichtsschreibung sieht in der Wannsee-Konferenz einen Plan zur physischen Liquidation des Judentums, obwohl Begriffe wie Vernichtung oder Gaskammer im Protokolltext nicht vorkommen. Von revisionistischer Seite wird eingewandt, daß das Papier in seiner Ausdrucksweise zu unbestimmt sei, um zweifelsfrei als Programmierung eines Massenmords gelten zu können.

Zu dieser Frage prallten in Nürnberg Hauptankläger Jackson und Hauptangeklagter Göring aufeinander. War die »Endlösung« nur im Sinne einer Gesamtlösung gemeint? Der Nürnberger Schlagabtausch ist wie folgt protokolliert:

»*Jackson:* Dann haben Sie am 31. Juli 1941 einen Erlaß unterzeichnet, in dem Himmler und der Chef der Sicherheitspolizei, SS-Gruppenführer Heydrich, aufgefordert wurden, Pläne für die vollkommene Lösung der Judenfrage auszuarbeiten?

Göring: Nein, so ist das nicht richtig, diesen Erlaß kenne ich genau.

Jackson: Ich werde Ihnen das Dokument vorlegen. Dieses Dokument trägt Ihre Unterschrift, ist das richtig?

Göring: Das ist richtig.

Jackson: Und es ist an den Chef der Sicherheitspolizei und des Sicherheitsdienstes, SS-Gruppenführer Heydrich, gerichtet?

Göring: Das ist richtig.

Jackson: Damit wir bei der Übersetzung keine Schwierigkeiten haben, korrigieren Sie mich bitte, falls meine Angaben nicht richtig sind:

›In Vollendung der Ihnen am 24. Januar 1939 übertragenen Aufgabe . . .‹

Göring: Darin ist ein Fehler. Es heißt: ›In Ergänzung‹ nicht ›in Vollendung‹.

Jackson: Gut, ich nehme das an.

Weiter: ›In Ergänzung der Ihnen am 24. Januar 1939 übertragenen Aufgabe, welche sich mit der gründlichen, in möglichst günstiger Weise stattzufindenden Emigration und Evakuierung als Lösung des jüdischen Problems befaßte, beauftrage ich Sie hiermit, alle notwendigen Vorbereitungen bez. Organisierung und Finanzierung zum Zweck einer Endlösung der jüdischen Frage im deutschen Einflußgebiet in Europa zu treffen!‹

Göring: Ich finde das in keiner Weise korrekt.

Jackson: Geben Sie bitte Ihre Übersetzung.

Göring: Darf ich es genau verlesen, wie es hier steht:

›In Ergänzung der Ihnen bereits mit Erlaß vom 24. Januar 1939 übertragenen Aufgabe, die Judenfrage in Form der *Auswanderung* oder *Evakuierung* einer den Zeitverhältnissen entsprechend möglichst günstigen

Blick in den Nürnberger Gerichtssaal: Hermann Göring spricht. Der Reichsmarschall, der bei der Erfüllung seiner Kriegsaufgaben nicht immer eine glückliche Figur gemacht hatte, lief vor dem Siegertribunal zu alter Form auf und stellte die Ankläger mehrfach bloß. Auch in den alliierten Medien fand sein mannhaftes Auftreten durchaus Respekt. Ein letztes Schnippchen schlug Göring den Siegern, als er sich durch eine Zyankalikapsel dem Henker entzog. Aus Wut legte man seine Leiche neben die der Hingerichteten.

Lösung zuzuführen, beauftrage ich Sie hiermit, alle erforderlichen Vorbereitungen in organisatorischer, sachlicher und materieller Hinsicht zu treffen . . .‹

Und jetzt kommt das entscheidende Wort, das falsch übersetzt wurde, es heißt hier nämlich: ›für eine Gesamtlösung‹ und nicht ›für eine Endlösung‹!

›. . . für eine Gesamtlösung der Judenfrage im deutschen Einflußgebiet in Europa. Sofern hierbei die Zuständigkeiten anderer Zentralinstanzen berührt werden, sind diese zu beteiligen. Ich beauftrage Sie weiter, mir in Bälde einen Gesamtentwurf über die organisatorischen, sachlichen und materiellen Vorausmaßnahmen zur Durchführung der angestrebten Endlösung der Judenfrage vorzulegen‹.« [36]

Dann greift Jacksons englischer Kollege Sir David Maxwell-Fyfe in das Verhör ein und fragt:

Sir David: »Sagen Sie immer noch, daß weder Hitler noch Sie von der Judenausrottungspolitik etwas wußten?«

Göring: »Soweit es Hitler betrifft, habe ich gesagt, daß ich das nicht glaube; soweit es mich betrifft, habe ich gesagt, daß ich auch nur annähernd von diesem Ausmaß nicht gewußt habe.«

Sir David: »Sie wußten nicht, in welchem Ausmaß. Sie wußten jedoch, daß eine Politik bestand, die auf die Ausrottung der Juden hinzielte?«

Göring: »Nein, auf die Auswanderung der Juden und nicht auf ihre Ausrottung. Ich wußte nur, daß in Einzelfällen in dieser Richtung Vergehen vorgekommen waren.« [37]

Erstaunen löste in diesem Zusammenhang die Tatsache aus, daß man noch im Juni 1944 in Krakau einen Antisemiten-Kongreß durchführen wollte. Dazu stellte Verteidiger Dr. Thoma in Nürnberg am 10. Juli 1946 die Frage: »Was könnte ein solcher Kongreß für einen Sinn gehabt haben, wenn Rosenberg (der Veranstalter) gewußt hätte, daß die Juden in Europa in ihrer Mehrzahl bereits vernichtet waren?« [38]

Zur gleichen Zeit läßt Ostminister Rosenberg einen alten Parteigenossen und Gebietskommissar erschießen, weil der sich an jüdischem Eigentum vergriffen hatte. »Erhellt sich daraus nicht die Evidenz, daß Rosenberg verbrecherische Aktionen gegen die Juden verabscheut hat?«, fragt die Verteidigung.[39]

Was Göring betrifft, war die Weltpresse fast einhellig der Meinung, daß der Reichsmarschall den amerikanischen Ankläger an die Wand gespielt habe. Ausländische Korrespondenten richteten an den Verteidigerstab die ironische Frage, ob Göring noch Beitrittserklärungen zur Partei annehme. Der Reichsmarschall habe, so die amerikanische Journalistin Helen Kirkpatrick, »aus Jackson einen Affen gemacht«. Und im britischen »Daily-Express« wurde bestätigt: »Well, Jackson ist wohl vom Gong gerettet worden.«

Unabhängig von der Auslegung des Wannsee-Protokolls steht auch für seriöse revisionistische Autoren außer Frage, daß es im Osten zu massenhaften Mordexzessen an Juden gekommen ist. Dazu die Anklage:

»Es ist das Verbrechen des Krieges, welches gleichzeitig Zweck und Ursache der anderen Verbrechen ist: der Verbrechen gegen die Menschlichkeit, der Kriegsverbrechen, der gemeinen Morde. Solche Dinge geschehen, wenn der Mensch den totalen Krieg zum Mittel einer Politik mit aggressiven Zielen macht.« [40]

Der Mißbrauch der Partisanenabwehr zur Ausrottung jüdischer Zivilbevölkerung war nur auf dem östlichen Kriegsschauplatz möglich. Neben dem verbrecherischen Wahnwitz einzelner antisemitischer Sektierer sind daran aber auch objektive Ursachen schuld, die diesen als Vorwand dienen konnten. Nur dadurch ist es erklärbar, daß die Aktionen der »Einsatzgruppen« teilweise mit Kenntnis und Duldung einzelner Armeeoberbefehlshaber durchgeführt werden konnten. Das gilt nicht nur für hitlertreue Offiziere, sondern auch für Befehlshaber des »Widerstandes«. Aus einem Bericht der Einsatzgruppe A geht hervor, daß die Zusammenarbeit in Einzelfällen, »wie z. B. mit der Panzergruppe 4 unter Generaloberst Höppner, sehr eng, ja fast herzlich war.« [41]

Höppner wurde 1944 wegen Beteiligung am 20. Juli hingerichtet.

Chef der Einsatzgruppe B war Artur Nebe, der Reichskriminaldirektor, Generalleutnant der Polizei und Chef des Amtes V im Reichssicherheitshauptamt. Auch er wurde als Verschwörer nach dem 20. Juli hingerichtet.

Für das Wüten der SD-Einsatzgruppen hinter der Front zeugten in Nürnberg erhalten gebliebene Einsatzberichte und Tatzeugen. Eigentlich hatten die Einsatzgruppen den Auftrag, das Hinterland gegen Sabotage und Partisanen zu sichern. Diese Vorgabe wurde von verbrecherischen Elementen exzessiv ausgelegt. Dazu verhörte in Nürnberg US-Ankläger Oberst Amen den SS-Gruppenführer Otto Ohlendorf. Ein Auszug:

Oberst Amen: »Wie lange im voraus, wenn überhaupt, wußten Sie, daß der Russenfeldzug stattfinden sollte?«

Ohlendorf: »Etwa vier Wochen vorher.«

Oberst Amen: »Wie viele Einsatzgruppen gab es, und wer waren ihre Führer?«

Ohlendorf: »Es gab vier Einsatzgruppen. Die Einsatzgruppe A, B, C und D. Chef der Einsatzgruppe A war Stahlecker, Chef der Einsatzgruppe B Nebe, Chef der Einsatzgruppe C Dr. Rasche und später Dr. Thomas, Chef der Einsatzgruppe D Ohlendorf und später Bierkamp.«

Oberst Amen: »Welcher Armee war Gruppe D angeschlossen?«

Ohlendorf: »Die Gruppe D war keiner Heeresgruppe angeschlossen, sondern der 11. Armee unmittelbar zugeteilt.«

Oberst Amen: »Wo operierte die Gruppe D?«

Ohlendorf: »Gruppe D operierte in der südlichen Ukraine.«

Oberst Amen: »Können sie genau die Natur und das Ausmaß des Gebiets beschreiben, in dem die Gruppe D ursprünglich operierte; welches waren die Städte und Gebiete?«

Ohlendorf: »Die nördlichste Stadt war Czernowitz, von dort nach Süden über Mogilew – Podelsk – Jampol bis dann östlich Zuwalje, Czerwind, Melitopol, Mariopol, Taganrog, Rostow und die Krim.«

Oberst Amen: »Welches war die offizielle Aufgabe der Einsatzgruppe im Hinblick auf die Juden und kommunistischen Kommissare?«

Ohlendorf: »Über die Frage von Juden und Kommunisten war den Einsatzgruppen und den Einsatzkommandoführern vor dem Abmarsch mündlich Weisung erteilt.«

Oberst Amen: »Welches waren Ihre Weisungen im Hinblick auf die Juden und die kommunistischen Funktionäre?«

Ohlendorf: »Es war die Weisung erteilt, daß in dem Arbeitsraum der Einsatzgruppen im russischen Territorium die Juden zu liquidieren seien, ebenso wie die politischen Kommissare der Sowjets.«

Oberst Amen: »Wenn Sie das Wort ›liquidieren‹ verwenden, meinen Sie ›töten‹?«

Ohlendorf: »Damit meine ich ›töten‹!«

Oberst Amen: »Wissen Sie, wie viele Personen durch die Einsatzgruppe D liquidiert wurden, und zwar unter Ihrer Führung?«

Ohlendorf: »In dem Jahre von Juni 1941 bis Juni 1942 sind von den Einsatzkommandos etwa 90 000 als liquidiert gemeldet worden.«

Oberst Amen: »Schließt diese Zahl Männer, Frauen und Kinder ein?«

Ohlendorf: »Jawohl.«

Ohlendorf berichtete mit nahezu peinlicher Genauigkeit, daß die Opfer stehend oder kniend erschossen wurden, daß er selbst zwei Massenhinrichtungen inspiziert hätte und daß Männer, Frauen und Kinder erschossen worden wären.

Hierfür kann es keinerlei Rechtfertigung geben. So sahen es auch Angeklagte und Verteidiger in Nürnberg. Sie konnten aber mit gutem Grund darauf abheben, daß sie diese Massenerschießungen nicht gewußt und schon gar nicht befohlen hatten. Noch 50 Jahre später heißt es in der Fachliteratur, daß das Wissen um die Entscheidungsprozesse fragmentarisch geblieben ist: Es spricht aber einiges dafür, daß Heinrich Himmler der Verursacher gewesen ist, zumal es auch Himmler war, der auf Drängen von Kaltenbrunner im Oktober 1944 weitere Judenliquidationen untersagte. Den Befehl konnte aufheben, wer ihn gegeben hatte – oder ein Höherer, im Falle Himmlers nur noch Hitler.

Auch die in Nürnberg gemachten Aussagen zu Auschwitz schockierten nicht nur die deutsche Öffentlichkeit, sondern mehr noch die Angeklagten, um deren Kopf es ja ging. Hauptzeugen waren Auschwitz-Kommandant Rudolf Höss sowie die SS-Führer Dr. Willi Höttl und Dieter Wisliceny. Sie bestätigten mehr oder minder die Auffassung der Anklage, daß Millionen von Juden (man kam schließlich auf sechs) innerhalb kürzester Zeit vergast, erschossen und dann verbrannt worden seien. Der Verteidigung standen keine Mittel des Gegenbeweises zur Verfügung. Sie konnte nur die Nichtbeteiligung und das Nichtwissen ihrer Mandanten beteuern – was angesichts dieser ungeheuerlichen Beschuldigung nicht mehr durchschlagend war.

Erst Jahre später betonten auch jüdische Historiker, daß die Geschehnisse in den Konzentrationslagern des Ostens unter strengster Geheimhaltung und mit einer winzigen Mitwisserschaft abgelaufen seien. Schon Zeuge Höttl hatte in Nürnberg ausgesagt, daß das Mordkom-

10 WEEKEND, January 25-29, 1961

THE SPY STORY that's stranger than fictio[n]

He was a friend of Nazi leaders His real boss was a British secret service man

Für die Anklage in Nürnberg bezeugte SD-Führer Dr. Wilhelm Höttl die Zahl von sechs Millionen ermordeten Juden. Dies habe ihm Eichmann erzählt. Bei seinem Prozeß in Israel bestritt Eichmann später diese Aussage. Am 25. Januar 1961 berichtete die Londoner Zeitung »Weekend«, Höttl habe während des Krieges für den britischen Geheimdienst gearbeitet. Seine Aussage in Nürnberg erfolgte schriftlich. Es gelang der Verteidigung nicht, Höttl zum Kreuzverhör vorzuladen, obwohl gerade dieser Zeuge die für Deutschland belastendste Aussage gemacht hatte.

mando in Auschwitz »kaum über 100 Personen« umfaßt habe. Der jüdische Historiker Gerald Reitlinger, einer der Holocaust-Standardautoren, nennt 156 Personen, die an der Judenvernichtung beteiligt gewesen seien. 156 von rund 80 Millionen Deutschen! Schon Höss hatte angegeben, daß Himmler Wert auf Verschwiegenheit gelegt habe – auch Vorgesetzten gegenüber.

Wie immer man diese Aussagen bewertet: Sie eignen sich nicht, das deutsche Volk in Kollektivschuld zu nehmen. Und sie eignen sich auch nicht, die in Nürnberg Angeklagten undifferenziert und pauschal in einen Topf zu werfen mit denen, die von sich selber behaupteten, Massenmörder zu sein.

Eine kritische Würdigung der Nürnberger Aussagen zu Auschwitz und vergleichbaren KZ-Stätten ist 50 Jahre später nicht mehr ohne weiteres möglich. Auch ohne jede Leugnungsabsicht kann man über Vorgänge und Zahlen des »Holocaust« nicht mehr unbefangen sprechen, weil der Gesetzgeber bereits die »Verharmlosung« unter Strafe gestellt hat. Bis zu fünf Jahre Haft riskieren Bürger, aber auch Wissenschaftler, die heute »Offenkundigkeiten« in Frage stellen, über die sich viele Historiker keineswegs einig zeigen. Leider hat der Gesetzgeber entgegen rechtlichem Brauch zu definieren vergessen, was er unter Verharmlosung versteht. Eine Rechtfertigung für die Judenverfolgung und ihre mörderischen Exzesse im Osten kann es ohnehin nicht geben. Nirgendwo ist ein solcher Versuch gemacht worden.

Nach Beendigung der kommunistischen Herrschaft ließen polnische Wissenschaftler vor einigen Jahren in Auschwitz eine Gedenktafel entfernen, auf der von vier Millionen Todesopfern die Rede war. In Warschau ist man der Auffassung, daß es »nur« 700 000 bis eine Million waren. Für die Drei-Millionen-Differenz legte man keine »Verrechnung« mit der Todesbilanz anderer KZ's vor, so daß die Frage offen blieb, wie sich aus polnischer Sicht der Weg zur Gesamtzahl von sechs Millionen darstellt. In Deutschland hätte niemand eine solche Gedenktafel abhängen dürfen, ohne sich eine Anklage wegen »Verharmlosung« einzuhandeln.

Dabei ist das Verfolgungsschicksal der Juden völlig unstrittig. Die Diskussion, die in Deutschland seit Dezember 1994 unter Strafe steht, geht in Polen und anderswo allein um Zahlen und technische Details. Es wäre makaber und der Gipfel der Unmoral, wollte man in der Frage der Hinrichtungsart eine Antwort darauf suchen, ob sich die KZ-Vorgänge mehr oder weniger rechtfertigen lassen. Eine solche »Rechnung« wurde auch in Nürnberg nicht versucht. Das Problem besteht darin, daß Historiker und Naturwissenschaftler in Deutschland nicht mehr die Freiheit haben, sich den Einzelabläufen kritisch zu nähern. Wären in Katyn nicht polnische Offiziere, sondern Juden ermordet worden, hätte in Deutschland keine Revision der sowjetischen Schuldzuweisungen stattfinden können. Man hätte von NS-Apologetik und Verharmlosung gesprochen. Dabei darf man getrost davon ausgehen, daß unter den in Katyn Ermordeten auch Juden waren.

Für die in Nürnberg Angeklagten ging es nicht darum, ob es ein oder vier Millionen Opfer waren. Entscheidend damals war und entscheidend heute ist, ob der Prozeß fair, unabhängig und rechtmäßig geführt wurde und ob die Sieger moralisch berechtigt waren, über die Besiegten zu richten. Die Opfer von Dresden und Hiroshima, die millionenfach vergewaltigten und getöteten Deutschen hätten – ohne Zahlenstreit – ebenso zur Verhandlung stehen müssen wie die Opfer von Auschwitz.

SS-Richter gegen Eichmann

Zu den bemerkenswertesten Enthüllungen des Nürnberger Prozesses zählen die Hinweise auf die Tatsache, daß es durchaus deutsche Anstrengungen gab, verbrecherische Ausschreitungen in den Konzentrationslagern zu ahnden. Es gab eine »Untersuchungskommission gegen Humanitätsverbrechen und Korruption«.

In 800 Fällen von Korruption und Mord hatten die obersten SS-Richter Gerichtsverfahren vorbereitet. In 200 Fällen kamen diese Untersuchungen und Verfahren trotz der Schwierigkeiten der letzten Kriegsjahre zum Abschluß. Der Zeuge Dr. Reinecke bestätigt: »Es lagen 200 Urteile vor, die auch vollstreckt wurden.«

Auch gegen den Kommandanten des Lagers Auschwitz, Rudolf Höss, und auch gegen Eichmann sind Verfahren vorbereitet worden!

Zwei KZ-Kommandanten, darunter der berüchtigte Lagerkommandant von Buchenwald, Koch, konnten der Korruption und des Mordes überführt und zum Tode verurteilt werden. Koch wurde in seinem Lager vor den Augen der Häftlinge hingerichtet.

Es erscheint angebracht, sowohl die eidesstattliche Erklärung des SS-Richters Dr. Morgen wie das Protokoll der Vernehmung von Dr. Reinecke im Wortlaut wiederzugeben. Zunächst Dr. Reinecke, Amtschef im Hauptamt SS-Gericht:

»Mittwoch, 7. August 1946

Ra. Pelckmann: Hier in diesem Gerichtssaal ist ein grauenerregender Film über die Greuel in den KZ's abgelaufen. Die Anklage behauptet hierzu, daß diese Zustände die Folge einer konsequenten Politik der SS gewesen seien.

Können Sie zu dieser Behauptung als hoher Richter Stellung nehmen? Hat das Gerichtswesen der SS von diesen Vorgängen Kenntnis bekommen? Und wenn ja, hat es dazu geschwiegen?

Reinecke: Von einer konsequenten Politik der SS im Hinblick auf die in diesem Film gezeigten Zustände kann keine Rede sein. Es sind in den Konzentrationslagern furchtbare Gewalttaten begangen worden. Der Film aber zeigt die Auswirkung des totalen Zusammenbruchs des Deutschen Reiches auf die Konzentrationslager, stellt also nicht deren Normalzustand dar, dieser war ganz anders.

Ich kann mir hierüber deshalb ein Urteil erlauben, weil das Gerichtswesen der SS und Polizei mit allen ihm zu Gebote stehenden Mitteln, und teilweise unter Überschreitung der eigenen Zuständigkeit gegen diese Greuel gerichtlich eingeschritten ist.

Wir haben in den Konzentrationslagern Untersuchungskommissionen gehabt, die mir wiederholt über die Zustände in diesen Lagern Bericht erstatteten. Wenn das Gerichtswesen der SS und Polizei in der Lage gewesen ist, gegen solche Zustände einzuschreiten, so nur deshalb, weil es sich hier eben nicht um eine konsequente Politik der SS handelt, sondern um verbrecherische Taten einzelner Personen und kleinerer Gruppen und einzelner höchstgestellter Vorgesetzten, nicht aber um die Taten der SS als Organisation. Um gegen diese Verbrechen anzukämpfen und um die SS von diesen verbrecherischen Elementen zu reinigen, ist das Gerichtswesen tätig geworden.

Ra. Pelckmann: Wissen Sie etwas davon, Herr Zeuge, ob solche Anweisungen in den Konzentrationslagern auch tatsächlich durchgeführt worden sind?

Reinecke: Die Untersuchungskommissionen des Hauptamtes SS-Gericht haben mir wiederholt in persönlichen Vorträgen bestätigt, daß solche Anordnungen in den Konzentrationslagern auch in die Tat umgesetzt wurden. Sie haben mir berichtet, daß die Unterbringung, die hygienischen Verhältnisse, die ärztliche Versorgung, die Verpflegung und auch die Behandlung der Häftlinge zum großen Teil gut war, ebenso das körperliche Aussehen der Häftlinge. Sie haben ebenfalls bestätigt, daß die strengen Verbote gegen Mißhandlungen von Häftlingen wiederholt in den Lagern bekanntgemacht wurden und auch eingehalten wurden. Das Bild der Konzentrationslager im Normalzustand ist daher ein ganz anderes. Von außen her fällt auf die Sauberkeit, die reibungslose Abwicklung des Arbeitsprogramms. Wenn in den Konzentrationslagern Verbrechen begangen worden sind, so geschahen diese so, daß sie der Umwelt verborgen blieben und auch selbst von den Lagerinsassen, soweit sie daran nicht beteiligt waren, nicht wahrgenommen werden konnten.

Ra. Pelckmann: In welchem Umfange hat die SS-Gerichtsbarkeit die Rechtsprechung über das KZ-Wesen ausgeübt?

Reinecke: Der Zuständigkeit des SS-Gerichtswesens waren entzogen die Häftlinge der Konzentrationslager selbst. Für diese war ausschließlich die allgemeine deutsche Justiz zuständig. In gewissem Umfange oblag die Rechtsprechung der SS-Gerichtsbarkeit auch bezüglich der in den Konzentrationslagern befindlichen politischen Abteilungen mit der Maßgabe, daß die Untersuchungsführung des Reichssicherheitshauptamtes hier den Vortritt hatte. Die Wachmannschaften und die Kommandanturangehörigen der Konzentrationslager unterlagen der Rechtsprechung des Gerichtswesens in vollem militärgerichtlich bestimmten Umfange.

Ra. Pelckmann: Sie sagten schon, Herr Zeuge, daß die Verfolgung von KZ-Verbrechen durch Ihre Gerichtsbarkeit 1943 einsetzt. Wann 1943?

Reinecke: In der zweiten Hälfte des Jahres 1943 kam das Gerichtswesen anläßlich eines Korruptionsfalles gegen den seinerzeitigen Lagerkommandanten Koch auf Spuren von Verbrechen, die in andere Lager führten. Von diesem Zeitpunkt an wird das Gerichtswesen tätig.

Ra. Pelckmann: Wie kommt es, daß das Gerichtswesen erst so spät tätig geworden ist?

Reinecke: In den Konzentrationslagern befanden sich sogenannte Gerichtsoffiziere als Überwachungsorgane. Diese Gerichtsoffiziere, die Instrumente des jeweiligen Gerichtsherrn waren, hatten die Aufgabe, bei irgendwelchen vorgekommenen Verbrechen sogenannte Tatberichte anzufertigen und diese Tatberichte den Gerichten zwecks Verfolgung der strafbaren Handlungen zu übergeben.

Ra. Pelckmann: Und nun fahren Sie weiter fort mit der Beantwortung der Frage: Wie kam es, daß das Gerichtswesen so spät von diesen Greueltaten erst Kenntnis erhielt?

Reinecke: Es kam daher, daß das Gerichtswesen früher keinen Verdacht geschöpft hatte, und dies begründet sich wieder darin, daß diese Gerichtsoffiziere während der Jahre bis 1943 fortlaufend solche Tatberichte bei den Gerichten eingereicht hatten. Diese Tatberichte waren

»Weit übertrieben«

Whitney R. Harris war in Nürnberg beigeordneter Staatsanwalt der amerikanischen Anklage. In einem Interview der Süddeutschen Zeitung (25. 11. 1995) zum 50. Jahrestag der Prozeßeröffnung erinnerte sich der 83jährige Jurist aus St. Louis, daß einige der vom Tribunal verhörten Männer die Wahrheit fälschten, »indem sie die Zahlen getöteter Menschen weit übertrieben«.

Harris weiter: »Das war pervers. Rudolf Höss, der Kommandant von Auschwitz, behauptete später immer, er habe dort 2,5 Millionen Menschen umbringen lassen. Aber es werden wohl in Wirklichkeit 1,1 Millionen gewesen sein.«

Was Höss und einige andere bewegte, ihr grauenhaftes Tun auch noch millionenfach zu übertreiben, erklärte sich Harris mit deren Streben, sich »im Verhör auch noch so groß wie möglich zu machen«.

sehr exakt ausgearbeitet. Es befanden sich bei unnatürlichen Todesfällen von Häftlingen darin Lichtbilder des Tatortes, des Toten, ärztliche Untersuchungsergebnisse, Zeugenaussagen von Häftlingen und Wachmannschaften. Diese Arbeit war so exakt, daß nicht der Verdacht entstehen konnte, daß hier auch hinter dem Rücken der Gerichtsoffiziere Verbrechen begangen sein könnten. Diese eingereichten Tatberichte führten in jedem Falle zur gerichtlichen Aburteilung des Täters. Solche Aburteilungen sind die ganzen Jahre hindurch vorgenommen worden.

Ra. Pelckmann: Könnten die Tatberichte nicht gefälscht sein, und könnten dadurch die tatsächlichen Verhältnisse verschleiert werden?

Reinecke: Das trifft teilweise zu. Ich habe gerade schon gesagt, daß wir in der zweiten Hälfte des Jahres 1943 im Lager Buchenwald mit den Untersuchungen begannen. Wir hatten im Jahre 1941 in Buchenwald schon eine solche Untersuchung laufen, die aber ergebnislos verlief.

In der späteren Untersuchung 1943 stellte sich tatsächlich heraus, daß im Jahre 1941 von dem Kommandanten Koch mit gefälschten Tatberichten, gestellten Zeugen, falschen ärztlichen Gutachten und so weiter gearbeitet worden war, wodurch die untersuchenden Richter getäuscht wurden. Wir haben nun Überprüfungen auch in anderen Lagern vorgenommen und dabei festgestellt, daß in anderen Lagern die Tatberichte in Ordnung waren.

Ra. Pelckmann: Nun schildern Sie bitte kurz das weitere Verfahren der SS-Gerichtsbarkeit gegen die KZ-Verbrechen.

Reinecke: Die Spuren vom Lager Buchenwald waren sehr vielfältig und führten in viele Lager. Der Komplex wuchs von Monat zu Monat. Es stellte sich heraus, daß die Untersuchungsorgane des Gerichtswesens völlig ungeeignet waren, um eine solche rein kriminalistische Untersuchung vorzunehmen, weil dem Gerichtswesen auf Grund seiner Eigenart als militärisches Gerichtswesen der Unterbau, nämlich eine eigene Strafverfolgungsbehörde, fehlte. Es wurden deshalb Richter in Kurzkursen kriminalistisch geschult und gleichzeitig im Zusammenwirken mit dem Reichssicherheitshauptamt Fachkräfte aus dem Reichskriminalpolizeiamt zur Untersuchung dieser Verbrechen abgestellt.

Solche Kommissionen wurden in vielen Lagern eingesetzt und arbeiteten ununterbrochen bis zum Zusammenbruch.

Das Hauptamt SS-Gericht selbst schuf ein eigenes Gericht zur besonderen Verwendung, das fast ausschließlich die Aufgabe hatte, diese Verbrechen in den Konzentrationslagern gerichtlich abzuurteilen. Im Hauptamt SS-Gericht als der zentralen Führungsstelle des Gerichtswesens ist eine eigene Hauptabteilung eingerichtet worden, von der aus zentral die Untersuchungsführung in den Konzentrationslagern gesteuert wurde, und die die Aufgaben der fehlenden Generalstaatsanwaltschaft übernehmen sollte.

Todesstrafen für KZ-Kommandanten

Ra. Pelckmann: Was war nun, kurz zusammengefaßt, das Ergebnis dieser Verbrechensbekämpfung in den Konzentrationslagern durch die SS-Gerichtsbarkeit?

Reinecke: Es wurden insgesamt ungefähr 800 Fälle untersucht. Von diesen 800 Fällen wurden 400 bei den Gerichten anhängig, von diesen 400 Fällen sind 200 durch gerichtliches Urteil zum Abschluß gekommen.

Unter den untersuchten Fällen befanden sich Verfahren gegen fünf Konzentrationslagerkommandanten. Das Verfahren gegen zwei Kommandanten konnte zum Abschluß gebracht werden und endete mit Tod durch Erschießen.

Ra. Pelckmann: Sind Ihren Kommissionen bei diesen Untersuchungen Schwierigkeiten gemacht worden?

Reinecke: Diesen Kommissionen sind die erheblichsten Schwierigkeiten gemacht worden. Diese Schwierigkeiten hatten ihren Ausgangspunkt bei Pohl, der mit allen Machtmitteln versuchte, das weitere Vordringen der Untersuchungskommissionen in die eigentliche Materie des Verbrechenskomplexes zu verhindern. Dadurch wurde das Gerichtswesen gezwungen, nachdem es nun nur schrittweise vorwärts kam und sich aus dem Geheimhaltungskomplex ein Stück nach dem anderen herausbrechen mußte, mit Häftlingen zusammenzuarbeiten. Es sind fast in allen Lagern, wo sich solche Untersuchungskommissionen befanden, unter den Häftlingen Vertrauensleute angeworben worden, die den untersuchenden Richtern Material brachten. Es war aber auch sehr schwer, diese Häftlinge zu einer Mitarbeit zu bewegen, weil sie bei einer Aufdeckung ihrer Tätigkeit ihre Vernichtung befürchteten.

Ra. Pelckmann: Konnten Sie denn nicht diese Widerstände durch Meldungen, zum Beispiel bei Himmler, kurzerhand brechen? Pohl war doch, soviel ich weiß, Himmler direkt unterstellt, so daß Himmler ihm doch entsprechende Befehle hätte erteilen können.

Reinecke: So plump ist dieser Pohl nicht vorgegangen. Er hat nach außen hin so getan, als ob er die Untersuchungsarbeit des Hauptamtes SS-Gericht mit allen Kräften unterstützen würde und sie begrüßen würde. So hat er es auch Himmler wiederholt dargestellt, nachdem wir Himmler auf die zweifelhafte Rolle Pohls hingewiesen haben. In Wirklichkeit torpedierte Pohl mit allen Mitteln seiner ungeheuren Machtposition diese Untersuchungen und arbeitete mit den Häftlingen und den verbrecherischen Kommandanten Hand in Hand, wie wir an Einzeltatbeständen nachgewiesen haben.

Er hat, um ein markantes Beispiel voranzustellen, im Jahre 1941, als unsere erste Untersuchung im Konzentrationslager Buchenwald gescheitert war, wie ich gerade erzählt habe, dem Lagerkommandanten Koch einen Brief geschrieben, den ich selbst gelesen habe, mit folgendem Inhalt: »Ich werde mich mit der ganzen Machtfülle meiner Position vor Sie stellen, wenn wieder einmal ein arbeitsloser Jurist seine gierigen Henkershände nach Ihrem unschuldigen weißen Leib ausstrecken sollte.« In dieser Richtung hat Pohl fortlaufend gearbeitet. Da er nicht nur in der Tötungsmaschinerie der Konzentrationslager verfangen war, sondern im Gleichmaß damit zum korruptesten Mann des Reiches überhaupt geworden war, wofür wir gegen Ende des Krieges die Nachweise erbracht haben durch die verschiedensten Verfahren, die wir gegen von ihm geleitete Organisationen auf privatwirtschaftlicher Grundlage angestrengt haben. Er hat als Haupt dieser verbrecherischen Clique es fertiggebracht zu versuchen, das System der Vertrauensleute der Häftlinge zu erschüttern, von dem er wußte, daß es seiner eigenen Person gefährlich werden könnte.

Er hat einen unserer Vertrauenshäftlinge im Lager Sachsenhausen, einen gewissen Rothe, einsperren lassen und wollte ihn über einen Befehl des Reichssicherheitshauptamtes, Reichskriminalpolizeiamt, den er unter Vorspiegelung falscher Tatsachen zu erwirken versuchte, vor dem angetretenen Block der Häftlinge öffentlich erhängen lassen, um damit ein abschreckendes Beispiel zu geben und die Untersuchungsarbeit des Gerichtswesens unmöglich zu machen. Ein Untersuchungsführer von uns bemerkte das rechtzeitig und konnte dies im letzten Augenblick verhindern.

Ra. Pelckmann: Bitte langsamer, Herr Zeuge, viel langsamer. Es sind wichtige Ausführungen, und die Übersetzung ist nicht einfach.

Reinecke: So arbeitete dieser Verbrecher Pohl. Die wichtigste Stütze in seinem Kampf gegen das Gerichtswesen war aber der Führerbefehl Nummer 1 über die Geheimhaltung, der in allen Dienststellen der SS und Polizei plakatiert war. Nach diesem Befehl durfte von geheimhaltungsbedürftigen Dingen nur der erfahren, der unmittelbar beteiligt war und der auch nur soviel, als er unbedingt wissen mußte, und dies auch nur für die Zeit, in der die Tätigkeit erfolgte.

In den Konzentrationslagern war alles geheim. Nur mit besonderen Ausweisen und Vollmachten konnte man sie betreten. Die Arbeit der Häftlinge war geheim, angeblich für «V-Waffen«. Das sonstige Leben der Häftlinge war geheim, angeblich aus Spionageabwehrgründen. Der Schriftwechsel lief unter »Geheime Reichssache« und war deshalb überhaupt nicht einzusehen. Hinter diesen . . . dieser dichten Geheimhaltungssphäre konnte sich Pohl jahrelang geschickt zurückziehen, und er gab dem vordringenden Gerichtswesen stets nur dann ein kleines Stück nach dem anderen preis, wenn er auf Grund von Einzelbeständen systematisch in die Enge getrieben war.

Ra. Pelckmann: Glauben Sie nun, Herr Zeuge, daß Sie mit diesen von Ihnen eben geschilderten Ergebnissen an den tatsächlich vorhandenen Verbrechensumfang herangekommen sind, wie wir ihn hier durch die Hauptverhandlung erfahren haben?

Reinecke: So, wie ich ihn heute weiß, nein. Das hat seinen Grund darin, daß das Gerichtswesen der SS und Polizei alle diese Verbrechen als einzelne Verbrechen bekämpfte, und das System der Verbrecherischkeit, wie es heute erkennbar ist, lange Jahre nicht durchschauen konnte. Als es dem Gerichtswesen gegen Ende des Jahres 1944 gelungen war, auf Grund solcher Einzeltatbestände den Verbrecher Pohl und auch Grawitz und den manche Verbrechen abdeckenden Müller aus der Gestapo in die Enge zu treiben, da beriefen sie sich das erstemal auf Befehle von oben.

Die ansetzenden Ermittlungen des Gerichtswesens sind im Zusammenbruch der deutschen Kriegführung mit untergegangen.

Erst Ende 1944 erkannt

Ra. Pelckmann: Sind Sie dann Ende 1944 auch herangekommen an den eigentlichen Verbrechenskomplex, nämlich Massenvernichtungen?

Reinecke: Es war Ende 1944 klar, daß Befehle von oben vorhanden sein mußten. Daß es sich aber um Massenvernichtungen mit einem ungeheuren Umfange handeln würde, dies war auch damals nicht erkennbar.

Ra. Pelckmann: Wer war nach den Ergebnissen der Untersuchungen, die Sie eben geschildert haben, verantwortlich für die bekanntgewordenen Verbrechen?

Reinecke: An höchsten Vorgesetzten: Pohl, neben ihm der ehemalige Reichsarzt-SS und Polizei, Grawitz, und neben ihm der Chef der Gestapo, Müller.

Darüber hinaus die Konzentrationslagerkommandanten, Angehörige der Kommandanturen, Konzentrationslagerärzte, und zu einem ganz großen Teil kriminelle Häftlinge der Konzentrationslager.

Ra. Pelckmann: Es ist richtig, demnach zu sagen, daß alle Angehörigen dieser Personenkreise, die Sie eben genannt haben, an den Verbrechen ohne Unterschied beteiligt sind?

Reinecke: Nein, das ist nicht richtig. Unsere Untersuchungen haben den klaren Nachweis ergeben, daß einige Lager vollkommen in Ordnung waren, daß nicht alle Kommandanten Verbrecher waren, daß viele Kommandanturenangehörige von Verbrechen nichts wußten, desgleichen Ärzte, daß vor allem die Bewachungsmannschaften der Konzentrationslager mit den Verbrechern nichts zu tun hatten, weil ihnen selbst ein Einblick in die internen Vorgänge der Konzentrationslager verwehrt war.

Ra. Pelckmann: Sie haben vorhin den Fall des KZ-Kommandanten von Buchenwald, namens Koch, erwähnt. Von diesem ist hier schon im Gerichtssaal gesprochen worden. Die Anklage hat seinerzeit behauptet und sich auf die Vernehmung eines Häftlings Blaha gestützt, Koch sei wegen Unterschlagung und auch wegen Mordes an drei mißliebigen Personen verurteilt worden. Die Anklage hat es so dargestellt, als wenn das SS-Gericht damals an den vielen anderen Tötungsstellen einfach vorbeigegangen wäre. Ist das nach Ihrer Kenntnis richtig?

Reinecke: Nein, das ist unrichtig. Der Ausgangspunkt des Verfahrens gegen Koch war Korruption, weshalb er auch zum Tode verurteilt worden ist.

Der eigentliche Inhalt des Urteils gegen Koch und der Grund seiner Verurteilung zum Tode war das von Koch erfundene und betriebene System des Mordes in vielen Fällen. Diese Art der Urteilsfindung mußte deshalb gewählt werden, weil so viele Verbrechen von Koch vorlagen in längst vergangener Zeit, wo die Spuren verwischt waren, daß es lange Monate und Jahre gedauert hätte, diese Einzelfälle aufzuklären, wenn dies überhaupt gelungen wäre. Man nahm deshalb aus der Erkenntnis der kürzesten Beweismöglichkeit, um dem Koch das Handwerk schnell zu legen, diese drei Fälle heraus als typisch, verurteilte ihn aber wegen des Systems des Mordes im Konzentrationslager Buchenwald.

Ra. Pelckmann: Die Darstellung dieses Zeugen über diese Vorgänge wird unterstützt durch die Affidavits SS-65, 64, 66, 67, 68 und 69. Ich bitte 68 zu streichen, das war ein Irrtum. Nicht 68, 64 bis 67 und 69. Diese Affidavits sind ausgestellt von dem Untersuchungsrichter. Der Untersuchungsrichter Dr. Morgen hätte eigentlich hier als Zeuge erscheinen müssen. Er ist leider erst Anfang Juli, als die Kommissionsvernehmungen kurz vor dem Abschluß standen, eingetroffen. Ich habe ihn nicht rechtzeitig vorbereiten können für die Vernehmung. Ich habe aber ein Affidavit überreicht, und das Hohe Gericht wird ja beurteilen können, ob es eventuell nötig ist, diesen Dr. Morgen noch als Zeugen zu vernehmen, da es hier um die wichtigsten Dinge geht.

(Zum Zeugen gewandt:)

Wie stellte sich nun Himmler zu diesen Untersuchungen?

Himmlers doppeltes Gesicht

Reinecke: Bei Aufdeckung der Verbrechen in Buchenwald Ende dieses Jahres 1943 wurde Himmler sofort Bericht erstattet. Himmler wurde über das Weitergehen des Verfahrens laufend Bericht erstattet. Himmler legte eine sehr große Aktivität an den Tag. Er selbst befahl die strikte Durchführung der Untersuchungen. Nur mit seinen Vollmachten war es möglich, überhaupt die Tore der KZs zu überschreiten. Mitte des Jahres 1944 kommt plötzlich ein entgegengesetzter Befehl Himmlers. Er befiehlt als Gerichtsherr, mit dem Verfahren Koch haben alle gerichtlichen Untersuchungen in den Konzentrationslagern aufzuhören. Koch wäre zum Tode verurteilt und werde öffentlich vor den angetretenen Häftlingen erhängt. Pohl hätte die Erhängung persönlich zu leiten und an die angetretenen Wachmannschaflen entsprechende Worte zu richten. Die anderen Täter hatten ihre Verbrechen freiwillig zu melden. Bei einer solchen freiwilligen Meldung würde er ihnen eine eventuelle Begnadigung zusichern.

Wer sich nicht rechtzeitig meldet, habe nur den Tod durch ein Gerichtsurteil zu erwarten. Gegen diesen Befehl Himmlers erhob der Chef des Hauptamtes SS-Gericht Widerspruch. Er erlangte keine endgültige Entscheidung Himmlers. Himmler duldete aber in Zukunft die weiteren Verfahren. Das Hauptamt SS-Gericht brachte den Fall Koch absichtlich in dieser Zeit noch nicht zum Abschluß, um die Möglichkeit zu haben, die weitere Ausdehnung der Ermittlungstätigkeit auf andere Lager vornehmen zu können, was auch gelang. Die auf Grund der Anweisung Himmlers schon zurückgezogenen Untersuchungskommissionen des Reichskriminalpolizeiamtes traten wieder in Tätigkeit, und es wurde von Herbst 1944 an auf breiter Grundlage weiteruntersucht. Vollmachten, die wegen des dauernden Widerstandes von Pohl notwendig waren, erteilte der persönliche Richter des Reichsführers. An diesen konnte auch Pohl nicht vorbeigehen.

Ra. Pelckmann: Die Einzelheiten dieses dramatischen Spieles zwischen Pohl, Himmler und dem SS-Gericht schildert ebenfalls das Affidavit Dr. Morgen – die Affidavits des Dr. Morgen, Nummer 65 bis 67.

Sind Ihnen, Herr Zeuge, im Laufe dieser Untersuchungen Maßnahmen oder Befehle Hitlers oder Himmlers zur biologischen Ausrottung des Judentums bekanntgeworden?

Reinecke: Nein, wir haben weder solche Befehle jemals gesehen noch ist es uns auf Grund unserer Untersuchungsarbeit gelungen, ihrer habhaft zu werden oder sie anderswie zur Kenntnis zu bekommen. Solch ungeheuerliche Befehle waren uns unvorstellbar.

Uns gegenüber hatte Himmler stets nur sein ideales Gesicht gezeigt: Sauberkeit, Anständigkeit, Verbrechensbekämpfung um jeden Preis. Mir persönlich hat er Ende des Jahres 1943 in einem Vortrag ausführlich diese Grundsätze bestätigt. Daß hier ein System der Massenvernichtung vorliegen würde, auf diese Idee konnte nach den vorhandenen Umständen und dieser Situation niemand kommen.

Wir haben in den Konzentrationslagern grauenerregende Zustände vorgefunden. Wir haben manche Dinge erfahren, die uns erschüttert haben. Aber dieser Gedanke war nicht vorhanden.

Namen wie Höss und Eichmann sind in unseren Verfahren aufgetaucht. Gegen beide lief auch ein Verfahren, das bei Kriegsende noch in den Anfängen steckte.

Ein kleiner Kreis

Höss und Eichmann waren uns aber Namen wie beispielsweise Müller oder Maier. Kein Mensch konnte eine Ahnung davon haben, daß hinter diesen Personen sich die Handlanger eines furchtbaren Ausrottungssystems verbargen. Als wir um die Jahreswende 1944/1945 annähernd an den eigentlichen Verbrechenskomplex in den Konzentrationslagern herankamen, nämlich daß Verbrechen auf Befehl begangen wurden, auch da erschien dieses Verteidigungsvorbringen von Pohl, Müller und Grawitz zunächst unglaubwürdig.

Denn wenn tatsächlich Befehle von oben vorgelegen hätten, die diese drei Personen ausgeführt haben, dann wäre es ihnen wohl ein leichtes gewesen, zu Himmler zu gehen und die Ausschaltung des Gerichtswesens aus diesen Dingen zu erreichen.

So kam es, daß wir selbst trotz dieser erarbeiteten, mühsamen Ergebnisse keine justizmäßig einwandfreien Belege dafür hatten, daß Massenvernichtungen großen Stiles – gar nicht zu denken an die biologische Ausrottung des Judentums – vorgenommen worden seien und wir nach wie vor die Verbrechen, allerdings in erschreckendem Umfange und erschreckender Vielzahl, aber von dem Standpunkt des Einzelverbrechens aus, untersuchten.

Ra. Pelckmann: Vor diesem Tribunal, Herr Zeuge, ist der Beweis erbracht worden, daß in den Gaskammern von Auschwitz und anderswo Millionen von Juden gemordet wurden. Sie dagegen haben in Ihren Untersuchungen festgestellt, daß Einzelpersonen und ein kleiner Personenkreis die von Ihnen geschilderten Verbrechen begangen haben. Ist es nach Ihrer Erkenntnis möglich, daß dieser gleiche, verhältnismäßig kleine Personenkreis auch für diese Millionenvernichtungen verantwortlich ist?

Reinecke: Aus den Untersuchungen des Hauptamtes SS-Gericht, vor allem aus dem Schlußstand dieser Untersuchungen kurz vor Kriegsende, muß entnommen werden, daß Einzelpersonen und ein kleiner Personenkreis auch für diese Dinge ausschließlich in Frage kommen; sonst hätten diese ungeheuerlichen Dinge dem Gerichtswesen solange nicht verborgen bleiben können.

Ra. Pelckmann: Haben Sie aus Ihrer Unterhaltung mit dem Dr. Morgen weitere Kenntnis erhalten, die diese Vermutung unterstützen?

Reinecke: Dr. Morgen war ein Richter von mir, der die ganzen Jahre zum Reichskriminalpolizeiamt abgestellt war, um von dort aus die Untersuchungen in den Konzentrationslagern durchzuführen. Dr. Morgen hat ein umfassendes Wissen. Er hat, wie ich heute weiß, mit den Organen der Vernichtung, dieser Massenvernichtung, selbst gesprochen und hat einen tiefen Einblick in alle diese Dinge. Er beweist die Tatsache, daß der Ursprung der Judenvernichtung nicht in der SS zu suchen ist, sondern in der Kanzlei des Führers.

Vorsitzender: Erinnern Sie sich an die Namen der fünf Lagerkommandanten, gegen die Sie ein Strafverfahren eingeleitet haben?

Reinecke: Es war dies der Lagerkommandant in Buchenwald, Koch, der Lagerkommandant in Lublin, dessen Name mir im Augenblick entfallen ist, und der Lagerkommandant im Konzentrationslager Herzogenbosch fällt mir eben noch ein, das war ein gewisser Grünwald. Ein Ermittlungsverfahren haben wir ferner noch durchgeführt gegen den Lagerkommandanten Oranienburg, Loritz, weiter gegen den späteren Lagerkommandanten Kaindl. Dieses Verfahren ist aber eingestellt worden, weil der Nachweis erbracht wurde, daß zur Zeit des Lagerkommandanten Kaindl keine Tötungen vorgekommen waren.

Vorsitzender: Haben Sie Höss gerichtlich verfolgt?

Reinecke: Wir haben Ende des Jahres 1944 gegen Höss ein Verfahren eingeleitet auf Grund der Aussage dieses eben genannten Schutzhäftlings.

Vorsitzender: Welches Verbrechens haben Sie Höss angeklagt?

Reinecke: Ich darf hier aufklären: Das Verfahren gegen Höss war noch nicht so weit fortgeschritten, daß Höss angeklagt werden konnte. Es stand erst noch im Untersuchungsstadium, es mußte das Material erst gesammelt werden.

Vorsitzender: Aber Sie müssen doch sicherlich zu irgendeiner Entscheidung über Höss gekommen sein. Sie müssen doch gewußt haben, wegen welcher Verbrechen Sie eine Untersuchung geführt haben. Welche Verbrechen wurden im Falle Höss untersucht?

Reinecke: Im Falle Höss wurde das Verbrechen des Mordes an unbestimmten und unbestimmt vielen Insassen des Konzentrationslagers Auschwitz untersucht.«

Eidesstattliche Erklärung

Der Dr. Reinecke unterstellte SS-Richter Dr. Morgen hat in der Vernehmung und schriftlich unter Eid die Aussage Dr. Reineckes bestätigt und ergänzt:

»*1. Herkunft und Umfang meines Wissens über die KZ*

Ich habe als SS-Richter der Res. und Untersuchungsführer des Reichskriminalpolizeiamtes, RKPA, in der Zeit von Juli 1943 bis etwa Mitte 1944 gerichtliche Untersuchungen gegen SS-Angehörige der KZ Buchenwald, Lublin, Auschwitz, Oranienburg, Herzogenbosch, Dachau geführt und ihre Einrichtungen eingehend besichtigt und wiederholt auch deren Innenlager aufgesucht und mich darin frei bewegt.

Ich habe Hunderte von SS-Angehörigen aller Dienstgrade sowie Häftlinge aller Nationalitäten eingehend vernommen bzw. sie vertraulich gehört. Ich habe mit zahlreichen Kommandanten, Verwaltungsführern, Ärzten der KZ, Höheren SS- und Polizeiführern und Stapoleitern gesprochen, insbesondere auch mit leitenden Führern, wie dem Chef des RSHA, SS-Obergruppenführer Dr. Kaltenbrunner, dem Chef der Gestapo, dem SS-Gruppenführer Grawitz, leitender Arzt KL., SS-Standartenführer Lolling, dem Leiter Schutzhaftabteilung des RSHA, SS-Obersturmbannführer Berndorf, dem SS-Richter beim RFSS, SS-Oberführer Bender wiederholt verhandelt und Einsicht in Dienstakten und Dienstanweisungen deren Dienststellen gehabt. Ebenso habe ich über die gleiche Materie Zivilpersonen gehört und in beschränktem Umfange auch Einsicht in ausländische Berichte über die KZ genommen.

Etwa 8 Monate von dieser Zeit habe ich im KZ Buchenwald und etwa 1 Monat im KZ Dachau gewohnt.

Das Wissen aus diesen sehr umfangreichen persönlichen Wahrnehmungen wurde ergänzt durch regelmäßige Berichte und Aussprachen mit den verschiedenen Kriminalkommissaren, die als Leiter von Untersuchungskommissionen ihren ständigen Wohnsitz in den verschiedenen Lagern hatten. Die nachstehenden zeugenschaftlichen Aussagen sollen eine Zusammenfassung dieses so erworbenen Wissens zu den Hauptanklagepunkten gegen die SS darstellen.

2. Meine Wahrnehmung über die Führung der KZ

A. Positive Wahrnehmungen:

Der Verpflegungssatz für arbeitende Häftlinge betrug täglich 2750 Kalorien, hauptsächlich in Form von Kartoffeln, Hülsenfrüchten, Mehlerzeugnissen, Gemüse und Brot. Die Lager und besonders die Firmen, welche Häftlinge beschäftigten, waren durchweg bemüht, Zusatzverpflegung zu beschaffen, gelegentlich auch unter bewußter Außerachtsetzung der kriegswirtschaftlichen Gesetze. In den Lagerkantinen konnten Häftlinge im kriegsbedingten Umfang auch zusätzliche Nahrungsmittel kaufen, außerdem unbeschränkt Pakete empfangen, Ausländer über oder vom Roten Kreuz. Der allgemeine Ernährungszustand der Häftlinge war gut. Schwer unterernährte Häftlinge habe ich nur in geringer Zahl in Lazaretten gesehen. Dieses war bedingt durch konstitutionelle Körperschwächen oder als notwendige Folge von Erkrankungen, wie Ruhr, Typhus, Tbc.

Die ärztlichen und medizinischen Einrichtungen, die sanitären Anlagen waren gut, zum Teil mustergültig. Außer SS-Ärzten waren Häftlings-Ärzte, darunter internationale Kapazitäten, eingesetzt. Die Versorgung mit Medikamenten war, ähnlich wie bei der deutschen Zivilbevölkerung, kriegsbedingt. Doch haben die SS-Truppenapotheken durchweg im Rahmen ihrer Möglichkeit ausgeholfen. Beim Arbeitseinsatz der Häftlinge wurde weitgehend auf körperlichen Kräftezustand, Fähigkeiten und soziale Herkunft unter Berücksichtigung etwaiger krimineller Vorstrafen und der Führung im Lager Rücksicht genommen. Von Ausnahmen abgesehen, lagen Arbeitstempo und Leistung der Häftlinge erheblich unter der des Zivilarbeiters.

Grundsatz war, die Häftlinge nicht anzutreiben, sondern durch Gewährung von Prämien und sonstigen Entschädigungen einen Anreiz zu geben. Daraus erklärt es sich, daß die Tabakversorgung der Häftlinge während des Krieges erheblich besser war als die der deutschen Zivilbevölkerung oder auch die der Wachtruppe KZ.

Leben und Eigentum der Häftlinge war auf folgende Weise geschützt: Strenges Verbot, Häftlinge zu töten oder zu schlagen. Dies ist wiederholt dem Lagerpersonal bekanntgegeben worden. Der Kommandant hatte die Kenntnis dieses Befehls schriftlich zu bescheinigen. Der betreffende Revers befand sich bei seinen Personalakten.

In regelmäßigen Abständen fanden Haftprüfungsverfahren durch das RSHA statt: Nach Einlieferung eines Häftlings erstmalig nach Ablauf von 3 Monaten, später nach längeren Zeitabschnitten. Zur Ermittlung und Verfolgung von Straftaten der Häftlinge befand sich in jedem Lager ein Kriminalsekretär der nächstgelegenen Stapostelle, der Leiter der sogenannten politischen Abteilung des KZ. Zur Ahndung von Straftaten der Häftlinge waren die allgemeinen Gerichte ausschließlich zuständig. Für Straftaten von SS-Angehörigen an Häftlingen das örtlich zuständige SS- und Pol.-Gericht. Als dessen Hilfsorgan fungierte im Lager ein dazu bestimmter, eigens vereidigter Gerichtsoffizier.

Jeder Todesfall eines Häftlings war durch Fernschreiben zu melden und bei offensichtlich oder vermutetem unnatürlichem Todesfall Bericht mit Unterlagen, Sektionsprotokoll, Tatortfoto, Lageplan, Zeugenaussagen von Häftlingen und SS-Angehörigen dem SS-Gericht zur Prüfung einzureichen.

Körperliche Züchtigungen disziplinarer Art konnte nur die Inspektion Kl. verfügen, nach Vorlage eines Ermittlungsberichtes und der eigenhändig unterschriebenen Einlassung des beschuldigten Häftlings.

Körperliche Züchtigung konnte nur durch Schläge auf das Gesäß im Beisein eines Arztes und Offiziers bestehen. Die Höchstzahl der genau bestimmten Schläge betrug 25. Diese Höchststrafe wurde nur sehr selten gegen kriminelle, mit erheblichen Lagervorstrafen Belastete verhängt. Vollzug der Züchtigung erst nach ärztlicher Untersuchung und Unbedenklichkeitsbescheinigung meist durch einen Häftling. Häftlingseigentum war gegen Quittung hinterlegt und gesondert aufbewahrt.

Den Häftlingen standen zur Verfügung:

Freie Bewegung innerhalb des Lagers, Lager-Radio, große Lager-Bibliothek, Briefverkehr, Zeitungs- und Paketempfang, Varieté, Kino, Bordell, Sport und Spiele aller Art einschließlich von Wettkämpfen.

Verwaltet und geleitet wurde der Innenbetrieb durch die KZ-Häftlinge selbst. Alle diese Dinge standen nicht auf dem Papier, sie bestanden neben den negativen Seiten der KZ-Einrichtung, von denen jetzt zu sprechen sein wird.

B. Negative Wahrnehmungen:

Die düsteren Schattenseiten der KZ waren hauptsächlich:

1. Einweisung ohne richterliches Verhör auf Grund Ermessensentscheid einer unkontrollierbaren politischen Stelle.

2. Kompliziertheit des Instanzenzuges und Berücksichtigung erwerbswirtschaftlicher Gesichtspunkte. Nahezu Unmöglichkeit, die Entlassung eines Häftlings durchzuführen. Dies auch nicht bei Alter und gefährlichen Erkrankungen.

3. Unterschiedslose Vereinigung von Häftlingen aller Nationalitäten, und zwar politische wie kriminelle, wobei z. T. Kriminellen Vorgesetztengewalt eingeräumt war – Kapo –.

4. Mangelnde Eignung des Lagerpersonals, besonders nach Einbeziehung ostischer Hilfskräfte.

5. Geheimsphäre der Lager gewährleistet durch:

   A. Eid des Personals und schriftliche Verpflichtung der Häftlinge mit Gültigkeit nach Entlassung.

   B. Strenge Absperrung von Öffentlichkeit und anderen Dienststellen.

   C. Briefzensur.

   D. Nichtablösung des wichtigsten Lagerpersonals. Hierdurch Begünstigung von Willkür und Verbrechen, weil wegen Geheimsphäre eigene Aufsichtsorgane, Strafverfolgung und Öffentlichkeit im Unklaren waren.

3. Die Greuel in den Konzentrationslagern:

Als Ursache ist in dieser Hinsicht zu entscheiden:

A. Höhere Gewalt, B. Höchste Befehle, C. Individuelle Einzelakte aus kriminellen Motiven.

Als höhere Gewalt im Sinne von nicht durch die örtliche Lagerleitung verschuldeten Übeln sind anzusehen:

Die Folgen von Überbelegungen von Lagern, Ausbruch von Seuchen und Epidemien, ungewöhnlich lange Transportzeit der Häftlinge anläßlich von Einlieferungen oder Belegungen, Stockungen in der Zufuhr lebenswichtiger Güter.

Auf Grund höchster Befehle – Befehlsübermittler Himmler, Müller oder Pohl – mit direktem Befehlsweg an einen bestimmten Beauftragten, der zur besonderen Geheimhaltung verpflichtet war, geschahen:

1. Massentötungen, insbesondere durch Gas in bestimmten Vernichtungslagern.
2. Exekutionen von Einzelpersonen und bestimmten Personengruppen.
3. Biologische Versuche.
4. Mißhandlungen und Folterungen zum Zwecke der Aussagenerpressung.
5. Unmenschlich harte Behandlung in den Lagern der Stufe 3.
6. Opferung der Häftlinge durch rücksichtsloses Vortreiben einzelner Arbeitsvorhaben – z. B. V-Waffen-Mittelbau.
7. Evakuierungsmärsche.

Einzelakte krimineller Art: Unter Umständen mit Massenwirkung waren angemaßte Exekutionsrechte durch Kommandanten und nachgeordnete Stellen unter Fälschung der ärztlichen Totenscheine, Willkür, Schikane, ungesetzliche Züchtigungen, Roheitsdelikte, Sadismus, Beseitigung lästiger Mitwisser, Diebstahl und Schiebungen. Alle diese Delikte begangen sowohl allein von Häftlingen wie SS-Angehörigen, meist jedoch in engem Zusammenwirken von SS-Angehörigen mit Kapos und umgekehrt.

4. Der Eingriff der SS-Gerichtsbarkeit

in die KZ erfolgte mit Beginn meiner Untersuchungen Juli 1943 und dauerte bis Kriegsende. Er konnte nicht früher erfolgen, weil kein Verdacht in dieser Richtung bestand. Verhaftet wurden die Kommandanten von Buchenwald, Lublin, Warschau, Herzogenbosch, Krakau, Plaszow. Erschossen wurden die Kommandanten von Buchenwald und Lublin. Mehrere hundert Fälle gelangten zur Aburteilung. Schwere und schwerste Strafen wurden gegen Angehörige aller Dienstgrade verhängt. Die Gesamtzahl der untersuchten Fälle betrug etwa 800, wobei ein Fall oft mehrere Personen betraf. Gegen die Ausführenden von Blutbefehlen waren von mir bereits Verfahren eingeleitet, u. a. bekannten Persönlichkeiten gegen:

SS-Obersturmbannführer Eichmann, den Leiter der Aktion Endlösung der Judenfrage im RSHA; SS-Sturmbannführer Höss, Kommandant Auschwitz.

Gegen SS-Oberführer Loritz, Kommandant Dachau und Oranienburg, SS-Untersturmführer Grabner, Leiter der politischen Abteilung Auschwitz. Gegen ihn hatte ich bereits Anklage wegen Mordes in mindestens 2000 Fällen erhoben.

Gegen SS-Obergruppenführer Pohl und Frank lagen bereits Voruntersuchungen vor. Beide waren ganz erheblich bloßgestellt. Die Aufdeckung der Verbrechen in den KZ konnte sich naturgemäß nur schrittweise vollziehen. Rückschauend ergibt sich klar, daß die wahren Schuldigen, von denen noch zu sprechen sein wird, in eben dem Umfang, wie sie ihre Entlarvung befürchten mußten, vor der SS-Gerichtsbarkeit zurückwichen, indem sie von ihren Taten abrückten und den Verdacht der Alleintäterschaft auf den gegriffenen ausführenden Organen beließen.

Die belastenden Aktionen waren von langer Hand raffiniert vorbereitet. Sie wurden so schlagartig ins Werk gesetzt, die Geheimhaltung und

Spurenvernichtung war derartig fachmännisch ausgeführt, daß nach menschlichem Ermessen das Ziel bereits erreicht sein mußte, ehe die Gefahr einer Aufdeckung oder Kenntnisnahme von weiteren Kreisen eintrat.

Wie wirkungsvoll die Abschirmung war, möge ein konkretes Beispiel veranschaulichen:

Ich hatte bereits geraume Zeit im KZ Buchenwald an der Aufdeckung der Korruptionsverbrechen gearbeitet, die zum Anlaß der Gesamtaufrollung des KZ-Komplexes werden sollten, ehe mir der Verdacht unrechtmäßiger Tötungen im dortigen Arrestbau wurde. Auf diesen Arrestbau setzte ich den mir unterstellten Kriminalsekretär Cohnen vom RKPA ausschließlich an. Nach zwei Wochen völlig ergebnisloser Ermittlung verweigerte dieser sehr tüchtige und diensteifrige Beamte die weitere Tätigkeit, weil er diese für sinnlos ansah. Wörtlich fragte er mich:

›Glauben denn Sie selbst daran, daß so etwas geschehen sei?‹

Nur ein reiner Zufall brachte mir später den ersten Anhaltspunkt.

Völlig verwirrt wurde die Erkenntnis der wahren Verhältnisse durch die persönliche Haltung Himmlers. Himmler gab auf meine erste Vorstellung sofort die Untersuchung frei, ließ die gegriffenen früheren KZ-Größen erbarmungslos fallen, ordnete in wiederholten Befehlen rücksichtsloses Vorgehen an. Es erschien kaum vorstellbar, daß es sich hier um ein System handeln könne und Himmler selbst der Urheber bestimmter Formen des KZ-Systems sei. Gerade aus der Erziehung zu männlicher Offenheit, Geradheit und Ehrlichkeit erschien es undenkbar, dem Reichsführer SS ein derartiges arglistiges Handeln und ein Doppelgesicht zuzutrauen, dessen verborgene Seite die Züge eines gemeinen Verbrechers trage.

Bei den Untersuchungen hat jegliche Unterstützung geleistet, insbesondere an örtlichen Instanzen:

Höherer SS- und Polizeiführer Kassel, Erbprinz zu Waldeck und der Chef des SS- und Polizeigerichtes Kassel, SS-Sturmbannführer Dr. Paulmann. Höherer SS- und Polizeiführer Niederlande, SS-Obergruppenführer Rauter und der Chef des SS- und Polizeigerichtes Den Haag, Obersturmbannführer Haertel.

An zentralen Dienststellen:

SS-Richter beim RFSS SS-Oberführer Bender, der den Standpunkt der Untersuchungsführung im Sinne einer rücksichtslosen Ausbrennung aller Schuldigen in jeder Weise ermutigte und jederzeit energisch und fast immer erfolgreich beim RFSS vertrat. Hauptamt SS-Gericht, durch Zentralisierung der Untersuchungsführung, Errichtung eines Z.B.V.-Gerichts. Ziel: etwaige örtliche und zentrale Widerstände, vor allem die gerichtsherrlichen Befugnisse der Hauptamtchefs Pohl und Kaltenbrunner zu brechen.

RKPA, durch Abstellung aller verfügbaren Fachbeamten zur Untersuchungsführung trotz stärksten Personalmangels und Belastung anderer Art. Der Eingriff der SS-Gerichtsbarkeit war nicht wirkungsvoller zu steigern wegen der Kürze der Zeit, Unkenntnis vom Gesamtausmaß der Zustände, Mangel an geeigneten Untersuchungsführern, Widerstand von Pohl und Kaltenbrunner, Zusammenbruch des Verkehrswesens und Auflösungserscheinungen gegen Kriegsende.

5. Die Hauptschuldigen an den KZ-Greueln

enthüllen sich als die Personen, welche fortlaufend der Untersuchungsführung alle möglichen Schwierigkeiten bereiteten, in erster Linie SS-Obergruppenführer Pohl.

Pohl hat mich persönlich mit unbezähmbarem Haß verfolgt; er hat mich beschimpft, verunglimpft, bedroht, fortdauernd heftigste Beschwerden über mich an meine vorgesetzte Dienststelle gerichtet, die Tatbestände abgeschwächt und verdreht, örtliche Gerichtsherren und Kommandanten aufgehetzt, aus reiner wirtschaftlicher Machtstellung ständig einen Druck auf RSHA und RKPA gegen mich ausgeübt. Ähnliche Schwierigkeiten wurden auch den an der Untersuchungsführung beteiligten Kriminalbeamten bereitet durch Anfeindungen und Schikanen aller Art. Es wurde wiederholt der Versuch unternommen, mir den unmittelbaren Dienstweg an den SS-Richter beim RFSS abzuschneiden.

Schließlich hat Pohl ein generelles Verbot an alle Kommandanten erlassen, ohne Pohls ausdrückliche Zustimmung SS-Richtern das Betreten eines KZ zu gestatten oder Ermittlungen zu gestatten, deren Ziel ihm nicht bekanntgegeben war.

Die Einstellung Pohls hat SS-Gruppenführer Müller, der Chef der Gestapo, ebenfalls geteilt.

Als willfährige Werkzeuge dieser beiden Männer sind mir insbesondere bekannt geworden: SS-Sturmbannführer Schmidt-Glaevenow, Chef der Rechtsabteilung des Vuw-Hauptamtes. Ein bestochenes Mitglied des Reichsrechnungshofes war der Reichsarzt SS-Gruppenführer Grawitz.

6. Der Kreis der aktiven Täter, Teilnehmer und Mitwisser

war ein außerordentlich kleiner. Ich schätze die Zahl der irgendwie an Menschenvernichtung Mitwirkenden, alle Stellen zusammengenommen, auf wenige hundert.

Von diesen dürften die meisten nicht mehr am Leben sein.

Verständlich wird diese Aussage nur durch die Kenntnis der Technik des Vernichtungssystems, dessen Grundsatz mir durch den dazu am berufensten Reichsarzt Dr. Grawitz persönlich erläutert wurde. Himmler habe ihn seinerzeit zur Durchführung der von Hitler angeordneten Massenvernichtung ersucht, ein Tötungsverfahren vorzuschlagen, das sowohl schmerzlos sei als auch die Opfer vor Todesangst bewahre. Deshalb habe man ein Verfahren gewählt, das die Betreffenden in völliger Unkenntnis ihres Schicksals lasse bis zu dem Augenblick der unerwarteten Anwendung eines schnell wirksamen, hochflüchtigen Gases.

Über den praktischen Ablauf dieses einzigartigen Täuschungssystems habe ich im Laufe meiner Untersuchungen folgendes in Erfahrung gebracht:

An der Spitze des Unternehmens stand der SS-Obersturmbannführer Eichmann vom RSHA mit seinem Stab. Eichmann gab als Inhalt seiner Aufgabe die Umsiedlung von Juden in die Ostgebiete bzw. ihre Überführung in den deutschen Arbeits- und Rüstungseinsatz an. Dieselbe

Terminologie galt auch intern. Eichmann verhandelte zu Beginn seiner Tätigkeit mit den örtlichen politischen und Verwaltungsstellen über die Zahl der zu evakuierenden Juden, Gestellungstermin und Fragen über das Judenvermögen. Da die Juden überall einen bedeutenden Faktor im Wirtschaftsleben bildeten und die Kriegswirtschaft nicht gestört werden durfte, mußte sehr planvoll und vorsichtig vorgegangen werden.

Dies wiederum kam der Tarnung zugute. Der Widerstand ausländischer Stellen wurde meist schnell überwunden, und zwar durch Überlassung des unbeweglichen Judenvermögens an das fremde besetzte Land. Waren Kontingente und Termine ausgehandelt und Eichmann in diesem Rahmen freie Hand und Unterstützung durch die fremden Polizeiorgane zugesagt worden, so wandte sich dieser an die jüdischen Zentralorgane, Kultusgemeinden und Ältestenräte mit der Auflage, eine bestimmte Zahl von Juden für die Umsiedlung namhaft zu machen. Dabei wurde diesen jüdischen Zentralorganen Befreiung von der Aussiedlung zugesichert und im Nichtbefolgungsfalle Zwangsmaßnahmen angedroht.

Die namhaft gemachten Juden wurden von der örtlichen Polizei schlagartig verhaftet oder aber da, wo man sich absolut sicher fühlte, von der Judengemeinde selbst an die Bahn gebracht. Vorher fanden einflußreiche Juden noch immer den Weg zu Eichmann, um ihre Befreiung unter dem Hinweis auf ihre Deutschfreundlichkeit und Unentbehrlichkeit für die Kriegswirtschaft zu erwirken.

Die Bahn mußte die Judentransporte unter Fahrtnummern wie Kriegstransporte befördern, so daß Abgangs- wie Durchgangsbahnhöfe nicht das Bestimmungsziel wissen konnten. Die Leitung der Züge lag bei Wehrmachtstransportkommandanturen. Das Begleitpersonal bis zur Reichsgrenze stellte die fremde Polizei, innerhalb des Reichsgebietes dann deutsche Polizei oder Transportbegleitkommandos der Waffen-SS, welche generell für Begleitung von Kriegstransporten aller Art abgestellt waren. Nur bei Verlegungen von einem Lager zum anderen fuhren Angehörige der Wachverbände des betreffenden KZ mit.

Auf diese Weise kamen die Transporte im Vernichtungslager an, ohne daß bis zu diesem Augenblick einer der bisher Mitwirkenden diesen geheimen Zweck des Transports hätte ahnen können. Am Zielbahnhof angekommen, fand die Ausladung in einem abgesperrten Gelände statt, das vorher vom Bahn- und Begleitpersonal verlassen werden mußte. Auch diese Maßnahme konnte nicht auffällig wirken, weil ähnliche Vorsichtsmaßnahmen bei allen Gefangenentransporten aus Sicherheitsgründen üblich waren.

Die Entladung erfolgte durch ein Kommando jüdischer Häftlinge. Hierauf erfolgte eine Aussonderung der Arbeitsunfähigen durch SS-Ärzte, und die Arbeitsfähigen wurden auf LKWs verladen und rollten alsbald mit sehr geringer Bedeckung weiter.

In Auschwitz lag das Vernichtungslager kilometerweit entfernt vom eigentlichen Konzentrationslager.

Die Innensicherung des Vernichtungslagers lag ebenfalls in den Händen einer mit Knüppeln bewaffneten jüdischen Ordnertruppe.

Die Außensicherung vor dem Draht erfolgte durch ukrainisch-baltische SS-Freiwillige.

In dem Vernichtungslager waren die Krematorien äußerlich nicht als solche kenntlich. Man konnte sie durchaus für Großbadeeinrichtungen halten. Das wurde den Ankömmlingen auch gesagt.

Sie kamen dann sofort in einen großen Ankleideraum, in dem wiederum jüdische Häftlinge die Aufsicht führten; für ihre Garderobe bekamen sie eine Marke, dann gingen sie in den Duschraum, der geschlossen wurde. In diesem Augenblick trat ein SS-Mann in einem Gasanzug über einen äußeren Luftschacht und goß eine Büchse mit Blausäure in den Raum. In dem vorerwähnten Raum entwickelte sich das Gas sehr schnell und tötete in Minuten alle.

Nach Entlüftung traten wiederum jüdische Arbeitskommandos in Tätigkeit. Sie durchforschten die äußeren Körperhöhlen nach versteckten Wertsachen und brachen etwaige Goldplomben aus dem Gebiß der Leichen. Sodann wurden diese in einen Nebenraum mittels Aufzug in den Oberstock vor die Krematorien gebracht und durch polnische Häftlinge verbrannt.

Die Mitwirkung von SS-Angehörigen beschränkt sich demnach auf Kommandant, Arzt und Vergaser und Wachtruppe.

Nur der Kommandant, Arzt und Vergaser waren dabei durchweg Deutsche.

Damit war wiederum sichergestellt, daß neben eidlicher Schweigepflicht die sprachlichen Verständigungsschwierigkeiten zwischen der Mehrzahl der Wissenden und der deutschen Bevölkerung bzw. deutschen SS-Angehörigen das Geheimnis schützten. Auf diese Weise ist es durchaus möglich, daß man im Ausland vielleicht mehr von diesen Dingen wußte als in Deutschland selbst.

Zur weiteren Tarnung war es in Auschwitz Brauch, von der Vernichtung jene Juden auszunehmen, welche über Ruf und Beziehungen im Auslande verfügten, wie Rabbiner, Gelehrte, Literaten, Wirtschaftler. Diese wurden gesondert untergebracht und besonders gut behandelt, mit der einzigen Verpflichtung, überall hin nach dem Auslande zu schreiben, wie gut sie es in Auschwitz hätten.

Aus persönlichem Vortrag habe ich später gesehen, daß von den geschilderten Vorgängen selbst Hauptamtchefs keine Ahnung hatten, wie der Chef des Hauptamtes SS-Gericht, SS-Obergruppenführer Breithaupt und mein letzter Gerichtsherr nach meiner Versetzung, der Chef des Rasse- und Siedlungshauptamtes, SS-Gruppenführer Hildebrandt.

Erst recht konnten wegen der unheimlichen Technik andere SS-Angehörige geringeren Dienstgrades, die örtlichen Stapodienststellen und erst gar die Truppe und die Bevölkerung nichts erfahren.

Durch meine Untersuchung ist das Wissen um den KL-Sektor auch nicht Allgemeingut der SS-Gerichtsbarkeit geworden. Ich war zum RSHA kommandiert und arbeitete mit dessen Personal, wobei der Chef des RKPA, SS-Gruppenführer Nebe, für meine Tätigkeit verantwortlich war. Über die Ermittlungen wurde nur der Spitze der SS-Gerichtsbarkeit, SS-Gruppenführer Breithaupt, berichtet. Das wurde erst Mitte 1944 grundsätzlich anders, als die Zuständigkeit ausschließlich auf das Hauptamt SS-Gericht überging und ich meines Auftrages entbunden wurde.

Die hier niedergelegte Aussage gibt den Schlußstand meines Wissens zu diesem Zeitpunkt wieder als Querschnitt durch die mir bekannten KZ.

gez. Dr. Morgen«

Aus der Vernehmung zum Thema »Judenhochzeit von Lublin«:

»*Ra. Pelckmann:* Wie kamen Sie auf die Spuren der Massenvernichtung, wenn Sie eben noch von Einzelvernichtungen gesprochen haben?

Morgen: Ich kam auf die Spuren von Massenvernichtungen ebenfalls durch einen Zufall. Und zwar bekam ich gegen Ende des Jahres 1943 gleich zwei Spuren; von denen führte die eine nach Lublin, die andere nach Auschwitz.

Ra. Pelckmann: Schildern Sie zunächst die Lubliner Spur.

Morgen: Es kam eines Tages zu mir ein Bericht des Kommandeurs der Sicherheitspolizei Lublin. Der Kommandeur berichtete darin: Es habe in seinem Bezirk in einem jüdischen Arbeitslager eine Judenhochzeit stattgefunden. An dieser Judenhochzeit hätten sich 1100 geladene Gäste . . . An dieser . . . Es ist offenbar eine technische Störung.

Ra. Pelckmann: Sprechen Sie weiter, Herr Zeuge, schneller.

Morgen: An dieser Judenhochzeit hätten sich 1100 Gäste beteiligt. Der weitere Verlauf wurde als ganz außerordentlich hinsichtlich des Konsums von Schlemmereien und des Verbrauches von Alkoholika geschildert. Unter diesen . . . Mitten unter diesen Juden hätten Angehörige der Lagertruppe, also irgendwelche SS-Angehörige gesessen und hätten an diesem Treiben teilgenommen.

Dieser Bericht kam erst auf vielen Umwegen nach Monaten zu mir, und zwar deshalb, weil der Kommandeur der Sicherheitspolizei hier Zustände vermutete, die den Verdacht strafbarer Handlungen aufkommen ließen. Dies war auch mein Eindruck, und ich nahm an, durch diesen Hinweis Anhaltspunkte für ein weiteres größeres Korruptionsverbrechen zu erhalten. In dieser Absicht fuhr ich nach Lublin. Ich sprach bei der Sicherheitspolizei vor, konnte aber dort nur den Hinweis erhalten, daß es sich um Vorgänge in einem Lager der ›Deutschen Ausrüstungswerke‹ handle. Dort war nichts davon bekannt. Ich erhielt aber den Hinweis, daß die Möglichkeit bestände, es handle sich hier um – man drückte sich so aus – ein undurchsichtiges oder eigenartiges Lager in der Nähe von Lublin. Ich machte dieses Lager ausfindig und seinen Kommandanten.

Dieser Kommandant war der Kriminalkommissar Wirth. Ich fragte Wirth, ob dieser Bericht zuträfe oder was es damit auf sich habe. Daraufhin gab Wirth zu meinem grenzenlosen Erstaunen diesen Vorfall zu. Ich fragte ihn, wie er dazukomme, insbesondere Angehörige seines Kommandos dazukämen. Daraufhin enthüllte mir Wirth, er habe im Auftrag des Führers die Judenvernichtung durchzuführen.

Ra. Pelckmann: Bitte schildern Sie weiter, Herr Zeuge, Ihre Ermittlungen.

Morgen: Ich fragte den Wirth, was dieser Auftrag mit der jüdischen Hochzeit zu tun habe. Darauf schilderte mir Wirth die Methode, mit der er die Judenvernichtung durchführte. Er sagte mir ungefähr folgendes:

Man muß die Juden mit ihren eigenen Waffen schlagen, das heißt, ich bitte um Verzeihung, daß ich diesen Ausdruck gebrauche, man muß sie bescheißen, das heißt, Wirth baute ein riesiges Täuschungsmanöver auf. Er hat zunächst Juden sich gesucht, die ihm als Kolonnenführer dienlich erschienen. Diese Leute, die Juden, haben dann wieder andere mitgebracht, die unter ihnen arbeiteten. Und mit diesem zunächst kleinen bis mittleren Kommando von Juden hat er begonnen, die Vernichtungslager aufzubauen. Diesen Stab von Juden hat er erweitert, und mit diesen Juden hat Wirth die Vernichtung der Juden selbst durchgeführt. Wirth sprach mir davon, daß er vier Vernichtungslager habe und daß etwa 5000 Juden an der Judenvernichtung und der Erfassung der jüdischen Effekten tätig seien. Um nun diese Juden für dieses Geschäft der Tötung und Ausplünderung ihrer Glaubens- und Rassegenossen zu gewinnen, hat Wirth ihnen jegliche Freiheiten gegeben und sie sozusagen an der Ausbeutung der toten Opfer finanziell beteiligt. Als Folge dieses Verhaltens war es dann auch zu dieser fürstlichen Judenhochzeit gekommen.« [86]

Das Ergebnis dieser Vernehmungen war in Nürnberg schon viele Monate vor der Urteilsverkündung bekannt. Die Nürnberger Richter wußten:

1. Die Judenliquidierungen sind so streng geheimgehalten worden, daß selbst die obersten SS-Richter erst Ende 1944 auf diese Verbrechen stießen und bis dahin weder einen Befehl zur Massenvernichtung noch deren Umfang erkennen konnten. Wie durfte man dann eine solche Kenntnis beim deutschen Volk und seiner Wehrmacht voraussetzen und dennoch deutsche Organisationen, die Hunderttausende von Mitgliedern umfaßten, kollektiv verurteilen?

2. Erst nach monatelangem Aufenthalt in mehreren KZ's konnte die Untersuchungskommission auf verbrecherische Tatbestände stoßen, die sich an Umfang und verbrecherischem Charakter nicht annähernd mit den später bekannt gewordenen geheimen Judenvernichtungen vergleichen lassen. Dennoch wurden diese Untaten sofort, und zwar mitten im Kriege, verfolgt und bestraft.

3. Gegen bekannte Beteiligte an der Durchführung der Judenliquidierung wurde nicht erst durch die Alliierten, sondern bereits im letzten Kriegsjahre durch die SS-Gerichtsbarkeit vorgegangen: Gegen den Auschwitzkommandanten Höss und gegen Eichmann liefen bereits vor 1945 Ermittlungen.

Und Hitler?

Der ehemalige Reichsaußenminister von Ribbentrop schreibt angesichts des Todes, Hitler habe sich schließlich in einen starrsinnigen antisemitischen Fanatismus verrannt. »Aber nie bis zum 22. April 1945, als ich ihn zum letztenmale in der Reichskanzlei sah, hat er auch nur mit einem Wort von der Tötung der Juden gesprochen.« Er, Ribbentrop, könne es auch heute noch nicht glauben, daß der Führer die Judentötungen angeordnet habe, sondern nähme an, »daß er von Himmler vor vollendete Tatsachen gestellt wurde«.[89]

50 Jahre nach dem Nürnberger Prozeß schreibt der österreichische Historiker Wolfgang Neugebauer, ein Anhänger der Siegerjustiz und Gegner jeder revisionistischen Tendenz: »Ein Befehl Hitlers zur Vernichtung der europäischen Juden wurde in schriftlicher Form höchstwahrscheinlich nicht gegeben und kann daher auch nicht aufgefunden werden« (»Wahrheit und Auschwitzlüge«, Deuticke Verlag 1995).

Wie aber kam es dann zu den Vernichtungsexzessen, die es den Anklägern in Nürnberg erleichterten, praktisch die gesamte deutsche Führung wie Massenmörder zu behandeln? Offiziöse Historiker (wie z. B. Martin Broszat und Hans Mommsen) verneinen die Vorstellung, daß Hitler und die NS-Führung von Anfang an die Intention hatten, die Juden zu ermorden, und nach einem Plan vorgingen. Die NS-Judenpolitik sei improvisiert und unsystematisch gewesen. Anstelle eines Plans und einer einheitlichen Befehlsgebung hätten Ad-hoc-Maßnahmen die jeweilige Situation bestimmt. Aus der Deportation der Juden nach Osten seien zahlreiche Schwierigkeiten entstanden (Ernährungsmangel, Seuchen, Unterbringungsraum), so daß lokale NS- und SS-Stellen »Eigeninitiative« ergriffen hätten.

Mommsen spricht von »selbstinduziertem Automatismus« und einem Prozeß »kumulativer Radikalisierung«, wobei der Kommissarbefehl nach und nach auf jüdische Bevölkerungsteile ausgedehnt worden sei.

Es darf nicht vergessen werden, daß auf deutscher Seite, insbesondere bei Hitler, die Vorstellung herrschte, das »Weltjudentum« habe den Krieg gewollt und ausgelöst, sei also hauptverantwortlich für millionenfaches Leid und millionenfachen Tod. Diese Vorstellung prägte das Denken und Handeln vor allem auf den östlichen Kriegsschauplätzen, wo jüdisch-kommunistische Propagandisten wie der berüchtigte Ilja Ehrenburg (»Töte den Deutschen!«) Öl in das Feuer des Hasses gossen.

Wir verdanken dem Historiker Dr. Joachim Hoffmann vom Militärgeschichtlichen Forschungsamt der Bundeswehr den Hinweis, daß jener Ilja Ehrenburg bereits am 4. Januar 1945 – also fast einen Monat, bevor die Rote Armee Auschwitz erreichte – öffentlich von sechs Millionen ermordeten Juden sprach, um nochmals den Haß auf die Deutschen zu schüren (Hofmann: »Stalins Vernichtungskrieg 1941—1945«,

Verlag für Wehrwissenschaften, München 1995). Im Westen wertete man diese Zahl zunächst als reine Sowjetpropaganda. Erst im Nürnberger Prozeß wurde sie festgeschrieben.

Der unerbittliche Gegensatz von Nationalsozialismus und Judentum hatte schon zu Friedenszeiten die Schlagzeilen beherrscht.

Der in Nürnberg angeklagte Hans Fritzsche mußte freigesprochen werden, obgleich er in seiner Verteidigung in aller Offenheit erklärt hatte, für ihn sei die jüdische Kriegshetze »eine der Hauptwurzeln des Krieges«. Jüdische Emigranten hätten gleich nach 1933 als erste betont, ein Krieg gegen das nationalsozialistische Deutschland sei notwendig. Als Beweis nannte er Emil Ludwig und Georg Bernhard und sein Pariser Tageblatt.[90]

Eine der ersten jüdischen Kriegserklärungen veröffentlichte »Daily Express« am 24. März 1933:

»Das israelitische Volk der ganzen Welt erklärt Deutschland wirtschaftlich und finanziell den Krieg.

Das Auftreten des Hakenkreuzes als Symbol des neuen Deutschlands hat das alte Streitsymbol Judas zu neuem Leben erweckt.

14 Millionen Juden stehen wie ein Mann zusammen, um Deutschland den Krieg zu erklären.

Der jüdische Großhändler wird sein Haus verlassen, der Bankier seine Börse, der Kaufmann sein Geschäft und der Bettler seine Elendshütte, um sich in einem heiligen Kriege gegen die Leute Hitlers zusammenzuschließen.«

Zwei Wochen vor Kriegsbeginn hat nicht irgendein Emigrant, sondern der Präsident der Jewish Agency, Chaim Weizmann, im August 1939 auf dem 25. Zionisten-Kongreß in Genf die Beteiligung des Judentums am kommenden Weltkrieg angedroht. Die Juden seien bereit, »im kommenden Weltkrieg zur Verteidigung der Demokratie« mit England zusammenzuarbeiten. Weizmann hat diese von ihm veranlaßte »Beistandserklärung des Kongresses« der englischen Regierung schriftlich und mündlich übermittelt.

Nochmals bekräftigte Weizmann den jüdischen Kriegswillen und die Bereitschaft, die jüdische Macht dem Kriegskabinett zu unterwerfen! In seiner Note vom 29. 8. 1939 versicherte er dem britischen Premier Chamberlain:

»Ich wünsche in nachdrücklichster Form die Erklärung zu bestätigen, daß wir Juden an der Seite Großbritanniens stehen und für die Demokratie kämpfen werden. Aus diesem Grunde stellen wir uns in den kleinsten und größten Dingen unter die zusammenfassende Leitung der britischen Regierung. Die jüdische Vertretung ist bereit, in sofortige Abkommen einzutreten, um alle menschlich-jüdische Kraft, ihre Technik, ihre Hilfsmittel und alle Fähigkeiten nützlich einzusetzen.« [91]

In seinem Dokumentarwerk »Die verheimlichte Wahrheit – Theresienstädter Dokumente« bestätigt der jüdische Autor H. G. Adler, daß die »Jewish Cronicle« vom 8. 9. 1939 die gleiche Erklärung in ihrem wesentlichen Inhalt wiederholt hatte.

Adler kritisiert an der Erklärung, daß Weizmann hier im Namen aller Juden handelte, wozu er nicht autorisiert gewesen sei. Das sei kein diplomatisches Meisterstück gewesen; er habe dem nationalsozialistischen Staat eine willkommene Waffe zugespielt, als Hunderttausende und vier Wochen später Millionen von Juden in seiner Gewalt waren:

»Am beklagenswertesten ist dabei die Kurzsichtigkeit, mit welcher der Glaube an eine einheitliche jüdische Weltmacht genährt wurde, die dem Nationalsozialismus als Erzfeind vorschwebte.« [92]

Adler bestätigt zugleich, daß Weizmann diese verhängnisvolle Note bereits 5 Tage vor Kriegsbeginn, am 29. August 1939, gesandt habe. Weizmann mußte also schon vor der englischen Kriegserklärung den britischen Kabinettsentschluß vorausgesetzt haben. Oder er wollte durch sein Angebot den englischen Kriegswillen zur Entscheidung drängen.

Der «Daily Herald« Nr. 7450/39 kann dann rechtzeitig triumphieren:

»Die Juden in ihrer Gesamtheit betrachten diesen Krieg als einen heiligen Krieg.«

Die Tatsache der jüdischen Kriegserklärung ist so eindeutig, daß sie auch im Eichmann-Prozeß durch den Richter Halevy bestätigt werden mußte:

»Es gab tatsächlich eine Erklärung von Professor Chaim Weizmann aus dem Jahre 1939, die man als Kriegserklärung des Judentums an Deutschland verstehen konnte.« [93]

Natürlich ergibt sich aus jüdischen Drohungen und Kriegserklärungen keine Rechtfertigung für die Verbrechen an wehrlosen Zivilisten, wie sie durch Einsatzgruppen und in Konzentrationslagern geschehen sind. Will man aber Ursachen und Hintergründe der Haß-Eskalation verstehen, auch begreifen, weshalb einzelne deutsche Befehlshaber ihre Macht kriegsverbrecherisch mißbrauchten, darf man nicht den Eindruck erwecken, dies alles sei quasi in einem luftleeren Raum geschehen.

In Nürnberg durfte über den Zusammenhang von Ursachen und Wirkungen, von gegenseitigen Verstrickungen und Irrtümern, von Kausalitäten nicht gesprochen werden. Allein die Besiegten standen als Kriegstreiber und Verbrecher da. Ihre Handlungen wurden aus dem Kontext gelöst und sind deshalb für die nachwachsenden Generationen überhaupt nicht zu begreifen. Schon von daher kann aus dem Nürnberger Tribunal nichts für den Frieden der Menschheit gelernt werden.

Julius Streicher:

Angespuckt, geschlagen, verhöhnt

Handschriftlich berichtete Julius Streicher, Ex-Herausgeber des »Stürmer«, seinem Verteidiger Dr. Hanns Marx über die Erlebnisse nach der Gefangennahme:

»In rasender Fahrt über Reit im Winkl nach Berchtesgaden. Verhöhnung vor den Presseberichtern (4/5 Juden). Film. Gefängnis in Salzburg. ›Jetzt haben wir ihn! Das ist Julius Streicher!‹ Jüdische Offiziere: ›Du Hund, du Schwein! Wie ich 10 Jahre alt war, hast du mich im STÜRMER gehabt wegen Rassenschande! Hände her!‹ Meine Hände kamen in ein eisernes Schloß. Die ganze Nacht hindurch Verhöhnung durch Juden. Starke Bewachung, kein Essen. Um Mitternacht eine Frauenstimme: ›Sie sind Julius Streicher?‹ Ich: ›Es ist, wie Sie sagen!‹ Am nächsten Tag mit Epp im Lastauto über München nach Freising. Man hatte mir nur Hemd und Hose gelassen. Ich fror fürchterlich. In Freising in einer Gefängniszelle nach Norden. (Das) Fenster war herausgenommen, damit es noch kälter war. Zwei Neger entkleideten mich und zerrissen das Hemd in 2 Teile. Nur die Unterhosen behielt ich da. Da (ich) aber gefesselt (war), konnte ich sie nicht mehr emporziehen, wenn sie auf den Boden fiel. So war ich nun nackt. 4 Tage! Am 4. Tag war mein Körper so erkältet, daß er empfindungslos war. Ich hörte nichts mehr. Alle 2—4 Stunden (auch nachts!) kamen die Neger und marterten mich unter dem Kommando eines Weißen. Mit Zigaretten brennen auf die Brustwarzen. Mit Fingern drücken in die Augenhöhlen. Ausreißen von Haaren aus den Augenbrauen und Brustwarzen. Schlagen mit Lederpeitsche auf Geschlechtsteil. Hoden stark angeschwollen. Anspeien! ›Mund auf!‹ Hineinspeien. Als ich den Mund nicht mehr aufmachte, Öffnen mit Holzstab und – Hineinspeien. Schläge mit der Peitsche: sofortige blutunterlaufene, geschwollene Stellen

am ganzen Körper. Werfen an die Wand. Faustschläge auf den Kopf. Werfen auf den Boden. Schwere Kette auf den Rücken. Als ich mich weigerte, (die) Füße der Neger zu küssen, Fußtritte (und) Peitschenschläge. Als ich mich weigerte, verfaulte Kartoffelschalen zu essen, neue Schläge, Anspeien, Brennen! Als ich mich weigerte, aus der Pißschale im Abort zu trinken, neue Peinigungen. Jeden Tag jüdische Presseleute. Aufnahmen nackt! Verhöhnung mit altem Soldatenmantel, den man mir umhängte. ›Nun, wie lange glauben Sie, daß Sie noch zu leben haben?‹ Keine Liegemöglichkeit, keinen Stuhl. Immer wieder lag ich zusammengebrochen am Boden mit gefesselten Händen. 4 Tage ohne Unterbrechung gefesselt. Konnte keine Notdurft verrichten. Ich gab keinen Schmerzenslaut von mir. Immer wieder dachte ich an meine Adele! Am 4. Tag nachmittags Abtransport mit Epp, Gaul, Bohle und einem jungen Engländer (Nationalsozialist) nach Wiesbaden. Ich glaubte, es ginge zur Hinrichtung und sagte: ›Ich hätte nie gedacht, daß man sich auf den Tod so freuen könnte.‹ Über Nürnberg, Frankfurt nach Wiesbaden . . . am 5. Tag noch immer gefesselt. (Der) Stellvertretende Gefängnisdirektor (Zahnarzt) zu Bohle: ›Warum ist dieser Mann gefesselt?‹ Als Bohle sagte . . ., daß ich seit 4 Tagen gefesselt sei, war er empört und nahm mir sofort das Schloß ab. Von den Gelenken lief Blut (und) Eiter. Ich konnte die Hände nicht mehr bewegen. Erst nach 1 Minute kam wieder Gefühl in sie und erst seit Wiesbaden sind sie wieder ganz gebrauchsfähig. Am nächsten Tag Verhör vor 20 Juden durch den Gefängnisdirektor (Jude). Nach dem Verhör kam er in die Zelle mit ernster Miene: ›Haben Sie einen Wunsch?‹ ›Ich bin Gefangener und habe keine Wünsche!‹ ›Ich meinte nur: Sie haben mir gefallen. Sie sind der einzige Gefangene, der zu seiner Sache steht. Alle Achtung.‹ Von Wiesbaden in das Lager Mondorf in Luxemburg. Ende August nach Nürnberg.«

Das handschriftliche Original dieses Berichtes ist im Besitz des Historikers Prof. Dr. Werner Maser.

V

Mörder als Ankläger

Man treibt vor dem Internationalen Militär-Tribunal den größten Aufwand an Zeugen und Dokumenten, den die Rechtsgeschichte kennt; nur in der Motivforschung verhält man sich bescheidener als im gewöhnlichsten Strafprozeß.

Die erste Voraussetzung für ein annähernd gerechtes Urteil über Kriegs- und Humanitätsverbrechen hätte eine Prüfung der Frage sein müssen: Wie kam es zu dem entscheidenden Unterschied zwischen der Kriegsführung im Osten und im Westen?

Warum hat die Wehrmacht, die sich in Frankreich, in Nordafrika und im Luft- und Seekrieg streng an die überlieferten Kriegsgesetze hielt, gegen den bolschewistischen Osten ungleich härter und auch unter Verletzung bis dahin geltender Kriegsregeln gekämpft?

Dazu muß man zunächst wissen, daß die Sowjetunion weder der Haager Landkriegsordnung noch der Genfer Konvention beigetreten war. Sie verweigerte jede Bindung an humanitäre Schutzgesetze. Stalin wollte bei seinen vielfältigen Ausrottungsfeldzügen gegen mißliebige Bevölkerungsgruppen und benachbarte Nationen freie Hand haben. Auf deutscher Seite gab man sich keinen Illusionen hin. Man wußte, mit welchen Methoden die Sowjets ihr Imperium aufgebaut hatten und auf welchen Leichenbergen Stalin und die kommunistische Führung thronten. Hitler war überzeugt, Terror nur mit Terror brechen zu können. Dies hatte er auch innenpolitisch wiederholt erklärt. Aus dieser Vorstellung resultierten der Kommissarbefehl und die Schaffung von

Einsatzgruppen hinter der Front. Trotzdem erfuhr die deutsche Öffentlichkeit davon so gut wie nichts.

Bei seiner Vernehmung schildert Feldmarschall Keitel, wie bereits bei der Ansprache Hitlers vor den Generalen am 14. Juni 1941 klargestellt wurde, daß für den Ostfeldzug in der Kriegsführung, so, wie sie die deutschen Soldaten bisher kannten und für völkerrechtlich richtig hielten, ein völlig anderer Maßstab angelegt werden müsse. »Mit diesen Mitteln sei der Krieg dort nicht zu führen. Es sei ein ganz neuer Krieg, auf ganz anderer Voraussetzung.« [2]

In seiner Denkschrift über die Befehlsverhältnisse im Osten hat Keitel den Zwang zu härteren Kriegsmethoden dargestellt und nachgewiesen, daß Himmler und Heydrich und nicht der Oberbefehlshaber des Heeres mit Antiterror beauftragt worden seien. Die gesamten Folgen, die sich aus der Ermächtigung Himmlers im Osten entwickelten, seien aber vorher auch ihm nicht bekannt gewesen, sonst »hätte in diesem Falle erstmalig die führende Generalität dagegen eindeutig Protest erhoben . . .« [3]

Wie notwendig diese Unterscheidung war, zeigt die Urteilsbegründung, in der aus einem Gestapo-Befehl vom 17. Juli 1941 die Aufgaben der Einsatzgruppen festgestellt wurden. Als »auszuscheidende Elemente« sind genannt: »Insbesondere Berufsrevolutionäre, bedeutende Funktionäre der Partei und des Staates, Politkommissare . . . die sowjetischen Intelligenzler, alle Juden, alle Personen, die als Aufwiegler oder fanatische Kommunisten festgestellt werden.« [4]

Generalfeldmarschall von Manstein lehnt zwar den Kommissarbefehl ab, da er der militärischen Tradition widerspräche. Unmißverständlich hat er jedoch die Gefährlichkeit der Kommissare erkannt. Manstein schreibt in seinen Erinnerungen: »Die Kommissare waren vielmehr – ohne Soldaten zu sein – fanatische Kämpfer, und zwar Kämpfer, deren Tätigkeit im überlieferten Sinne der Kampfführung nur als illegal angesehen werden konnte. Ihre Aufgabe war es nicht nur, die sowjetischen militärischen Führer zu überwachen, sondern vielmehr dem Kampf äußerste Härte zu geben und einen Charakter, der den bisherigen Auffassungen über soldatische Kriegsführung widersprach. Tatsächlich sind es auch die Kommissare gewesen, denen in erster Linie diejenigen Methoden des Kampfes und der Behandlung Gefangener zuzuschreiben waren, die im krassen Gegensatz zu den Bestimmungen der Haager Landkriegsordnung standen.« [5]

Bei der Vernehmung durch den englischen Ankläger Roberts meint Generaloberst Jodl, die zur Eroberung zur Verfügung stehenden Truppen reichten bei der Weite der Räume nicht aus, um alle Widerstände durch juristische Bestrafung der Schuldigen zu ahnden. Die Besatzungsmacht müsse darum »jenen Schrecken verbreiten, der allein geeignet ist, der Bevölkerung jede Lust zur Widersetzlichkeit zu nehmen«.

Jodl: »Zur Bekämpfung dieses Franktireurkrieges sind keine völkerrechtlichen Mittel festgesetzt, sondern hier heißt es: ›Auge um Auge, Zahn um Zahn‹. Und das ist nicht einmal ein deutscher Grundsatz.«

Zu berücksichtigen ist, daß trotz der furchtbaren Barbarisierung des Krieges im Osten und später auch im Westen die deutsche Wehrmacht an der Genfer Konvention festgehalten hat. Erst als die Grausamkeiten des Partisanenkrieges und des Bombenterrors alle Kriegsgesetze aufzuheben drohten, hat Hitler im Frühjahr 1945 die Frage aufgeworfen, ob Deutschland nicht jetzt ebenfalls aus der Genfer Konvention austreten solle. Dieser Plan scheiterte am Widerspruch der obersten Wehrmachtsführung. Hitler bezeichnete damals »die feindliche Kriegsführung im Osten und die Bombenangriffe auf die deutsche Zivilbevölkerung als völlige Absage an das Völkerrecht auf der Gegenseite und wollte sich nun auch seinerseits durch den Austritt aus der Genfer Konvention von allen Bindungen lösen«. Wie Flottenrichter Kranzbühler nachweist, haben sowohl Großadmiral Dönitz wie Generaloberst Jodl und andere hohe Offiziere diesen Plan abgelehnt, der dann auch fallen gelassen wurde.[7]

Daß sich die Entartungserscheinungen des Krieges vor allem auf den Osten beschränkten, beweist auch die Tatsache, daß man z. B. den Oberbefehlshaber der Kriegsmarine nicht wegen Begehung von Humanitätsverbrechen verurteilen konnte. Widerstände gegen den Kommissarbefehl entstanden in der Kriegslage im Osten nicht nur aus humanen oder kriegsrechtlichen Erwägungen. Das Bekanntwerden des Befehles konnte sich auch militärisch nachteilig auswirken, weil er die Kommissare und Politruks veranlassen mußte, ihr Leben so teuer wie möglich zu verkaufen, bis zum Äußersten Widerstand zu leisten und die ihnen unterstellten Rotarmisten schonungslos zu opfern.

Generaloberst Jodl bestätigt als Zeuge am 5. Juni 1946, daß der im Frühjahr 1942 erlassene Kommissarbefehl später aufgehoben wurde: »Alle Offiziere, die ich gesprochen habe, hielten diesen Befehl erstens für menschlich abzulehnen und zweitens für praktisch falsch.« Er habe Hitler diese Gründe dargelegt, der ihm damals erklärte: »Wenn Sie das nicht glauben, was ich hier sage, dann lesen Sie mal die Meldungen der Abwehr nach, die wir über das Verhalten der russischen Kommissare in den besetzten baltischen Staaten bekommen haben. Dann werden Sie ein Bild bekommen, was von diesen Kommissaren zu erwarten ist.« [8]

Stalins Partisanen

Mit erhöhtem Stimmaufwand diffamiert Sir Hartley Shawcross am 27. Juli 1946 die deutsche Wehrmacht:

»Ich komme nun zu dem Angriff auf die Partisanen. Falls noch irgendwelcher Zweifel darüber besteht, daß die deutsche Wehrmacht nicht von ehrenwerten Soldaten, sondern von gefühllosen Mördern befehligt wurde, so muß dieser Zweifel angesichts des Beweismaterials für die erschreckende Unbarmherzigkeit schwinden, mit der man die Partisanen niederzukämpfen suchte . . .« [9]

Diese sogar Vansittart noch überbietende Beschuldigung der gesamten deutschen Führung wird erhoben ohne jede Untersuchung der Ursachen, die zum Partisanenkrieg und seinen entsetzlichen Folgen für Soldaten und Zivilisten geführt haben. Shawcross hätte bei einem solchen Versuch bis zu Karl Marx zurückgehen können. Marx war nicht nur der erste Prophet des Bolschewismus: Er hat auch den früher hin und wieder aufgetretenen Franktireur-Krieg als einen ganz neuen und gefährlichen Weg empfohlen, den Krieg in die Massen zu tragen. 1849, also noch in der Zeit des frontalen Infanteriekrieges und der Kavallerie-Attacken, fordert er bereits den Krieg der »Partisanen«, durch den fana-

Um sie körperlich und geistig zu zermürben, durften die Nürnberger Angeklagten nur mit dem Gesicht zur Tür schlafen. Ein Scheinwerfer beleuchtete nachts ihren Kopf. Vor jeder Zellentür stand ein Bewacher, der durch ein vergittertes Loch den jeweiligen Häftling unablässig beobachtete. Auch nächtens wurde in den Gängen herumgelärmt. Übermüdete Angeklagte konnten der Verhandlung nicht mehr folgen, schliefen dabei ein – was in der Presse dann als »gewissenloses Desinteresse« verkauft wurde.

tische Einzelkämpfer einen zahlenmäßig überlegenen, nach den alten Kriegsregeln kämpfenden Feind im Rücken bedrohen können.

So läßt sich eine Entwicklungslinie ziehen, die bei Karl Marx beginnt und bei Mao Tse-tung zum bisher mächtigsten Einsatz gesetz- und regelwidriger Kriegsmethoden führt. Ihre praktische Bewährung auf asiatischem Boden hat Mao Tse-tung auch theoretisch fundiert. Er gilt im kommunistischen Lager geradezu als »Clausewitz des Partisanenkrieges«. In einer schmalen Broschüre über »Probleme der Strategie des Partisanenkrieges gegen Japan« hat er schon 1938 die Methoden des Bandenkrieges geschildert und prophezeit, »der Partisanenfeldzug, wie er heute in China geführt wird, hat kein Vorbild in der Geschichte. Sein Einfluß wird sich nicht auf China beschränken, sondern sich in der ganzen Welt bemerkbar machen.«

In der Theorie dieses Krieges, der alle überlieferten Gesetze und Schutzbestimmungen bricht und auf die primitivsten Urformen der Menschenvernichtung zurückgreift, soll Mao auch der Lehrer Stalins gewesen sein. Wahrscheinlich aber fand sich Stalin durch Mao nur in seinen eigenen Plänen und Erfahrungen bestätigt. Im Kampf gegen die Weiße Armee und im kommunistischen Untergrund waren diese Methoden längst vorbereitet; sie mußten nur noch technisch perfektioniert werden. Die Verbindung von Spionage, Sabotage und Meuchelmord mit moderner Strategie und Taktik wurde dann zur Wunderwaffe der Roten Armee. Am 3. Juli 1941 rief Stalin über den Moskauer Rundfunk dazu auf, den Krieg in die Zivilbevölkerung zu tragen und mit Hilfe der Zivilbevölkerung zu führen. Am 1. Mai 1942 verschärfte er diesen Befehl:

»Unsere Kämpfer sind böser und erbarmungsloser geworden. In allen vom Feind besetzten Gebieten ist die Sabotage in der Kriegswirtschaft, die Sprengung deutscher Depots, die Vernichtung deutscher Transportzüge und die Tötung deutscher Soldaten und Offiziere zur täglichen Erscheinung geworden.

Ich befehle den männlichen und weiblichen Partisanen, unter dem siegreichen Banner des großen Lenin den Kampf im Rücken der Eindringlinge noch zu verstärken, die Nachrichten- und Transportmittel des Feindes zu zerstören und die Stäbe und die technischen Mittel des Feindes zu vernichten.«

1942 erschien auch das sowjetische »Handbuch für Partisanen« mit genauen Anweisungen für den meuchelmörderischen Krieg, mit der

Preisgabe aller zivilen und militärischen Unterschiede, ohne Rücksicht auf die Zivilbevölkerung. Bei jedem sowjetischen Armee-Oberkommando wurde ein Partisanenstab gebildet und in Moskau ein Generalstab des Partisanenkrieges.

Unter der Führung radikaler Kommunisten gelang es den sowjetischen Partisanen, rund 500 000 deutsche Soldaten, Offiziere und Polizeibeamte und russische Antikommunisten zu vernichten.

Der sowjetische Generalleutnant Ponomarenko hat sich dieser »Erfolge« wiederholt gerühmt. Noch auf dem Historikertag in Moskau im Juni 1965 hat er – kennzeichnenderweise später russischer Kultusminister – mit den Morden der Partisanen geprahlt, die durch ihre Verbindung mit dem Kommunismus den wahren »Volkskrieg« entwickelt hätten.

Die deutsche Wehrmacht war für diesen Bandenkrieg aus dem Hinterhalt, der allen ihren Überlieferungen widersprach, nicht vorbereitet. General Buttlar-Brandenfels, Abteilungschef im OKW, bekundet bei der Vernehmung durch Prof. Jahreiss, daß erst im Herbst 1942 eine kurze, allerdings lückenhafte Anweisung für die Bandenbekämpfung herausgegeben worden sei. »Wir hatten damals noch verhältnismäßig wenig Erfahrungen, und da der Bandenkampf im Frieden nicht vorgesehen war, war es natürlich, daß erst weitere Erfahrungen nachher gesammelt werden mußten.«

Auf die Frage, ob der Bandenkrieg zur Ausrottung der Juden und Slawen bestimmt gewesen sei, antwortete von Buttlar-Brandenfels, davon sei nie etwas bekannt geworden: »Diese Auslegung hätte ja auch der Absicht der militärischen Führung vollkommen widersprochen.« Sie hätte ein ausgesprochenes Interesse daran gehabt, hinter allen Fronten ein befriedetes Land und eine produktive Bevölkerung zu haben. *Jeder Soldat, der in den Bandenkrieg verwickelt werden mußte, habe dringend an der Front gefehlt.*[10]

Jüdische Partisanen

In die Partisanenbekämpfung spielte die Judenfrage nicht nur ideologisch, sondern praktisch hinein. Denn es gab auf sowjetischer Seite eigene jüdische Partisanengruppen, die sich angesichts des NS-Antisemitismus besonders brutal und rücksichtslos aufführten. Jüdische Autoren berichten: »Die Juden waren unter den ersten, die zur Partisanenbewegung aufriefen. Sie übernahmen die Führung im organisierten Guerillakampf, als noch umherirrende Banden ohne klar bestimmte Aufgaben in den Wäldern umherstreiften.« Nach jüdischen Berichten vollbrachte das jüdische Partisanentum eine Pionierleistung, die Freund und Feind beeindruckte und durch Begeisterung, Entschlossenheit und Beharrlichkeit zu großen Erfolgen im Partisanenkampf führte. (Wir folgen hier den Darstellungen von Salomon Schwarz »The Yews in the Soviet Union« und von Josef Tenenbaum »Underground, the Story of a People«.)

Besonders in den Gebieten Weißrußlands, zwischen Szczara und Memel, im Raum von Nowogrodek, in den Gebieten von Slonim, Wilejka und Baranowitschi und den Pripjet-Sümpfen traten jüdische Partisaneneinheiten und Partisaneneinheiten unter jüdischer Führung durch entschlossene Kampfhandlungen in Erscheinung.

Mit der Begründung, eine Rekrutierung nach ethnischen Gesichtspunkten entspräche nicht der kommunistischen Lehre, versuchte der Stab der zentralen Partisanenbewegung in Moskau, geleitet von Woroschilow, dem der weißrussische Partisanenstab unter Ponomarenko, der ukrainische unter Chruschtschow und der Kuban-Stab unter Ignatow unterstanden, die jüdischen Partisaneneinheiten in nichtjüdische Einheiten zu integrieren. Zahlreiche jüdische Partisaneneinheiten wurden geschlossen in nichtjüdische eingegliedert.

Um eine Diskriminierung zu vermeiden, wurden die bisherigen bewährten jüdischen Partisanenführer in Stabsstellungen und Kommandostellen der Partisanenbrigaden eingesetzt. Besonders zahlreich war die Beförderung in Kommissarsstellungen und die Übertragung von Sonderdiensten wie Diversions-, Spionage- und Minenabteilungen. Andere jüdische Einheiten wurden aber zu keiner Zeit integriert und behielten ihre bisherige Selbständigkeit.

Die Brigade Woroschilow wurde von Ephraim Bakalczuk, einem Juden, zusammen mit dem Ukrainer Maxim Misura aufgestellt. Chef des

Stabs dieser Brigade war Alek Abugow, ebenfalls Jude, der später Kommandeur der Spionageabteilung der ganzen Brigade wurde. Der größte Teil der Brigade »Zhukov«, die im Gebiet von Nowogrodek operierte, bestand aus jüdischen Partisanen. Geführt wurde diese Brigade von dem Russen Boshenko Kapuctin. Da Kapuctin für die jüdischen Partisanen angeblich keine Waffen zur Verfügung hatte, mußten sich diese ihre Waffen selbst beschaffen, indem sie Deutsche töteten. Diese jüdische Gruppe wurde in kurzem der Schrecken der Deutschen.

Auch in der großen Partisanenbrigade von Kowpak, einem Zigeuner, spielten jüdische Partisanen eine beträchtliche Rolle. Diese Brigade zog nach Operationen im Gebiet zwischen Putivl, Konotop und Brjansk bis zu den Karpathen und wieder zurück nach Podolien und Weißrußland. Ungeheure Feuersbrünste, niedergebrannte Orte und Ölbunker, zahlreiche getötete Deutsche und Landeseinwohner waren das Ergebnis dieser Unternehmungen.

Die erwähnte Aufteilung jüdischer Partisanengruppen auf nichtjüdische Einheiten hatte nach Berichten jüdischer Quellen ein Anwachsen des Antisemitismus zur Folge.

Dies führte dazu, »daß nichtjüdische Einheiten den jüdischen Gruppen gerade die gefährlichsten Kampfaufträge erteilten. Traten Mißerfolge ein, dann wurden sie den Juden angelastet. Erfolge jüdischer Einheiten wurden Nichtjuden zugeschrieben.«

Feldmarschall von Manstein erklärt am 10. August 1946 zur Partisanenabwehr: »Wenn in dem ersten Teil (des Befehls vom 20. November 1941) von dem Kampf gegen das (jüdisch-bolschewistische) System und von der Ausrottung des Systems die Rede ist, und von dem Kampf gegen die Juden als Träger der Partisanenbewegung, so hatte dies letzten Endes seine sachliche Berechtigung.« [11]

Prof. Exner stellt am 19. 7. 1946 den Anklägern die Wirklichkeit des Ostkrieges gegenüber. Das Partisanenwesen habe gegenüber der Zeit des Ersten Weltkrieges geradezu unvorstellbare Ausmaße angenommen. Der Bandenkrieg sei für die kämpfende Truppe zu einer ungeheuren Gefahr geworden. Zur Abwendung dieser Gefahr habe das alte Völkerrecht keinerlei irgendwie ausreichende Regeln vorgesehen. Der beherrschende Grundsatz der Bekämpfung mußte »die Sicherheit der kämpfenden Truppe um jeden Preis sein«. Armee wie Besatzungsverwaltung hätten sowohl die Pflicht wie das Recht gehabt, strengste Repressiv- und Präventivmaßnahmen anzuwenden: »bis zur Grenze der Zumutbarkeit und Menschlichkeit.«

Partisanen im Westen

Der französische Hilfsankläger Quartre schildert die Wirkung und Gegenwirkung des Heckenschützenkrieges im Westen und zitiert aus einer Broschüre der Wehrmacht, die allerdings erst am 6. Mai 1944, drei Jahre nach Beginn des Partisanenkrieges, erschienen ist:

»Das Überholen bandenverdächtiger Dörfer erfordert Erfahrung. SD- oder GFP-Kräfte sind heranzuziehen. Die wirklichen Bandenhelfer müssen erkannt und mit aller Härte gefaßt werden. Kollektivmaßnahmen gegen die Einwohnerschaft ganzer Dörfer dürfen nur in Ausnahmefällen und ausschließlich durch Divisionskommandeure oder SS- und Polizeiführer angeordnet werden. . .«

Quartre unterschlägt nur die Tatsache, die jeder Teilnehmer des Westfeldzuges beschwören kann, daß der Kampf in Frankreich überwiegend in ritterlich-soldatischen Formen geführt wurde, ja sich zwischen Bevölkerung und Truppe in kurzer Zeit ein nahezu freundschaftliches Verhältnis entwickelt hatte. Erst als englische Agenten Terror und Sabotage organisierten und sich mit kommunistischen Partisanen verbündeten, verschlechterte sich das Klima.

Auch die Führung des Bandenkrieges im Westen lag in erster Linie in den Händen fanatischer Kommunisten, die auf diese Weise die terroristischen Methoden des Ostens auf den Westen übertrugen. Wie Professor Bardèche bestätigt, trifft die Verantwortung für diese schmutzige Kriegsführung die westlichen Bundesgenossen Stalins:

»Das alliierte Oberkommando behauptete kurz vor der Invasion, daß es ganz Westeuropa in einen Zustand dauernder Erhebung verwandeln werde. Nur zwischen Minen und Hinterhalten würden sich die deutschen Truppen bewegen können. Jeder Schritt würde ihnen den Tod bringen. Jeder Busch werde einen Freischärler bergen, jeder Heuschober sei dann ein Hinterhalt, jede Wegbiegung verberge einen Kampfplatz.« [12]

Badoglios Kommunisten

Noch stärker war der Einfluß der Kommunisten im italienischen Bandenkrieg. Im offenen Kampf, betont Verteidiger Laternser, habe der deutsche Soldat Erstaunliches an kämpferischer Haltung gezeigt. »Aber dem heimtückischen, hinterlistigen Kampf im rückwärtigen Gebiet gegen einen nicht soldatisch, sondern zivilistisch getarnten und deshalb nicht erkennbaren Feind geht er aus dem Wege.« [13]

Marschall Kesselring schreibt in seinen Erinnerungen, im Bandenkrieg hätten sich die verbrecherischen Instinkte hemmungslos austoben können. Das verabscheuungswürdige, hinterhältige Verbrechen habe sich in der Struktur des italienischen Raumes geradezu angeboten: »Es gibt in der Skala vom heimtückischen Abschießen, Erhängen, Ertränken, Verbrennen, Erfrieren, Kreuzigen, Martern jeder Art, Attentaten gegen Einzelne und Gemeinschaften bis zur Brunnenvergiftung keines, das nicht . . . laufend vorgekommen wäre.«

Der englische Historiker Veale betont: »Tausende deutscher Soldaten wurden erstochen oder aus dem Hinterhalt erschossen, fielen Bomben oder Landminen zum Opfer.«

In der Verteidigung wurde auch zu Geiselerschießungen gegriffen. Keine Besatzungsmacht verzichtet auf solchen Antiterror. Bei der Besetzung Stuttgarts haben die Franzosen bekanntgegeben, für jeden ermordeten Franzosen würden 25 deutsche Zivilisten erschossen. Als die Amerikaner den Harz besetzten, drohten sie, für jeden ermordeten Amerikaner 200 Deutsche zu erschießen.[14]

Tito-Banditen

Am härtesten und wildesten wurde der Partisanenkrieg jedoch auf dem Balkan geführt, wo die Bedingungen des Raumes, die Mentalität der Bevölkerung und die Vorherrschaft der Kommunisten unter Tito einen Bandenkrieg ermöglichten, der an Brutalität nicht zu überbieten war. In kurzer Zeit verwischten sich die Unterschiede zwischen regulärem Krieg und Partisanenkrieg vollständig. 200 000 Angehörige der deutschen Wehrmacht, der Polizei- und Waffen-SS und des Arbeitsdienstes, gerieten in die Hände der Partisanen. Mindestens 80 000 gingen dabei zugrunde. Weder Kranke noch Verwundete wurden geschont. Die Mordparolen Ilja Ehrenburgs wurden nirgends fanatischer befolgt als unter Titos Banden.

Generaloberst Jodl kann sich am 4. Juni 1946 auf ein Merkblatt berufen, das er selbst am 6. Mai 1944, also zu einem Zeitpunkt, da die rasende Kriegsfurie Front und Heimat beherrschte, herausgab. Jodl hat damals die Konsequenzen daraus gezogen, daß im östlichen Bandengebiet der Unterschied zwischen Partisanen und regulären Truppen aufgehoben war. Nach seiner Vorschrift wurden »die gesamten Banden und Bandenhelfer, ja sogar die in zivil, als reguläre Truppen und Kriegsgefangene erklärt«. Über die Ausmaße des Partisanenkrieges berichtet er:

»Der Bandenkampf war eine ungeheuerliche Realität. Ich darf nur, um eine Zahl zu nennen, darauf hinweisen, daß im Juli 1943 1560 Eisenbahnsprengungen in Rußland vorkamen, im September 2600. Das sind im Tage 90. . .«[15]

Trotz der Entartungserscheinungen im Partisanenkrieg hat kein Geringerer als der britische Feldmarschall Alexander bestätigt, daß die deutschen Truppen allgemein »ritterlich und anständig« gekämpft hätten.

Katyn – kein Einzelfall

Ein Teil der Opfer, die im Osten den Deutschen angelastet werden, geht in Wirklichkeit auf sowjetisches Schuldkonto. Für Polen verbindet sich diese Tatsache mit dem Namen Katyn. Nach der Niederlage der polnischen Armee waren die politisch Verantwortlichen nach London geflohen. Dort wollte man unter alliiertem Befehl ein polnisches Kontingent aufstellen. Beim Vergleich der Meldungen und der Listen stellen die Exilpolen fest: *Hier fehlen 15 000 Mann, darunter 8400 Offiziere, nicht weniger als 45 % des polnischen Offizierskorps.*

Zur Aufklärung dieser Tatsache wird der exilpolnische Botschafter Jan Kot nach Moskau geschickt, das den Krieg gegen Polen vorbereitet, sich ohne ernsthaften Grund beteiligt und Ostpolen geraubt hat. Außenminister Wyschinski gewährt dem »Botschafter« am 6. Oktober 1941 eine Audienz.

Kot: »Ich möchte folgende Zahlen angeben: Insgesamt gerieten 9500 Offiziere in Polen in Kriegsgefangenschaft und wurden in verschiedene Teile Rußlands verbracht. Gegenwärtig haben wir nur 2000 in unserer Armee. Was ist mit den übrigen 7500 geschehen? . . .«

Wyschinski: »Vielleicht wollen Sie berücksichtigen, Herr Botschafter, daß seit 1939 große Änderungen eingetreten sind. Menschen sind von Ort zu Ort gezogen. Viele sind entlassen worden, viele angestellt, viele heimgekehrt.«

Kot: »Wenn irgendeiner der Männer, mit denen ich befaßt bin, wirklich entlassen worden wäre, würde er sich sofort bei uns gemeldet haben. Diese Männer sind keine Kinder. Sie können nicht verborgen bleiben . . .«

Wyschinski strengt sich kaum an, dem Polen mehr als Ausflüchte zu bieten. Die Audienz friert ein.

Jan Kot sucht verzweifelt weiter. Am 14. November 1941 dringt er bis zu Stalin vor.

Stalin antwortet

Kot: »Herr Präsident, ich habe schon viel von Ihrer äußerst kostbaren Zeit in Anspruch genommen, doch es gibt noch einen weiteren Punkt, den ich berühren möchte, wenn ich darf.«

Stalin: »Aber natürlich, Herr Botschafter.«

Kot: »Vom Lager Starobielsk, das im Frühjahr 1940 aufgelöst wurde, haben wir bisher noch keinen Mann gefunden.«

Stalin: »Ich werde der Sache bestimmt nachgehen. Doch bei diesen Entlassungen geschehen oft komische Sachen.«

Kot: »Nichtsdestoweniger würde ich Sie, Herr Präsident, ersuchen, Befehle zu erlassen, daß die Offiziere, die wir für die Bildung der Armee benötigen, freigelassen werden . . .«

Stalin: »Sie haben genaue Listen?«

Kot: »Alle Namen sind aufgenommen worden von den russischen Lagerkommandanten, die täglich einen Appell sämtlicher Gefangenen abhielten. Außerdem hat der NKWD für jeden Einzelnen besondere Untersuchungen geführt.

Kein einziger Offizier des Stabes der Armee, die General Anders in Polen geführt hat, ist aufgefunden worden.«

Statt zu antworten, läßt sich Stalin mit dem NKWD-Chef verbinden, legt auf, lenkt auf andere Fragen ab. Acht Minuten später antwortet NKWD. Stalin hört wie unbeteiligt zu und nichts in seinem Gesicht verrät, welche Antwort er erwartet und bekommen hat. Kot ahnt Furchtbares, wagt aber nicht, seine Fragen zu wiederholen. In Stalins kalt lauernden Augen liegt die Antwort, gegen die Kot sich selbst noch sträuben möchte.

Wo er scheitert, wollen dann zwei andere vorstoßen. Am 3. Dezember 1941 werden die exilpolnischen Generale Sikorski und Anders von Stalin empfangen:

Sikorski: »Ich habe eine Liste von etwa 4000 Offizieren bei mir, die zwangsweise fortgebracht worden sind. . . Ich habe eine Überprüfung in Polen, mit dem wir ständig in Verbindung stehen, angeordnet und festgestellt, daß sie nicht dort sind. Diese Männer sind hier, keiner von ihnen ist zurückgekehrt.«

Stalin: »Das ist ausgeschlossen. Sie sind geflohen.«

Anders: »Wohin können sie denn geflohen sein?«

Stalin: »Oh, beispielsweise in die Mandschurei.«

Sikorski: »Es ist unmöglich, daß sie alle entweichen konnten, zudem jede Korrespondenz zwischen ihnen und ihren Familien aufhörte von dem Zeitpunkt an, von dem sie aus den Kriegsgefangenenlagern weggebracht wurden in Zwangsarbeitslager oder Gefängnisse.«

Stalin: »Sie sind bestimmt freigelassen und nur noch nicht bei Ihnen angelangt.« [16]

Die Deutschen antworten

Auch die Generale erreichen keine Antwort, wenn sie nicht die Antwort spüren, die in Stalins eiskalter Ironie liegt. Die exilpolnische Regierung gibt nicht auf. Mit 49 Noten bedrängt sie den Kreml. Die eigentliche Antwort kommt schließlich nicht aus Moskau, sondern aus Berlin. Am 13. April 1943 gibt der deutsche Rundfunk eine Meldung bekannt, die nicht nur bei den Exilpolen wie eine Bombe einschlägt:

»Ein grauenvoller Fund, der vor kurzem von deutschen militärischen Stellen im Wald von Katyn am Kosegory-Hügel, 20 km westlich von Smolensk an der Straße Smolensk-Witepsk gemacht wurde, gibt einen ebenso erschütternden wie einwandfreien Aufschluß über den Massenmord an mehr als 10 000 Offizieren aller Grade, darunter zahlreichen Generalen der ehemaligen polnischen Wehrmacht.«

Entsetzen schleicht durch die westlichen Bundesgenossen der roten Massenmörder. General Sikorski weiß, jetzt gibt es kein Zurück: Das ist die Antwort, die ihm Wyschinski und Stalin verweigert haben. Sikorski fordert, die Massengräber durch das Internationale Rote Kreuz untersuchen zu lassen.

Der Kreml antwortet mit Einschüchterung. Die diplomatischen Beziehungen zur polnischen Exilregierung werden brüsk abgebrochen. Der exilpolnische General zuckt zusammen; er nimmt die Forderung auf Untersuchung reumütig zurück.

Jetzt mischt sich auch Roosevelt mit einem Schreiben vom 26. April 1943 ein und treibt Churchill dazu, die Exilpolen verstummen zu lassen. Dies beweist, daß die westlichen Mächte, die noch 1945 die Deutschen des Katyn-Verbrechens anklagen lassen, bereits seit 1943 den Massenmord und die Massenmörder kennen.

Am 5. Juli 1943 stürzt Sikorski mit seiner Tochter tödlich ab. Der amerikanische Staatssekretär Sumner Welles meint später: »Es war bestimmt Sabotage!«

Doch damit kann der Leichengeruch aus dem Walde von Katyn nicht vertrieben werden. Baueinheiten der Organisation Todt arbeiten 1943 in der Nähe des Tatortes. Ein Wolf weist auf die Spuren der Gräber. Im Februar werden 4183 Leichen gefunden, 12fach aufeinander geschichtet. Drei Tage nach der deutschen Rundfunkmeldung leugnet die sowjetische Nachrichtenagentur Tass. Nach der Methode, mit der später im Internationalen Militär Tribunal verfahren wird, lenkt sie von den eigenen Verbrechen dadurch ab, daß sie mit beispielloser Frechheit deutsche Soldaten und Offiziere diffamiert:

». . . Wenn sie nun also ermordet aufgefunden worden sind, so hat das zu bedeuten, daß sie von den Deutschen ermordet wurden, die nunmehr aus provokatorischen Gründen behaupten, das Verbrechen sei von sowjetischen Stellen verübt worden.«

Sikorski hat die Untersuchung durch neutrale Experten dennoch nicht vergeblich gefordert. Am 29. März 1943 beginnen Ausgrabungen, am 1. Juni sind sieben Massengräber geöffnet, 2815 Offiziere eindeutig identifiziert. Eine internationale Ärztekommission arbeitet in Katyn: Professor Speleers (Belgien), Professor Dr. Markow (Bulgarien), Dr. Tramsen (Dänemark), Professor Dr. Saxén (Finnland), Professor Dr. Palmieri (Italien), Professor Dr. Miloslavich (Kroatien), Professor Dr. de Burlet (Holland), Professor Dr. Hájek (Tschechei), Dr. Birkle (Rumänien), Professor Dr. Naville (Schweiz), Professor Dr. Subik (Slowakei) und Professor Dr. Orsós (Ungarn).

Die Beweise

Der größte Massenmord an Kriegsgefangenen seit Dschingis Khan, und zwar nach einem Waffenstillstand, ist nachgewiesen. Das Schlußprotokoll stellt am 30. April 1943 fest, »daß die Erschießungen im März und April 1940 stattgefunden haben, also zum Zeitpunkte der *sowjetischen* Auflösung der Offizierslager«. Die wesentlichen Ergebnisse der internationalen Forschungsarbeit lassen sich in folgenden Punkten zusammenfassen:

1. Seit 1941 haben die Polen nach ihren vermißten Offizieren und Soldaten gesucht. Erst 1943, als die Deutschen die Entdeckung der Massengräber bekanntgaben, behaupteten die Sowjets, diese polnischen Kriegsgefangenen seien in deutsche Hände geraten. Von 1941—43 hatten sie auf alle Anfragen mit Ausflüchten geantwortet.

2. Die schweren, zugeknöpften Wintermäntel, mit denen fast alle Offiziersleichen bekleidet waren, widerlegen die sowjetischen Behauptungen, daß der Mord erst im Sommer 1941 verübt worden sei.

3. Die Stricke, mit denen einige der Toten gefesselt waren, stammten unzweifelhaft aus Rußland. Die Wunden an einigen jüngeren Toten stammten von vierkantigen Bajonetten, die zu dieser Zeit nur von den Rotarmisten verwendet wurden.

4. Alle Untersuchungen kamen aufgrund der Autopsien zu dem Schluß, daß sich die Leichen mindestens zwei Jahre in den Gräbern befunden hatten – der endgültige Beweis dafür, daß der Massenmord im Winter 1940 verübt worden war.

Diese Ergebnisse waren also bereits im Sommer 1943 endgültig gesichert und der Weltoffentlichkeit schon damals unterbreitet worden.

Noch vor Beginn des Nürnberger Prozesses wagt ein Krakauer Staatsanwalt, Dr. Roman Martini, eine zweite Untersuchung der Massenverbrechen von Katyn. Seinen Ermittlungen gelingt es sogar, die Namen der Massenmörder, der NKWD-Offiziere, ausfindig zu machen. Er nennt den Namen des Leiters der Mordgruppe, Burjanow. Staatsanwalt Martini spielt mit seinem Leben. Seine Ermittlungen werden jäh beendet:

»Am 12. März 1946 wird er nachts in seiner Krakauer Wohnung von zwei Mitgliedern der ›Gesellschaft für polnisch-sowjetische Freundschaft‹ ermordet.« [17]

Es steht also fest, daß vor und während des Prozesses alle Tatbestände mit höchstmöglicher Sicherheit ermittelt waren. Dennoch, das grausamste Verbrechen an Kriegsgefangenen wird noch ergänzt durch den frechsten Justizbetrug aller Zeiten. Am 14. Februar 1946 wagt es der sowjetische Ankläger Pokrowsky, vor dem Internationalen Militär Tribunal zu behaupten:

»Wir ersehen aus der Anklageschrift, daß eine der wichtigsten verbrecherischen Handlungen, für die Hauptkriegsverbrecher verantwortlich sind, die Massenhinrichtung polnischer Kriegsgefangener war, die in den Wäldern von Katyn bei Smolensk von den deutsch-faschistischen Eindringlingen vorgenommen wurde.«

In umständlicher Breite schildert der juristische Funktionär der Katynmörder, daß dieses deutsche Verbrechen durch die amtlichen Dokumente der sowjetischen Sonderkommission bewiesen sei. Diese Kommission habe im Auftrag der »Außerordentlichen Staatskommission« gehandelt. Wir sind dieser Staatskommission immer wieder begegnet beim Nachweis der Greuelpropaganda im Gerichtssaal. Im Fall Katyn hat sie sich selbst übertroffen.

Interessant ist dabei, daß durch die angeblichen Protokolle dieser angeblichen Sachverständigen die Zahl der Leichen mit 11 000 festgelegt worden ist. Nach dem Sowjet-»Dokument« hat die Sonderkommission mehr als hundert Zeugen verhört und mit »unwiderlegbarer Klarheit bewiesen«, daß die Erschießungen nicht durch den NKWD, sondern durch eine deutsche Militärbehörde, den Stab des Baubataillons 537, nicht im Winter 1940, sondern im Herbst 1941 durchgeführt worden seien.[18]

Mit eiserner Logik folgern die Sowjetexperten: »Indem die deutschfaschistischen Eindringlinge die polnischen Kriegsgefangenen im Walde von Katyn erschossen, führten sie folgerichtig ihre Politik der physischen Ausrottung der slawischen Völker durch.« [19]

Zwar kommt Katyn in der Nürnberger Urteilsbegründung nicht mehr vor, aber die westalliierten Richter paktierten unverdrossen weiter mit den Erfindern der Lüge, nennen sie respektvoll »Kollegen«.

Man bleibt gemeinsam auf den Stühlen der Richter und Ankläger, schüttelt sich die Hände, spielt sich die Bälle zu.

Das gesamte Katyn-Material wird dann 1951/52 von einem Untersuchungsausschuß des Repräsentantenhauses in Amerika nochmals überprüft. Über 200 Zeugen werden befragt und beweisen einstimmig, daß diese Verbrechen durch Angehörige des NKWD begangen worden sind.

Als Gegenleistung für die stillschweigende Ausklammerung der Massenmorde von Katyn haben die Sowjets ihren westlichen Kollegen u. a. gestattet, den Bombenterror nicht in die Anklage aufzunehmen.

Eine Hand wusch die andere! Aber nicht in Unschuld. 50 Jahre später kam aus Moskauer Archiven die endgültige Bestätigung für die sowjetische Verantwortlichkeit am Massenmord von Katyn. Aber niemand hat sich bis heute die Mühe gemacht, die nicht nur in Katyn verscharrten Opfer roter Genickschußkommandos vom deutschen Schuldkonto auch zahlenmäßig abzubuchen. Unter dem Strich blieb und bleibt alles beim alten. Dabei haben vor allem die Historiker der von Moskau unterjochten Ostvölker in unzähligen Fällen die Erkenntnis geäußert, daß Massenmorde, die den Deutschen angelastet wurden, in Wirklichkeit sowjetische Untaten waren. Hier hätte die Bundesregierung längst die Einsetzung einer internationalen Historiker-Kommission fordern müssen.

Noch sind viele Archive der Alliierten verschlossen. Aber allein die jüngst in Moskau gefundenen Papiere haben russische und deutsche Historiker bereits in der Erkenntnis zusammengeführt, daß Hitler mit seinem Angriff auf die Sowjetunion Stalin nur kurze Zeit zuvorkam (sich also ähnlich »präventiv« verhielt wie 1940 gegenüber Norwegen, das Zielpunkt englischer Invasionspläne war). In Nürnberg gaben sich die Sieger unisono als Opfer und schuldlos wie ein Lamm. Dazu ein weiteres Beispiel:

»Irreguläre Kriegführung«

Den deutschen Truppen machten auch im Westen alliierte Sabotagetrupps im Rücken der Front schwer zu schaffen. Viele dieser Trupps wurden in Zivilkleidern per Fallschirm abgesetzt, um das Hinterland mit Überfällen und Sprengkommandos zu verunsichern.

Sie meuchelten nach Gangstermethoden. Die englische Regierung gab sogar ein »Handbuch für irreguläre Kriegführung« heraus. Reguläre Truppen waren gegen diese bewußt kriminelle Taktik gefährlich benachteiligt, wenn nicht wehrlos.

Erst im Oktober 1942 beginnt die systematische deutsche Abwehr. Am 7. Oktober 1942 heißt es im Wehrmachtsbericht, der wie üblich durch Rundfunk verbreitet wird:

»In Zukunft werden sämtliche Terror- und Sabotagetrupps der Briten und ihrer Helfershelfer, die sich nicht wie Soldaten, sondern wie Banditen benehmen, von den deutschen Truppen als solche behandelt werden, und, wo sie auch auftreten, rücksichtslos im Kampf niedergemacht werden.« Am 18. Oktober erließ Hitler einen entsprechenden Befehl.

In Nürnberg wird auch dieser Antiterror, nicht der Terror, zum Verbrechen erklärt; nur die Folgen, nicht die Ursachen, werden angeklagt. Feldmarschall Keitel schildert am 4. April 1946 die Wirkung dieser militarisierten Unterwelt. Täglich seien zahlreiche Fälle in den Lagebesprechungen erörtert worden. Dennoch sei der Gegenbefehl nicht in der erwarteten Strenge durchgeführt worden, weil diese Methoden und auch ihre Abwehr der soldatischen Überlieferung zu fremd gewesen seien. Damals haben die Generalfeldmarschälle Rommel, von Rundstedt und Kesselring den Anti-Sabotage-Befehl entweder modifiziert oder überhaupt nicht angewandt, wie Verteidiger Laternser nachweisen konnte.

Generaloberst Jodl berichtet, daß sich die deutschen Gegenmaßnahmen unmittelbar auf die englische Nahkampfvorschrift bezogen. Hitlers Befehl sollte vor allem eine Abschreckungswirkung erzielen. Tatsächlich seien 1944 die sog. Kommando-Unternehmungen zurückgegangen. Der unmittelbare Anlaß für die Gegenmaßnahmen seien die Erbeutung der Befehle der kanadischen Landungsbrigade und deren Auswirkung gewesen, die durch Fotos belegt worden war. Dabei wurden z. B. Angehörige der Organisation Todt, unbewaffnete ältere Männer, so gefesselt, daß die Schlinge um ihren Hals am anderen Ende um die zurückgebogenen Unterschenkel gebunden wurde, so daß sich die Opfer selbst erdrosseln mußten.

Jodl hatte diese grauenhaften Vorgänge Hitler und der deutschen Öffentlichkeit gegenüber zunächst verschwiegen. Nach kurzer Zeit bewies ein Kommandotrupp auf der Insel Sercq, daß wieder Deutsche mit dieser sadistischen Methode getötet worden waren. Von anderen Kommandotrupps wurde gemeldet, daß sie als Zivilisten auftraten. Unter der Achsel trugen sie Pistolen, die, wenn man die Hand zum scheinbaren Ergeben hob, den Schuß lösten.[21]

Dönitz und Raeder

Gegen die Großadmiräle Raeder und Dönitz hätte nach der Genfer Konvention nur vor einem Kriegsgericht verhandelt werden können nach den für die eigenen Offiziere gültigen Gesetzen. Dann wäre von der Lawine des Anklagematerials nur der Fall »Athenia« übrig geblieben. Doch sogar das Internationale Militär Tribunal muß Dönitz bestätigen, er könne »für seine Führung des U-Bootkrieges gegen bewaffnete britische Handelsschiffe« nicht schuldig gesprochen werden.[23] Vergleicht man dieses Urteil mit dem Wust von Anschuldigungen auch gegen die deutsche Kriegsmarine, dann wird der Widerspruch grotesk.

Kennzeichnend ist auch die Begründung, mit der die Hauptbezichtigung zurückgewiesen werden muß. Die deutsche Seekriegsführung habe zwar völkerrechtswidrig operiert, da dies aber genauso zutreffe für die anglo-amerikanische Marine, könne man gegen Dönitz keinen Vorwurf erheben. Hier und nur hier wird die deutsche Kriegsführung mit der ihrer Feinde verglichen, und sofort ist man zum Freispruch gezwungen. Hätte man nach diesem ausnahmsweise gerechten Prinzip gegenüber allen übrigen Wehrmachtsteilen verfahren, dann wäre das Tribunal kaum zu einer Verurteilung gekommen.

In Ermangelung berechtigter Beschuldigungen gegen die Kriegsmarine hat man den »Athenia«-Unfall umso eifriger in den Prozeß und in die Öffentlichkeit gespielt. Am 3. September 1939 hat das von Kapitänleutnant Lemp geführte »U-30« irrtümlich den britischen Passagierdampfer versenkt. Durch Verkettung unglücklicher Umstände und Verwechslungen hat die deutsche Propaganda die Schuld an der Versenkung zunächst den Engländern zugeschoben. Tatsächlich aber hatte der U-Boot-Kommandant das Passagierschiff für einen Hilfskreuzer gehalten. Die kriegsgerichtliche Untersuchung ergab, daß Lemp im guten Glauben gehandelt hatte. Dennoch ließ ihn Großadmiral Dönitz wegen mangelnder Sorgfalt mit Arrest bestrafen.

Erst im Prozeß wird der Fall zur Weltsensation hochgespielt. Es war dem Anwalt der Katynmörder, Rudenko, vorbehalten, die deutschen Großadmirale mit der Behauptung zu verleumden, sie hätten ihre Admiralsuniform mit der »Schmach schwerster Verbrechen besudelt«. Diese Diffamierung schlägt auf ihren Urheber zurück. Eine objektive Revision des Nürnberger Verfahrens wird nur jenes Urteil bestätigen, das Großadmiral Raeder in seinem Schlußwort ausspricht:

». . . daß der deutschen Marine grundsätzlich ihre Sauberkeit und Kampfsittlichkeit auf Grund der Beweisaufnahme hat bestätigt werden müssen. Sie steht vor diesem Gericht und vor der Welt mit reinem Schild und unbefleckter Flagge da«.[24]

Ein deutsches Kriegsverbrechen

Auch die Anklagen gegen die deutsche Luftwaffe brechen vor dem Tribunal zusammen. Maßnahmen, die sie zu belasten schienen, waren durch Übergriffe und Mißbräuche der Gegenseite herausgefordert. Der Fall Sagan, der leider ein Kriegsverbrechen darstellt, war gegen ihren Willen befohlen worden. Er steht zwar in keinem Verhältnis zu den Kriegsverbrechen der alliierten Terrorbomber; doch das kann die deutsche Seite nicht entlasten. Umso eifriger ist die Kriegs- und Nachkriegspropaganda bemüht, diese Hinrichtungen als typisch für die deutschen Kriegsmethoden hinzustellen.

In der Nacht vom 24. zum 25. März 1944 sind aus dem Gefangenenlager Stalag-Luft II Sagan 76 Offiziere der Royal Air Force ausgebrochen. Von den wieder Eingefangenen wurden 50 dem SD übergeben und erschossen. Den Befehl dazu hat Hitler erteilt wegen der inneren Gefährdung durch solche Massenfluchten in der Krise von 1944, vor allem bei 6 Millionen ausländischen Arbeitern. Der Oberbefehlshaber der Luftwaffe und Jodl und Keitel, die erst nachträglich von der Durchführung jenes Befehls Kenntnis erhielten, haben schärfstens protestiert. Göring hatte anschließend einen heftigen Zusammenstoß mit Hitler, den schwersten seines Lebens.

Entscheidend beteiligt an der Ausführung dieses unverantwortlichen Befehls waren Himmler, Gestapo-Müller und Kripo-Chef Arthur Nebe.[25]

Das war eindeutig eine Verletzung der Genfer Konvention, deren Wirksamkeit und Geltung zu diesem Zeitpunkt allerdings bereits weitgehend gelähmt war: im Osten durch den Partisanenkrieg und die Massenmorde an deutschen Kriegsgefangenen, im Westen durch den Bombenterror und die Sabotagetrupps.

Es ist keine Rechtfertigung, aber ein Symptom für den Grad der Verwilderung der Kriegsmethoden, daß nun nicht nur im Osten, sondern auch im Westen Kriegsgefangene ermordet wurden. Am 2. September 1944 erschossen z. B. die Franzosen bei Annecy 40 und bei St. Pierre de Pumilly nochmals 40 deutsche Kriegsgefangene.

Menschen-Jäger

Am 26. Juli 1946 verkündet Sir Hartley Shawcross ausnahmsweise die lautere Wahrheit. Das Schlimmste sei, wenn man es mit systematischen, großangelegten, zusammenhängenden Untaten zu tun habe, die vorsätzlich überlegt und aus Berechnung in höchster Zahl begangen würden. Demgemäß sei das nach Umfang und Schwere größte Verbrechen: »die Verletzung der festverankerten und unbestrittensten Regel des Kriegsrechts, nämlich daß Nichtkombattanten nicht zum direkten Objekt der Kriegsoperationen gemacht werden dürfen«.[26]

Der sehr ehrenwerte Sir Hartley gibt damit eine geradezu klassische Definition des anglo-amerikanischen Bombenterrors; diese brutalste Kriegsbarbarei des Westens zielte nur auf die »Nichtkombattanten«. In den letzten Kriegsjahren hat sie neben der Bombardierung noch die systematische Menschenjagd entwickelt, die Zivilistenhatz per Flugzeug, das Abknallen wehrloser Passanten, Arbeiter, Bauern, Frauen und Kinder im Tiefflug.

In den Ruinen von Nürnberg dokumentierte sich das alliierte Terrorbombardement gegen die deutsche Zivilbevölkerung. Darüber durfte im Justizpalast, der inmitten der Trümmer unversehrt geblieben war, aber nicht gesprochen werden.

Dieser kriegsrechtswidrige Terror gegen unbeteiligte Zivilisten löste sehr vereinzelt solche Wut aus, daß es seitens der Bevölkerung zu spontaner Lynchjustiz an abgestürzten Piloten und Bordschützen kam. Auch dies Übergriffe, die nur zu erklären, nicht zu rechtfertigen sind.

Mit verdächtigem Eifer stürzten sich die alliierten Ankläger auf solche Fälle, um sie als typisch für die Mordlust der Deutschen anzuprangern. Im Urteil muß dann eingeschränkt werden, »es kamen einige Fälle von Lynchjustiz vor, aber es hat nicht den Anschein, daß dies überall in Deutschland geschehen ist.« [27]

Als Zeuge berichtet Feldmarschall Keitel, im Sommer 1944 hätten sich die Bordwaffenangriffe gegen die Bevölkerung erheblich vermehrt, »an einzelnen Tagen wurden bis zu dreißig, bis zu vierzig gemeldet«. Jetzt erst habe Hitler kategorische Gegenmaßnahmen gefordert. Die militärische Führung lehnte jedoch immer noch jede Form von Selbstjustiz der Betroffenen ab.[28]

Göring schildert seine heftigen Auseinandersetzungen mit Hitler über die Methoden der Abwehr dieser Terrorflieger. Hitler hätte immer wieder Meldungen erhalten, daß die Zivilbevölkerung mit Maschinengewehren und Maschinenkanonen angegriffen worden sei. Auch einzelne Fahrzeuge, die als zivile zu erkennen waren, ferner Sanitätsautos, die mit Rotem Kreuz gekennzeichnet waren, seien beschossen worden. »Einmal wurde eine Meldung erstattet – ich erinnere mich genau, weil sie den Führer besonders erregte –, daß in einen Haufen Kinder hineingeschossen worden war.« Durch die empörte Bevölkerung seien dann einzelne Lynchakte geschehen. Als sich solche Meldungen häuften, habe Hitler erklärt, er werde befehlen, diese Terrorflieger an Ort und Stelle zu erschießen, besonders da bekannt geworden sei, daß diese Gangster gegen die Befehle ihrer Vorgesetzten handelten.[29] Major Büchs vom Wehrmachtsführungsstab bestätigt im wesentlichen Görings Darstellung. Er schildert, wie Hitler General Koller gegenüber gegen die Wehrmacht und besonders gegen die Luftwaffe Vorwürfe erhob, weil sie nicht in der Lage seien, diesen Terror durch Gegenterror zu brechen. General Koller selbst bestätigt eidesstattlich Hitlers Kritik:

»Ich habe schon einmal befohlen, daß die abspringenden Bombermannschaften nicht gegen die Bevölkerung in Schutz genommen werden dürfen. Diese Leute morden nur deutsche Frauen und Kinder. Es ist unerhört von deutschen Soldaten, zum Schutz gegen die in berechtigtem Haß handelnde eigene Bevölkerung vorzugehen. Warum werden meine Befehle nicht ausgeführt?«

Durch den Widerstand Jodls, Keitels, Görings und anderer kam es nicht zu dem von Hitler geplanten Befehl. »Keine militärische Stelle hat einen Befehl gegeben; es ist nicht einmal zu einem Befehlsentwurf gekommen«, beeidet Generaloberst Jodl.[30]

Die Anklage kann keinen Gegenbeweis führen. Sie stützt sich lediglich auf eine Notiz von General Warlimont, daß folgende Kriegsverbrechen nicht mehr durch die Schutzgesetze für Kriegsgefangene geschont werden sollten:

»a) Bordwaffenangriffe auf die Zivilbevölkerung, und zwar sowohl auf Einzelpersonen wie auf Ansammlungen.

b) Beschuß von am Fallschirm hängenden abgeschossenen eigenen (deutschen) Flugzeugbesatzungen.

c) Bordwaffenangriffe auf Personenzüge des öffentlichen Verkehrs;

d) Bordwaffenangriffe auf Lazarette, Krankenhäuser und Lazarettzüge, die mit dem Roten Kreuz deutlich gekennzeichnet sind.« [31]

Dieses Dokument, von der Nürnberger Anklage als Belastung gedacht, beweist eigentlich nur eines: daß die deutsche Militärführung selbst in höchster Kriegsnot an ihrer differenzierten Sicht festhielt – und das, obwohl Hitler immer wieder auf härtere Gangart drängte. Als in den letzten Kriegstagen der bei Hitler schon 1942 in Ungnade gefallene Generalfeldmarschall a. D. Fedor von Bock seinen Rat in die Kapitulationsverhandlungen einbringen wollte, wurden er, seine Frau, seine Tochter und der Fahrer von britischen Tieffliegern auf der Landstraße kurzerhand zerfetzt. Eine Untersuchung hielt man für überflüssig. Sieger-Motto: »Krieg ist Krieg« – auch wenn es um Zivilisten und Kapitulationsbemühungen geht.

Görings Rolle

Mit jedem Jahr, das uns vom Kriegsgeschehen entfernt, wird es schwieriger, Vorgänge wie den Einsatz von Kommandotrupps und ihre Vernichtung, oder Lynchaktionen zu verstehen und in der richtigen Perspektive zu betrachten. Von Zeit und Raum isoliert, werden sie unbegreiflich, eingeordnet in den Gesamtzusammenhang der damaligen Kriegsmethoden, sind sie Randerscheinungen.

Eine gerechte Beurteilung ist nur in der Gegenüberstellung möglich. Bei der Beschuldigung des Oberbefehlshabers der Luftwaffe und damit auch seiner Offiziere und Soldaten wird dieses Gegenüber systematisch ausgeschaltet. Dennoch gelingt es nicht, ihm eine unmittelbare Verantwortung für Lynchaktionen, die Erschießung der Sagan-Offiziere oder für den Befehl gegen die Kommandotrupps nachzuweisen. Im Gegenteil, in jedem dieser Fälle hat sich der Reichsmarschall widersetzt.

Göring ließ die Luftwaffe in Aufbau und Ausrüstung für die Verteidigung entwickeln, in einem Grade, daß sich dies in den letzten Kriegsjahren für die eigene Schlagkraft verhängnisvoll auswirken mußte, wie die Generalfeldmarschälle Milch und Kesselring bezeugen.[32]

In der Krise im August 1939 schaltet er sich als der einzige der höchsten Offiziere, der über politische Macht verfügte, immer wieder ein, wenn die Ausgleichsversuche festgefahren sind. Er bemüht sich, die Kriegsgefahr zu bannen, wiederholt auf eigene Gefahr, unter Umgehung des Auswärtigen Amtes, ja hinter dem Rücken Hitlers.

Auf seine Initiative hin vermittelt der Schwede Dahlerus zwischen Berlin und London, und noch am 3. September 1939 steht Göring bereit zum Abflug nach London, um die ersten Kriegshandlungen zu stoppen und die letzte Chance des Friedens wahrzunehmen. Er setzt seine Bemühungen den ganzen September 1939 über fort.

Nicht zufällig muß Jackson bei der Vernehmung Görings eingestehen: »Wir haben nicht behauptet, daß der Krieg gegen England ein Angriffskrieg war.« Er bestätigt damit mittelbar, daß es England war, das Deutschland am 3. September 1939 den Krieg erklärt hatte.

Noch im Juni 1940 bemüht sich Göring, über den König von Schweden die europäischen Mächte zu Friedensverhandlungen zu vereinen. Der ehemalige britische Botschafter in Berlin, Henderson, bescheinigt dem toten Gegner in seinem Buch »Failure of a Mission«, daß der Reichsmarschall 1939 den Frieden erhalten wollte, wie er 1938 »entschieden auf der Seite des Friedens« stand.

Die Nürnberger Rache-Justiz wirft Göring gerade seine Friedensbemühungen vor. Er habe England daran hindern wollen, seine Polengarantie zu erfüllen.[34]

Göring wollte den Kriegsgrund beseitigen, der aus seiner Sicht erst durch die englische Einmischung geschaffen worden war. Lord Halifax beantwortet darum die Frage des Verteidigers Dr. Stahmer, »Hatten Sie den Eindruck, daß die Bemühungen Görings, den Krieg zu vermeiden, aufrichtig waren?« mit der Feststellung:

»Ich habe keinen Zweifel, daß Göring den Frieden vorgezogen hätte, wenn er es gekonnt hätte.« [35]

Warschau und Rotterdam

Bei Beginn des deutsch-polnischen Konfliktes hat das OKW sofort Anordnungen erlassen, daß die Luftwaffe nur militärische Ziele angreifen dürfe. Die Luftwaffe hat sich, soweit das technisch überhaupt möglich war, streng daran gehalten. Dr. Stahmer kann dem Nürnberger Gericht Zeugen vorführen, die das von der Feindseite her bestätigen: den Unterstaatssekretär im britischen Außenministerium und späteren Minister Butler und den französischen Luftwaffen-Attaché in Warschau, General Armengaud. Der französische Fliegergeneral bescheinigt am 14. September 1939:

»Ich muß unterstreichen, daß die deutsche Luftwaffe nach den Kriegsgesetzen gehandelt hat. Sie hat nur militärische Ziele angegriffen und, wenn Zivilisten getötet und verwundet worden sind, so nur, weil sie sich neben diesen militärischen Zielen befanden.

Es ist wichtig, daß man dies in Frankreich und England erfährt, damit keine Repressalien unternommen werden, daß kein Anlaß zu Repressalien ist, so daß nicht von uns aus ein totaler Luftkrieg entfesselt wird.« [36]

Die Bombardierung Warschaus, die seit Jahrzehnten als Beweis für die deutsche Schuld am Bombenterror vorgebracht wird, bestätigt genau das Gegenteil. Als Warschau eingeschlossen war, wurde es wiederholt zur Übergabe aufgefordert. Die polnische Regierung befahl militärischen Widerstand und Partisanenkampf. Die deutsche Führung warnte nochmals. Sie ließ Flugblätter abwerfen und vor der sinnlosen Verteidigung warnen. Als der polnische Kommandant stur blieb, wurde er aufgefordert, vor der Bombardierung die Zivilbevölkerung zu evakuieren. Erst nach weiteren vergeblichen Appellen an die Vernunft begann die Bombardierung, und zwar zuerst der Forts, der in der Stadt aufgefahrenen Batterien und der in der Stadt in Stellung gegangenen Truppenteile.

Im Westen wurde erst recht eine legale Luftkriegsführung angestrebt. Das vielzitierte Rotterdam beweist nichts dagegen. Es war ein Unfall, der auch bei vorsichtiger Operation passieren kann. Der holländische

Oberbefehlshaber hatte die Kapitulationsverhandlungen sinnlos verzögert. Als endlich die Übergabe der Festung vereinbart worden war, konnte einer der angreifenden Verbände nicht rechtzeitig zurückbeordert werden. Der Teil der angesetzten Maschinen, der die roten Leuchtsignale, die noch vor dem Ende der Verhandlungen gesandt worden waren, nicht mehr erfaßte, warf seine Bombenlast auf die befohlenen Ziele, die zweite und die dritte Gruppe des Geschwaders erkannten die Signale noch rechtzeitig und kehrten ohne Abwurf zurück.

Coventry und Dresden

Neben Warschau und Rotterdam wird vor allem Coventry als ein deutsches Kriegsverbrechen angeführt. Auch hier kann schon in Nürnberg geklärt werden, daß die deutsche Führung Coventry erst angreifen ließ, nachdem sie von September bis November 1940 vergeblich gewarnt hatte und als die Engländer ihre Terrorangriffe gegen deutsche Wohnstädte ununterbrochen fortsetzten und steigerten. Man hat deutscherseits dennoch nicht als Vergeltungsziel ein englisches Wohnzentrum ausgewählt, sondern Coventry als Hauptstadt der englischen Flugzeugindustrie und der Luftwaffenzubehör-Rüstung. Der Vergeltungsangriff war also nicht als Antiterror geplant, sondern als militärisch begrenzter Gegenangriff. Bei der unvermeidbaren Streuwirkung und Brandauslösung konnten zivile Verluste leider nicht vermieden werden.

In Coventry wurden – schlimm genug – rund 400 Todesopfer registriert; in deutschen Städten waren es das Zehn- und Hundertfache, wobei in Dresden manche Schätzungen sogar an das Tausendfache heranreichen!

Deutschland hat seine Luftwaffe nicht für aggressive Ziele aufgebaut, und es hat wiederholt Vorschläge unterbreitet, die den Mißbrauch der Fliegerbombe zur Terrorisierung der Zivilbevölkerung ausschließen sollten. Der englische Generalstab dagegen hat bereits 1936 Vorbereitungen für eine »strategische« Bomberflotte getroffen.

In seinem Buch »Bombing Vindicated«, »Bombardierung gerechtfertigt«, berichtet der ehemalige Kabinettsdirektor im englischen Luftfahrtsministerium, J. M. Spaight, höhnisch, Hitler habe »aufrichtig gesucht, mit England ein Übereinkommen zu treffen, das die Tätigkeit der Luftwaffe auf die Operationsbasis beschränkte«. Er beansprucht das Patent auf die gegenteilige Methode, auf den Luftkrieg gegen das Heimatland des Feindes.

Luftmarschall Harris wird noch deutlicher und wirft es der deutschen Luftkriegsführung als Fehler vor, nicht schon 1939 erkannt zu haben, daß man schwere Bomber besser gegen die Zivilbevölkerung als gegen die kämpfende Truppe einsetzen könne. *Deutschland habe darum den Krieg verloren.*

England dagegen habe bereits am 11. Mai 1940 »den großartigen Entschluß« gefaßt, wie er in seinem Buch »Bomber Offensive« prahlt, die Bomberwaffe »strategisch«, d. h. auch gegen die Zivilbevölkerung einzusetzen.

Captain Liddell Hart hat als englischer Autor zugegeben, die britische Strategie und Taktik des Bombenterrors sei die

»unzivilisierteste Art der Kriegsführung, die die Welt seit den Verheerungen der Mongolen gesehen hat«.[37]

Ein neutrales Gericht hätte darum zuerst die Verantwortlichen für den Luftkrieg gegen Wehrlose als Hauptkriegsverbrecher anklagen und richten müssen. Spaight und Harris fehlen in Nürnberg; es fehlt vor allem Winston Churchill. Er ist der Hauptschuldige. Liddell Hart hat ihn als solchen angeklagt.

». . . als Churchill an die Macht kam, gehörte es zu den ersten Entscheidungen seiner Regierung, den Bombenkrieg auf das Nichtkampfgebiet auszudehnen.«[38]

Der Westen erreichte damit den Tiefpunkt der Brutalisierung im Kriege – und der Heuchelei vor dem Militärtribunal. Den Massenmord von über zwei Millionen wehrloser Menschen muß man mit den Schuldzuweisungen der Anklageschrift vergleichen: »Die Angeklagten zerstörten in frevelhafter Weise große und kleine Städte und Dörfer ohne militärische Rechtfertigung oder Notwendigkeit.« [39] Schon in den vier ersten Kriegsjahren wurden über deutschen Städten und Dörfern abgeworfen: 1940 5000 Tonnen, 1941 23 000 Tonnen, 1942 37 000 Tonnen und 1943 180 000 Tonnen Terrorbomben.

Lindemanns Mordplan

Vor einem neutralen Gericht hätte auf der Anklagebank neben Churchill erscheinen müssen sein Freund und Berater Frederik Alexander Lindemann, der für seine Verdienste zum Lord Cherwell erhobene Massenmord-Planer. Als Mitglied des Kabinetts hat er 1942 den Plan zur Vernichtung der Arbeiterviertel der deutschen Städte und Industriezentren vorgelegt.

Wie harmlos wirkt ein kommunistischer Partisan, der sein Leben wagt, um deutsche Soldaten zu meucheln, gegenüber diesem Gentleman mit Regenschirm und steifem Hut, dem aus Baden-Baden emigrierten Bankier, der selbst nie in die Niederungen der persönlichen Gefahr herabgestiegen ist. Als Schreibtisch-Massenmörder hat er unvorstellbare Qualen und Not und Tod für Millionen wehrloser Menschen verschuldet.

Es mildert die unsühnbare Schuld der Churchill und Lindemann nicht, daß der planmäßige Zivilistenmord auch militärisch unverantwortbar gewesen ist. Die gleiche Menge Bomben auf rein militärische Ziele, Rüstungsindustrie, Nachschublinien, Verkehrswege usw. geworfen, hätte Englands Kriegszielen viel mehr genützt. Britische Militärschriftsteller, die das beklagen, bestätigen nur das Verbrecherische dieser Kriegsmethoden, wenn sie auch noch deren militärische Rechtfertigung verneinen.

Der englische Historiker S. P. Snow wirft Lindemann und Komplizen vor, die Schäden unter der deutschen Zivilbevölkerung hätten »nur« ein Zehntel der Lindemannschen Planung erreicht.

Damit ist zugleich gesagt, daß Lindemanns Ziel der zehnfache Schaden und der zehnfache Massenmord gewesen wäre.

Die Atombomben auf wehrlose japanische Städte gegen ein um Frieden bittendes Land haben diese Verbrechen nur noch gesteigert, gerade zu jener Zeit, als man das Statut beschloß, um Deutsche und Japaner verfolgen und hinrichten zu können.

Das Gericht tagt dann mitten unter den Ruinen einer der ältesten und schönsten Kulturstädte Europas.

Bei jedem Schritt an die frische Luft konnten Richter, Ankläger und Journalisten das Zerstörungswerk der Churchill, Harris und Lindemann bewundern. Von daher ist verständlich, daß US-Ankläger Jackson über den Luftterror in Nürnberg partout nicht verhandeln wollte. Seine zynische Begründung – wörtlich festgehalten:

»Dieses Thema wäre einer Aufforderung zur Erhebung von Gegenbeschuldigungen gleichgekommen, die in dem Prozeß nicht nützlich gewesen wäre.« [40]

VI

Kriegsschuld und Kriegsverbrechen

»Wir dürfen uns nicht erlauben, in eine Verhandlung über die Ursachen des Krieges hineingezogen zu werden«, hat Jackson bereits am 8. August 1945 an Präsident Truman geschrieben.[1] Eine geradezu prophetische Hellsicht!

Da aber die Kriegsverbrechen die mittelbare oder unmittelbare Folge des Kriegszustandes sind, müßte eine gerechte Beurteilung der Entartungserscheinungen des Krieges bei seiner Ursache beginnen. So furchtbar die Folgen einzelner Kriegsverbrechen sein mögen, sie sind doch nur ein Bruchteil der Leiden, Nöte und Opfer, die der Krieg überhaupt gefordert hat. Auch der brutalste Kriegsverbrecher hat nur einen minimalen Teil jener Schäden verschuldet, den die Urheber eines vermeidbaren Krieges verursacht haben.

Wer heute noch behauptet, einzig und allein Deutschland habe den Zweiten Weltkrieg verschuldet, fällt selbst noch hinter die Erkenntnisse der Nürnberger Richter zurück. In der Vorbereitung des Tribunals kam es zu Auseinandersetzungen über die Definition des Verbrechens eines »Angriffskrieges«. Ankläger Jackson:

»Sollte es (vor Gericht) zu einer längeren Kontroverse darüber kommen, ob Deutschland den Briten bei der Invasion Norwegens nur um eine Nasenlänge zuvorkam, oder ob Frankreich, indem es den Krieg erklärte, zum wahren Angreifer wurde, so könnte dieser Prozeß dem Ansehen beider Länder beim amerikanischen Volk sehr schaden. . . Wenn solche Fragen hochkommen, was soll ein Richter dann tun?«

Es gab nur einen Ausweg: Jede Debatte über den Schuldanteil der Sieger mit dem Hinweis zu unterbinden, daß sich die Rechtsprechungsgewalt des Tribunals auf die Besiegten beschränkt. Damit waren vor allem die Sowjets hochzufrieden, die immerhin gemeinsam mit Hitler Polen attackiert und aufgeteilt hatten. Frankreich und England hätten in Nürnberg auch erklären müssen, weshalb sie zur angeblichen Rettung Polens am 3. September 1939 zwar Deutschland den Krieg erklärten, nicht aber kurz darauf der Sowjetunion, die ebenfalls in Polen einmarschierte.

Hitlers militantes Anspruchsdenken, das auch aus revisionistischer Sicht eine der wesentlichen Ursachen des Kriegsausbruchs war, rechtfertigt im Urteil zahlreicher in- und ausländischer Historiker aber nicht den Vorwurf einer deutschen Alleinschuld. In Nürnberg saßen Mächte über Deutschland zu Gericht, die nicht nur diplomatisch im Vorfeld des Krieges versagt, sondern mit Kriegserklärungen und Überfällen den deutsch-polnischen Konflikt erst zum europäischen Krieg ausgeweitet hatten. Kein Wort wurde auch in Nürnberg darüber verloren, daß sich die Tribunalsmacht UdSSR jenes Ostpolen einverleibte, das ihr Hitler 1939 vertraglich überlassen hatte.

Die historischen Ursachen

Je weniger aber der Sieger selbst überzeugt ist, daß mit der militärischen Übergewalt auch das höhere Recht gesiegt hat, umso eifriger wird er von den Ursachen auf den Anlaß abzulenken versuchen. Nicht wer den Kampf verursacht, sondern wer zuerst geschossen hat, wird als Schuldiger gebrandmarkt. Der militärisch Geschlagene wird dann auch noch moralisch gelyncht. Nicht geschichtliche Tatsachen werden erforscht, sondern Geständnisse erpreßt, und statt Mahnmale des Rechtes werden Galgen aufgerichtet. Der »Friede« wird zur Fortsetzung des Krieges mit den Mitteln der politischen Justiz. »Fortsetzung der Kriegsanstrengung der Alliierten« nennt Jackson folgerichtig das Ziel seiner Shylock-Justiz.

Wer aber nicht nur nach dem Anlaß, sondern nach den Ursachen beider Weltkriege forschen will, darf nicht in Sarajewo oder in Danzig beginnen, sondern muß die Wurzeln zurückverfolgen bis zur Politik des Westfälischen Friedens und der angelsächsischen »balance of power«, die beide Deutschland nur als zweitrangige Macht dulden wollten. Die von Frankreich und England betriebene Politik der Entmachtung Mitteleuropas konnte erst Bismarck 1871 in Versailles überwinden. Sein Werk war jedoch nur so lange gesichert, wie es der Titan selbst nach allen Seiten verteidigen konnte.

Schon nach 50 Jahren, wiederum in Versailles, hat Richelieu erneut gesiegt. Und wo der Erste Weltkrieg beendet werden sollte, in Versailles, wurden die Minen gelegt, die zu Beginn des Zweiten Weltkriegs explodierten.

Die Kriegsschuldlüge sollte 1919 den »Rechtstitel« für das Versailler Unrecht liefern. Das war der Zweck des berüchtigten § 231. Lloyd George hat das noch am 3. März 1921 bestätigt: »Wenn dieses Eingeständnis abgelehnt oder aufgegeben wird, ist der Vertrag zerstört.«

Es gibt ähnliche Stimmen nach 1945, sogar deutsche. Der Tübinger Professor Dr. Theodor Eschenburg hat erklärt:

»Bei der Frage nach der Schuld am Zweiten Weltkrieg, die wissenschaftlich eindeutig beantwortet ist, handelt es sich nicht etwa lediglich um eine fachhistorische Angelegenheit. Die Erkenntnis von der unbestrittenen und alleinigen Schuld Hitlers ist vielmehr eine Grundlage der Politik der Bundesrepublik . . .« [2]

Das Ausland unterscheidet aber nicht so simpel zwischen dem deutschen Volk und seiner damaligen Regierung. Für das deutsche Volk wirkt sich diese Bezichtigung als juristische Sanktion des Unrechtes und moralische Selbstverurteilung aus. Man hat damit eine ganze Generation von Deutschen nach dem Willen Vansittarts zu Kriegsverbrechern gestempelt, die Gefallenen um den Sinn ihres Opfers betrogen und die Hinterbliebenen des letzten Trostes beraubt.

Es kann nicht bestritten werden, daß die kaiserliche wie die nationalsozialistische Regierung einen Teil *geschichtlicher* Ursachen auf sich geladen haben. Aber die Verteilung von Ursache und Anlaß, Schuld und Verhängnis, kann nicht einseitig dem Sieger und seinen Handlangern überantwortet werden.

In Nürnberg wurde sofort verhindert, die Hauptursachen und damit auch das Versailler Diktat und seine Auswirkungen zu untersuchen. Das Gerichtsstatut hat im Gegenteil ausdrücklich verboten, die Kausalreihe bis auf Versailles zurückzuverfolgen. Dabei ist der »Bruch des Versailler Vertrages« der erste Punkt der Anklage. Die Verteidigung dagegen wird stets sofort unterbrochen, wenn sie auf den Unfrieden von Versailles und seine Folgen hinweisen will.[3]

Deutlich intelligenter als der Durchschnitt

In Nürnberg wurden die Angeklagten vom US-Gefängnispsychologen Dr. Gustav M. Gilbert auf ihre Intelligenz getestet. Danach waren Hjalmar Schacht, Arthur Seyß-Inquart, Hermann Göring und Karl Dönitz Genies. Schacht und Seyß-Inquart wiesen einen Intelligenzquotienten auf, wie ihn nur ein Prozent der Erdbevölkerung für sich in Anspruch nehmen kann.

Der Historiker Prof. Dr. Werner Maser ergänzt: »Daß Adolf Hitler in einem solchen Test zumindest ebenso abgeschnitten hätte, muß infolge der inzwischen wissenschaftlich belegten Fakten als sicher gelten.«

Einige der Nürnberger Testergebnisse (100 = Durchschnitt):

Schacht und Seyß-Inquart je 143, Göring und Dönitz je 138, Hans Frank 130, Wilhelm Keitel und Joachim von Ribbentrop je 129, Albert Speer 128, Alfred Jodl 127, Konstantin von Neurath 125, Walter Funk 124, Julius Streicher 106.

Die Intelligenz der Richter und Ankläger wurde nicht getestet.

Um die Erforschung der Ursachen zu verhindern, hat man sich auf die Anlässe begrenzt und auch diese noch verfälscht. Ja, man wagt es sogar, das Verbot der Untersuchung der Ursachen und Tatmotive ausdrücklich zuzugeben:

»*Wie das Statut mit Recht sagt, und wie das Gericht es auch bisher gehandhabt hat, ist es nicht Aufgabe dieses Forums, festzustellen, welche inneren Gründe – ob berechtigt oder unberechtigt – zum Kriege geführt haben . . .*« [4]

Gerade hier hätte die Ermittlung beginnen müssen: bei der Erforschung der geschichtlichen Ursachen, die zu der Lage von 1939 geführt haben.

In Nürnberg aber gilt sogar die Heimkehr der Sudetendeutschen, die mit den Westmächten vereinbart worden war, wieder als »Verbrechen gegen den Frieden«.

Über Stalins verbrecherische Intentionen reden zu wollen, hieße Eulen nach Athen tragen. Jüngste Veröffentlichungen aus Moskauer Archiven belegen nicht zuletzt, daß Hitler 1941 keineswegs eine »friedliebende Sowjetunion« überfallen hat, sondern mit seinen Armeen in den Aufmarsch für eine riesige rote Offensive hineinstieß. Wie immer man die Details auch interpretieren mag: Stalin war kein Mann des Friedens, sondern ein eiskalter Machtpolitiker mit imperialistischen Zielen. Dies wird von praktisch niemandem mehr bestritten.

Wie aber war es um Franklin Delano Roosevelt bestellt? Der US-Präsident hatte das Nürnberger Tribunal vorbereitet; sein Nachfolger Truman führte die Pläne des Vorgängers nur zu Ende.

Der Krieg des Präsidenten

Eine Reihe ausländischer Veröffentlichungen beweist immer stärker, daß die Epoche Roosevelt nicht der Pax-Americana gedient hat, sondern eine Zeit der »war-monger«, der Kriegstreiber, gewesen ist. Die Resultate des Nürnberger Prozesses können das nicht widerlegen.

Wichtiger als dieses Tribunal ist längst das zeitgeschichtliche Verfahren geworden, das nun Franklin Delano Roosevelt als Hauptangeklagten vor die Schranken des Weltgerichts fordert.

Als sich die tschechische Krise zuspitzte und Chamberlain in Polen gegen Deutschland operierte, erhielt er vom amerikanischen Präsidenten »jede Unterstützung« zugesichert, »welchen Kurs Chamberlain auch immer wünschte«.[16]

Noch krasser wurde die Einmischung in der Polenkrise. Dieser Einfluß war von entscheidender Bedeutung für den Ausbruch des Zweiten Weltkrieges. Nicht nur, daß der Präsident in Paris und London die Kriegsparteien mit allen Mitteln der Drohungen und Versprechungen vorantrieb, auch unmittelbar in Warschau waren seine Helfer am Werk. US-Botschafter Bullit versicherte dem polnischen Außenminister Beck, »er rechne mit der polnischen Bereitschaft, die Danzigfrage zu einem Kriegsanlaß zu machen«. Das war am 19. März 1939.[17]

In Washington war der widerstrebende polnische Botschafter Graf Jerzy Potocki schon im Herbst 1938 auf die Linie des Präsidenten gezwungen worden. Potockis Berichte werden in Nürnberg selbstverständlich nicht zugelassen. Sie beweisen dokumentarisch, wie entscheidend Roosevelts Anteil daran war, daß die Polenkrise nicht lokalisiert, sondern zum Weltkrieg ausgeweitet wurde.

Den entscheidenden Anteil Roosevelts an der Vergiftung des deutsch-polnischen Verhältnisses und damit am Kriegsausbruch bestätigt zusammenfassend US-Kriegsminister Forrestal: »Hitler hätte Rußland bekämpft, ohne später mit England in Konflikt zu kommen, wenn nicht Bullit immer wieder auf den Präsidenten eingewirkt hätte, daß die Deutschen in der polnischen Angelegenheit gedemütigt werden müßten. Weder die Franzosen noch die Briten hätten Polen zu einem Kriegsgrunde gemacht, wenn nicht das dauernde Drängen von Washington gewesen wäre.«[18]

Der erste Kriegsakt des Präsidenten im September 1940 hätte allein schon, wie Churchill in seinen Erinnerungen bestätigt, Deutschland zum Kriege berechtigt:

»Die Abgabe von 50 amerikanischen Kriegsschiffen an Großbritannien war eine entschieden unneutrale Haltung der Vereinigten Staaten. Sie würde nach allen Normen der Geschichte die deutsche Regierung berechtigt haben, den Vereinigten Staaten den Krieg zu erklären.«

Unaufhaltsam näherte Roosevelt sich zugleich auch seinem taktischen Ziel: »die Japaner in die Zwangslage versetzen . . ., den ersten Schuß zu schießen, ohne daß wir selbst allzuviel Gefahr laufen«. Durch Japan sollten dessen Vertragsmächte, die Achsenpartner, in den Krieg mit Amerika hineingezogen werden. Vergeblich hatte Senator Taft noch am 28. Mai 1941 gewarnt: Roosevelt treibe die Entwicklung weiter und weiter in Richtung auf den Krieg, ohne das Volk zu befragen. Heute weiß man, daß »Pearl Harbour«, der japanische Angriff auf den US-Flottenstützpunkt, in Roosevelts Kalkül lag. Die amerikanische Seite wurde nicht überrascht. Aus Washington gingen bewußt keine Warnungen an die amerikanische Truppe. Es war klar, daß ein japanischer Überfall mit vielen toten US-Soldaten die Stimmung in der Bevölkerung zum Krieg reizen mußte. Schon vorher war das hohe Ehrbewußtsein der Japaner durch allerlei diplomatische Provokationen verletzt worden. Roosevelt wollte den Weltkrieg.

Wedemeyer entlarvt Roosevelt

Diese Tatsachen werden durch einen Tatzeugen der amerikanischen Kriegsvorbereitung und Kriegsführung in allen Einzelheiten bestätigt. General Wedemeyer hatte als Generalstabsoffizier Roosevelts Kriegsplan auszuarbeiten. Seine dokumentarische Schilderung der Rooseveltschen Kriegspolitik ist eine einzigartige Bestätigung der von dem großen schwedischen Forscher Sven Hedin ausgesprochenen Erkenntnis:

»Dieser Krieg wird in die Geschichte eingehen als der Krieg des Präsidenten!«

General Albert C. Wedemeyer bezeichnet sich in seinem Buch selbst als den Kriegsplaner von 1940 bis 1943. Er habe auf Befehl Roosevelts schon 1940 die große Strategie für einen Konflikt von globalen Ausmaßen generalstabsmäßig vorbereiten müssen [19]. Die Tatsache, daß der japanische Angriff von den USA zielbewußt provoziert worden war, sei verdeckt worden durch die Niederlage bei Pearl Habour und durch den daraus folgenden Verlust der Philippinen. Die dortige Besatzung sei durch die eigene Regierung als *Verlustposten* einkalkuliert worden. Roosevelt habe auf diese Weise die USA durch die Hintertür in den europäischen Krieg getrieben: »*Präsident Roosevelt hat uns in den Krieg manövriert durch patentiert unneutrale Aktionen gegen Deutschland wie durch das schließliche Ultimatum gegen Japan. Als Folge davon sind die USA in einen Krieg verwickelt worden, dessen Ergebnis es ist, daß die totalitäre Tyrannei über größere Gebiete der Erde ausgedehnt wurde, als Hitler sich jemals hätte auch nur träumen können.*« [20]

Ein Vierteljahr vor der deutschen Kriegserklärung im Dezember hat Roosevelt am 25. August 1941 Geheimbefehle erteilt, um die »feindlichen Kräfte« Deutschland und Italien zu vernichten. Diese Befehle erfolgten zwei Wochen nach der Atlantik-Konferenz, auf der Roosevelt Churchill versicherte: »Ich werde niemals Krieg *erklären,* sondern Krieg *führen.*«

Wedemeyer stellt fest:

»*Wir wissen dank einer erschöpfenden Durchforschung der deutschen Geheim-Archive während des Nürnberger Prozesses, daß es niemals einen Plan für einen Angriff auf die USA gegeben hat.*«

Im Gegenteil, die durchforschten Dokumente bewiesen, daß Hitler einen Krieg mit den USA vermeiden wollte. »Er hat keinen Krieg erklärt, bis er dazu gezwungen war durch seine Bündnisverpflichtungen gegenüber Japan.« [21]

Wedemeyer wird durch General Fuller bestätigt: »Der zweite amerikanische Kreuzzug endete noch verheerender als der erste, und diesmal war nicht der Kaiser agent provocateur, sondern der amerikanische Präsident, der den Nationalsozialismus haßte und aus Machtsucht sein Volk in den europäischen Konflikt hineinzerrte und diesen dadurch wiederum zum Weltkrieg ausweitete.« [22]

Für kein Land gab es weniger Zwang zum Krieg als für die USA. Roosevelt bestätigt das am 21. X. 1944: »Natürlich hätten wir uns mit

Hitler verständigen . . . können. Das haben wir abgelehnt. Wir hätten mit Japan zu einem Kompromiß kommen können. Und das haben wir abgelehnt.« [23]

Großadmiral Dönitz hat in seinem Lebensbericht die Kriegstreiberei Roosevelts aufgrund seiner Seekriegserfahrungen wie der Ergebnisse des Nürnberger Prozesses nachgewiesen: »Trotz der Kriegserklärung durch uns hat das Internationale Militärgericht in Nürnberg geurteilt, daß Deutschland keinen Angriffskrieg gegen die Vereinigten Staaten – ebenso wie auch nicht gegen England und Frankreich – geführt hat.« [24]

VII

»Schlüssel-Dokumente«

Tonnenweise haben die Alliierten Dokumente und Akten aller Ministerien und Dienststellen des Reiches erbeutet und verschleppt. Dennoch konnten die Ankläger aus dem amtlichen Material keine Beweisstücke vorlegen, die ausgereicht hätten, ihre Beschuldigungen zu stützen. Als Surrogate amtlicher Dokumente haben sie darum obskure Privataufzeichnungen als »Protokolle« vorgeführt, auch wenn ihnen alle Attribute fehlten, die mit diesem Begriff verbunden sein müßten: Datum, Dienststelle, Protokollant, Originaltext und selbstverständlich die Unterschriften der Teilnehmer der protokollierten Sitzungen oder Gespräche. Derart zweifelhafte Schriftstücke bzw. deren fotokopierte Abschriften wurden zu »Schlüsseldokumenten« hochgestapelt, mit denen man alles und jedes »beweisen« konnte.

Wenn noch Lücken blieben, wurden sie mit Textfragmenten aus Hitlers Propagandabuch »Mein Kampf« gefüllt, aus dem Zusammenhang gerissen oder falsch zitiert, und Stellungnahmen des machtlosen Führers einer Splitterpartei zur Lage von 1924 in Beweise für die Außenpolitik des deutschen Staatsoberhauptes von 1938 oder 1940 verwandelt. Wo man Hitler nicht persönlich bemühen konnte, berief man sich auf seine Reflexe in der Phantasie des Hermann Rauschning, der sich als Danziger Senatspräsident schon 1934 mit Hitler überworfen hatte und über Polen und die Schweiz nach Amerika emigriert war. Rauschnings angebliche Gespräche mit Hitler, in Nürnberg kronzeugenhaft von der Anklage zitiert, gelten heute auch im Urteil der nichtrevisionistischen Geschichtswissenschaft als Phantasieprodukte. Rauschning – das hat man nachgewiesen – war nur selten und kurz mit Hitler zusammengekommen. Sein Buch »Gespräche mit Hitler« (1939) war von Rachsucht und Propaganda diktiert.

Anträge der Verteidigung, diesen Kronzeugen der Anklage nach Nürnberg zu laden, wurden abgelehnt. Einen Fragebogen, den ihm das Gericht nach den USA sandte, ließ er unbeantwortet – wohl aus Furcht vor Entlarvung.

Kein Hoßbach-Protokoll

Das sog. Hoßbach-Protokoll sollte das Paradestück der »Schlüsseldokumente« werden, um den endgültigen Beweis zu erbringen, daß die führenden Militärs sich schon 1937 mit Hitler verschworen hätten, die friedliche Um- und Mitwelt mit Kriegen zu überfallen.

Prof. Taylor, ein US-Gelehrter von eher antideutscher Mentalität, doch eine anerkannte Autorität der Geschichte der Neuzeit, erteilt den Nürnberger Dokumentatoren vernichtende Zensuren. Die zahllosen Bände der Gerichtsprotokolle sähen zwar imposant aus, für einen Historiker aber böten sie gefährliches Material, da sie hastig und aufs Geratewohl für die Zwecke anklagender Plädoyers zusammengestellt worden seien: »Die Dokumente wurden ausgewählt, nicht nur um die Kriegsschuld der angeklagten Männer zu demonstrieren, sondern um die Kriegsschuld der anklagenden Mächte zu verheimlichen.«

Die Alliierten hätten einfach die deutsche Alleinschuld a priori vorausgesetzt: *»Dieses Urteil wurde bereits vor Beginn des Prozesses gefällt«*, womit Taylor nur Nikitschenko bestätigt. Und die Dokumente? »Sie wurden herangeschafft, um nachträglich eine Schlußfolgerung zu stützen, die vorher bereits feststand.« (The documents were brought in to sustain a conclusion which had already been settled.) [2]

Das Hoßbach-»Protokoll« erfüllt diese Aufgabe vorbildlich. Jeder Ankläger benützt es, trotz aller Gegenbeweise wird es noch im Urteil ausführlich zitiert. Auch Ankläger Alderman klammert sich am 26. November 1945 an dieses Surrogat und verkündet: »Dieses Schriftstück ist von so ungeheurer Bedeutung, daß ich mich verpflichtet fühle, es in seinem vollen Wortlaut vorzulesen . . .« [3]

Jodl beweist aus seinem Tagebuch, daß damals kein Protokoll angefertigt worden ist.[4] Die Besprechung hatte keinerlei wesentliche Wirkungen oder Folgen auf die Planungen der militärischen Führung ausgeübt.[5] Dr. Stahmer muß darum derartigen Niederschriften jeden Beweiswert bestreiten.[6]

Raeder gelingt es bei dieser Gelegenheit, Sir David wieder eine gutgemeinte Fälschung nachzuweisen, mit der dieser das Hoßbach-»Protokoll« noch etwas interessanter gestalten wollte. Hitler habe, behauptet Sir David, am 5. 11. 1937 gesagt, es sei das Hauptproblem, »wo die größten Eroberungen unter geringstem Einsatz zu erreichen seien«. Raeder korrigiert, nicht »Eroberungen« (conquest), sondern »Gewinn« habe Hitler gesagt.[7] Eine kleine Verfälschung von »Gewinn« auf »Eroberung«, und schon ist der »Kriegsplan« bewiesen!

Soweit Hitler nach Hoßbach militärische Eventualpläne entworfen hat, sind sie nicht verwirklicht worden, soweit er solche verwirklichte, waren sie am 5. 11. 37 nicht vorgesehen. Um aber solche Eventualpläne bewerten zu können, müßten ihnen die militärischen Planungen in Frankreich, England, USA, besonders aber in der UdSSR gegenübergestellt werden.

»In Nürnberg hatten die Siegermächte beschlossen, einen Angriffskrieg als Verbrechen zu bezeichnen. Für internationales Recht jedoch ist Kriegführen, auch bei einem Aggressionskrieg, kein Verbrechen, und es besteht keine Möglichkeit, jemanden anzuklagen, weil er an einem Krieg beteiligt war.«

Richard Goldstone, Generalankläger des Internationalen Strafgerichtshofs der UN in Den Haag, in »Le Monde«, 2. 2. 1996

In dem 1967 erschienenen Buch »Das Gericht der Sieger« schreiben die gewiß unverdächtigen »Stern«-Redakteure Gründler und Manikowsky, Hoßbach habe die Niederschrift »einige Tage nach dieser Führerbesprechung« mit Göring, Raeder und von Neurath angefertigt und mit dem Datum des 10. November 1937 versehen. »Als Grundlage dienten ihm nur sein Gedächtnis und bei der Besprechung notierte Stichworte.« Im Winter 1943/44 habe ein Offizier beim Sichten von Wehrmachtsakten Hoßbachs Gedächtnisprotokoll, von dem es keine Kopie gab, gefunden und eine Abschrift von ihr anfertigen lassen, die er einem Verwandten zu treuen Händen übergab. Hoßbach wisse bis heute (1967) nicht, »ob diese Abschrift oder sein handschriftliches Original dem Internationalen Militärgerichtshof als Beweismaterial gedient hat«.

Folgt man diesem seltsamen Hoßbach-Papier, hat Hitler 1937 von »Raumnot« schwadroniert, die »Einverleibung« der Tschechei und Österreichs angekündigt und ausgerufen: »Zur Lösung der deutschen Frage könne es nur den Weg der Gewalt geben.«

Göring sagte in Nürnberg zu dem Assistenten seines Verteidigers, ohne die Richtigkeit des Papiers zu bestätigen: »Auf mich machten dergleichen Äußerungen des Führers seit 1934 keinen Eindruck mehr. Denn ich wußte, daß ihn häufig reine Zweckmäßigkeitsgesichtspunkte zu solchen Reden veranlaßten. Hätte der Führer etwa eine Stunde nach dieser Rede, die lediglich darauf abzielte, den Herren etwas Dampf zu machen, zu einem Außenpolitiker über die Richtlinien der Politik sprechen müssen, so wäre wahrscheinlich etwas ganz anderes herausgekommen.«

Kurz und schlecht: Hitler neigte zum Bramarbasieren und geizte auch in öffentlichen Reden nicht mit Drohungen – um seinen Zuhörern äußerste Entschlossenheit zu signalisieren. Doch selbst wenn man in Nürnberg zu Recht jedes Wort des Hoßbach-Papiers auf die Goldwaage gelegt hätte, so wäre damit nicht eine »Verschwörung« zum Führen eines Angriffskrieges bewiesen worden. Denn die Zeugen dieses hitlertypischen Selbstgesprächs waren nur Zuhörer. Mehr nicht. Sie erhielten weder Weisungen, noch folgten sie ihnen. Schon gar nicht war von einem Weltkrieg die Rede.

Alderman dokumentiert

In Ermangelung amtlichen Belastungsmaterials hat die Anklage noch die angeblichen Schmundt-»Protokolle« vorgelegt. US-Ankläger Alderman bezeichnet die Notizen über eine Ansprache Hitlers vor der Wehrmachtsführung am 23. Mai 1939 als »von ebenso großer Bedeutung als das politische Testament des Führers«, das Hoßbach aufgezeichnet habe.[11] Im Negativen hat er recht. Es fehlen auch hier alle Merkmale eines Protokolls von dokumentarischem Charakter. Der angebliche Verfasser, Oberstleutnant Schmundt, fiel der Stauffenberg-Bombe vom 20. Juli 1944 zum Opfer und konnte zum »Schlüsseldokument« Nr. 2 nicht mehr Stellung nehmen.

Schmundt, nicht zum Protokollanten bestellt, hat eine mehrstündige Rede auf wenige Seiten angeblich »sinngemäß« zusammengefaßt, ohne irgendwo den Wortlaut wiederzugeben. Großadmiral Raeder bezeichnet die Notizen als die »unklarste Urkunde« über eine Hitler-Rede. Ein großer Teil der Texte sei sinnwidrig.[11a]

Soweit man diese Notizen überhaupt in eine logische Ordnung bringen kann, sprach Hitler von einem nicht gewollten, aber vielleicht unvermeidbaren Krieg in 4—5 Jahren. Das war die Lage noch im Mai 1939.

Im August 1939 hatte sich die Konstellation erheblich verändert. Wieder ruft Hitler die militärischen Führer zu einer Besprechung zusammen. Am 22. August 1939 gibt er eine Darstellung und Analyse der politischen und militärischen Lage. Über diese Tagung hat sich die Siegerjustiz gleich drei verschiedene »Aufzeichnungen« verschafft: Für eine Fassung kann der Verfasser nicht nachgewiesen werden, eine zweite hat Generaladmiral Hermann Böhm in einer eidesstattlichen Erklärung festgehalten, die dritte stammt vom amerikanischen Journalisten Lochner. Zum »Schlüsseldokument« erhoben wird jedoch die erste Fassung. Sie soll auf eineinhalb Seiten eine zweieinhalbstündige Rede Hitlers wiedergeben.

Als Alderman dieses zweite »Schlüsseldokument« deklamiert, erhebt sich sofort Dr. Stahmer und protestiert: »Die beiden verlesenen Urkunden sowie die dritte, zwar nicht verlesene, aber in Bezug genommene Urkunde werden von der Verteidigung nicht anerkannt . . . Sie tragen keine Unterschriften . . . es hat niemand in der Sitzung Auftrag bekommen, den Gang der Verhandlungen niederzuschreiben . . .«

Alderman hält sich dennoch an seinem Papier fest, leidet indes sichtlich darunter, daß er auf eine noch amüsantere Fassung des gleichen »Verschwörerplanes« verzichten muß, weil sogar dieses Gericht sein drittes »Protokoll« verschmäht. Vergeblich behauptet er, *»wir haben drei solcher Urkunden, die miteinander zusammenhängen und eine einzige Gruppe darstellen«*. Eine der drei Fassungen stelle das »Originalprotokoll« dar. Ein amerikanischer Journalist – Lochner – habe es durch eine »dritte Person« erhalten. Da dieser geheimnisvolle dritte Mann nicht zu ermitteln sei, habe man noch nach weiteren Quellen gesucht.

Halten wir die verschiedenen Fassungen nebeneinander:

1. a) *US-Lochners Urfassung:* »Ich (Hitler) werde einige wenige Kompanien in polnischer Uniform in Oberschlesien oder im Protektorat angreifen lassen. Ob die Welt es glaubt, ist scheißegal.«

b) Aldermans »Protokoll«: »Ich werde propagandistischen Anlaß zur Auslösung des Krieges geben, gleichgültig, ob glaubhaft.«

(Niemandem scheint aufgefallen zu sein, daß diese Stelle sinnwidrig ist. Ein propagandistischer Anlaß soll doch propagandistisch wirken. Wie könnte er dies, wäre er nicht glaubhaft? Wozu überhaupt Propaganda, wenn die Wirkung »scheißegal«?)

c) Die Niederschrift, die Generaladmiral Böhm noch am 22. August angefertigt und in ihrem Inhalt in Nürnberg eidesstattlich bestätigt hat, enthält diese Stelle nicht. Böhm hat gehört: »Die Auslösung des Konfliktes wird durch eine geeignete Propaganda erfolgen.«

2. a) *US-Lochners Urfassung:* »Hoffentlich kommt mir kein Saukerl im letzten Moment mit Vorschlägen dazwischen . . .«

b) Aldermans »Protokoll«: »Ich habe nur Angst, daß mir noch im letzten Moment irgendein Schweinehund einen Vermittlungsplan vorlegt.«

c) Dr. Siemers erwidert darauf in Nürnberg, daß Generaladmiral Böhm »unter Eid erklärt, daß Hitler diesen Satz nicht gebraucht hat«.[12] Großadmiral Raeder versichert unter Eid: »Derartige Ausdrücke pflegte Hitler nicht zu gebrauchen; sie sind bestimmt nicht gefallen.« [13] Das gleiche bestätigt Generalfeldmarschall v. Manstein.[13a]

Doch was bedeutet in Nürnberg der Eid eines Generaladmirals Böhm oder eines Großadmirals Raeder gegenüber US-Lochner.

3. a) *US-Lochners Urfassung:* »Polen wird entvölkert und mit Deutschen besiedelt.«

b) Aldermans »Protokoll«: »Vernichtung Polens im Vordergrund. Ziel ist die Beseitigung der lebendigen Kräfte, nicht die Erreichung einer bestimmten Linie.«

c) Generaladmiral Böhm: »Es ist nie von der Vernichtung Polens oder der Beseitigung der lebendigen Kräfte des polnischen Volkes als solchem gesprochen worden, sondern stets nur von dem Zerbrechen der militärischen Kräfte.« [14]

Generaloberst Halder bestätigt als Zeuge im OKW-Prozeß: »Die Besprechung endete damit, daß Hitler sagte, Polen ist isoliert, die Verhandlungen gehen weiter.« [14a] Rundstedt und Brauchitsch sprachen nur von einer »Fortsetzung des Nervenkrieges«.

Taylors Feststellung, daß die Nürnberger Anklage-Urkunden auch dazu ausgewählt worden seien, »um die Kriegsschuld der anklagenden Mächte zu verbergen«, trifft besonders zu für die »Schlüsseldokumente«. In der Festschriff für Herbert Kraus: »Mensch und Staat in Recht und Geschichte«, kommt Prof. Dr. H. G. Seraphim zu dem Ergebnis: *»Von den vier Dokumenten, die wir geprüft haben, haben wir vom quellenkritischen Standpunkt aus drei ablehnen und gegen das vierte Bedenken anmelden müssen.«* [15]

Die militärischen Tatsachen

Chefankläger Jackson behauptet am 26. Juli 1946, die militärischen Konflikte ab 1939 »waren die am sorgfältigsten geplanten Kriege der ganzen Geschichte«.[16] Der ehemalige Reichsaußenminister v. Ribbentrop hat Jackson in seinem Schlußwort entgegengehalten:

»Daß Deutschland keine Angriffskriege geplant hatte, wird durch die Tatsache bewiesen, welche Stärke wir im Verlauf des Zweiten Weltkrieges entfaltet haben und wie schwach wir dagegen zu Beginn des Krieges waren. Die Geschichte wird es uns glauben, wenn ich sage, daß wir einen Angriffskrieg ungleich besser vorbereitet haben würden, sofern wir ihn tatsächlich beabsichtigt hätten.« [17]

Tatsächlich hatte der deutsche Rüstungsstand 1939 nur 25 % des Standes von 1943 erreicht.

Die deutsche Luftwaffe war, wie bereits festgestellt, überhaupt nicht auf das »strategic bombing« wie die angloamerikanische Rüstung eingestellt. A. J. P. Taylor bestätigt, daß Deutschland keine von den Landstreitkräften unabhängige Bomberwaffe (independent bombing) entwickelt hatte. Die deutschen Bomber waren nur zur Unterstützung (auxiliary) der Landtruppen entwickelt worden.[19] Die Vergeltungsflüge 1940 mußten improvisiert werden.

Ebenso unberechtigt ist die Anklage, allein Deutschland habe bis 1939 gerüstet. Es hat im Gegenteil mitten in einem allgemeinen Wettrüsten mühsam versucht, den Vorsprung seiner Nachbarn aufzuholen, und zwar unter schwierigsten Bedingungen.

Generaloberst Jodl hat nachgewiesen, daß 1935 (also zwei Jahre vor der Besprechung vom 5. 11. 37) den 36 in Deutschland erst aufgestellten Divisionen 190 tschechische, polnische und französische Kriegs-Divisionen gegenüberstanden. Dazu kamen noch die englischen Land- und Seestreitkräfte und über 100 Divisionen der Roten Armee. Jodl erklärt:

»Die wirkliche Aufrüstung wurde erst *nach* Kriegsbeginn durchgeführt. Wir traten in diesen Weltkrieg ein mit etwa 75 Divisionen, 60 % der gesamten wehrfähigen Bevölkerung waren unausgebildet, das Friedensheer war etwa 400 000 Mann stark gegenüber 800 000 Mann im Jahre 1914. Die Vorräte an Munition und Bomben waren geradezu lächerlich. Für 10—15 Kampftage hatten wir Munition. Wir waren bis zum Jahre 1939 zwar in der Lage, Polen allein zu schlagen, aber wir waren

Alfred Jodl mit seinem Verteidiger. Kurz vor seinem Tod schreibt der Generaloberst an seine Frau: »Wenn aber, was ich mit allen Fasern hoffe, Du einmal das Werden eines echten deutschen Frühlings erlebst, dann sollst Du dieses Deutschland von mir grüßen, denn für das habe ich allein gelebt und bin ich gefallen.«

niemals, weder 1938 noch 1939, eigentlich in der Lage, einem konzentrischen Angriff dieser Staaten gemeinsam standzuhalten.« [20]

Im Herbst 1939 verfügte allein Polen über 1,5 Millionen Soldaten. Frankreich hatte 1939 über 2,7 Millionen Mann mobilisiert. Im Juni 1940 verfügte Frankreich über eine quantitativ wesentlich stärkere Panzerwaffe als Deutschland. In Blackburn hat der vorsichtige Neville Chamberlain bereits am 22. 2. 39, wenige Monate nach »München«, festgestellt:

»Die Zahlen unserer Aufrüstung sind in der Tat überwältigend. Vielleicht sind sie so gewaltig, daß das Volk sie gar nicht mehr zu fassen vermag.« [21] Von 1938—1939 wurde die Royal Air Force verdoppelt.[22]

Wäre dieses westliche Rüstungspotential mit dem sowjetrussischen vereinigt worden, wie es die englisch-französischen Einkreisungsverhandlungen in Moskau 1939 erstrebten, hätte man Deutschland mit einer solchen Übermacht erdrücken können.

Über die englische Flotten-Überlegenheit berichtet Churchill: »Diesmal hatte die deutsche Flotte ihren Wiederaufbau eben erst begonnen und war nicht einmal imstande, eine Schlachtlinie zu bilden. Unsere Herrschaft zur See war somit, soweit Überwasserschiffe in Frage kamen, unbestritten. *Sowohl an Stärke wie an Zahl war unzweifelhaft die britische Flotte der deutschen gewaltig überlegen.«* [23]

Churchill bestätigt damit Raeders Nürnberger Aussage: »Es liegen die verschiedensten Beweise dafür vor, daß ich in gar keiner Weise mit einem Krieg zum Herbst (1939) rechnete, und bei dem geringen Maß der Aufrüstung der deutschen Marine war das natürlich . . .« [24]

Der englische Historiker Telford Taylor weist für die gesamte deutsche Rüstung nach, daß sie ihr Soll erst für die Jahre 1943—44 erreichen wollte.[25]

Diese Tatsachen haben ein anderes Gewicht als einige fotokopierte, nicht unterzeichnete Dokumenten-Surrogate zweifelhafter Herkunft. Prof. Taylor:

»Der deutsche Rüstungsstand von 1939 bietet den entscheidenden Beweis, daß Hitler keinen allgemeinen Krieg und wahrscheinlich überhaupt keinen Krieg beabsichtigte.« (»probably not intending war at all«) [26]

Taylor weiter:

»Sogar 1939 war die deutsche Wehrmacht für keinen längeren Krieg ausgerüstet, und 1940 waren die deutschen Landstreitkräfte den französischen in allem unterlegen, mit Ausnahme der Führerschaft.« [27]

Diese Hinweise begründen keine Generalabsolution für Hitler und die NS-Politik. Man wollte eine Revision des Versailler Zustandes und rüstete dafür politisch und militärisch auf. Es wäre nur falsch, die französischen, englischen, tschechischen, polnischen und amerikanischen Gegenspieler als reine Friedensengel darzustellen und damit aus jeder historischen Verantwortung zu entlassen.

VIII

Das letzte Kapitel

In Nürnberg erhielten die Angeklagten am 31. August 1946 das Schlußwort. Bezeichnenderweise war von den Hauptanklägern nur der sowjetische Vertreter Rudenko anwesend. Dafür drängten sich die internationalen Pressevertreter im Saal.

Hermann Göring erhob sich und sagte:

»Die Anklagebehörde hat in ihren Schlußplädoyers die Verteidigung und ihre Beweisführung als völlig wertlos behandelt. Die unter Eid gemachten Ausführungen der Angeklagten wurden von ihr dort als absolut wahr angenommen, wo diese zur Stützung der Anklage dienen konnten, aber im gleichen Augenblick als Meineid bezeichnet, wo diese Aussagen die Anklage widerlegten. Das ist sehr primitiv, aber keine überzeugende Grundlage für die Beweisführung.

Die Anklage führt die Tatsache, daß ich der zweite Mann im Staate war, als Beweis an, daß ich alles, was geschehen sei, gewußt haben müsse. Sie bringt keinerlei dokumentarisches oder sonstiges stichhaltiges Beweismaterial, wo ich dieses Wissen oder gar Wollen unter Eid bestritten habe. Es ist also nur eine Behauptung und Vermutung, wenn die Anklage sagt: Wer sollte dies gewußt haben, wenn nicht Göring als Nachfolger des Führers. Wiederholt aber haben wir leider gehört, wie gerade die schwersten Verbrechen am geheimnisvollsten verschleiert wurden. Daß ich diese furchtbaren Massenmorde auf das schärfste verurteile und mir jedes Verständnis hierfür fehlt, stelle ich nachdrücklich fest. Ich möchte es aber noch einmal vor dem Hohen Gericht klar aussprechen:

Ich habe niemals, an keinem Menschen und zu keinem Zeitpunkt einen Mord befohlen und ebensowenig sonstige Grausamkeiten angeordnet oder geduldet, wo ich die Macht und das Wissen gehabt habe, solche zu verhindern. Für die von Herrn Dodd in seinem Schlußplädoyer neu aufgestellte Behauptung, ich hätte Heydrich befohlen, die Juden zu töten, fehlt es an jedem Beweis; sie ist auch nicht wahr. Es gibt nicht einen einzigen von mir, oder in meinem Auftrag unterzeichneten Befehl, daß feindliche Flieger erschossen oder dem SD übergeben werden sollten. Es ist auch kein einziger Fall festgestellt, wo Einheiten meiner Luftwaffe derartiges ausgeführt haben. Von der Anklage sind teilweise Dokumente vorgebracht worden, die angebliche Äußerungen enthalten, von dritten oder vierten Personen mitgeteilt oder mitgeschrieben, ohne daß ich je vorher diese gesehen habe, um dort einige Auffassungen richtigzustellen oder Mißverständnisse auszuschließen. Wie leicht aber bei Aufzeichnungen durch Dritte völlig entstellende Niederschriften entstehen können, beweisen unter anderem auch die stenographischen Protokolle dieser Gerichtssitzungen, die oft bei ihrer Überprüfung erst der Richtigstellung bedurften.

Die Anklage bringt aus einem Zeitraum von 25 Jahren einzelne Äußerungen, die unter ganz anderen Verhältnissen und ohne jegliche Folge daraus zu ziehen getan wurden, als Beweis von Absicht und Schuld. Äußerungen, wie sie leicht aus der Erregung des Augenblicks und der herrschenden Atmosphäre gefallen sind. Es gibt wohl kaum eine führende Persönlichkeit auf der Gegenseite, von welcher nicht ähnliches im Ablauf eines Vierteljahrhunderts in Wort und Schrift gebracht worden wäre. Die Anklage stellt aus allem Geschehen dieser 25 Jahre, aus Besprechungen, Reden, Gesetzen, Teilhandlungen und Entscheidungen bewußte Folgemäßigkeit und lückenlosen Zusammenhang fest, wonach alles von Anfang an so gewollt und beabsichtigt gewesen sei. Dieses ist eine derart irrige und jeder Logik entbehrende Auffassung, die einst die Geschichte richtigstellen wird, nachdem schon das Beweisverfahren hier die Unrichtigkeit dieser Behauptungen ergeben hat.

Herr Jackson weist in seiner Schlußansprache darauf hin, daß die Signatarstaaten sich noch im Kriegszustand mit Deutschland befinden und lediglich ein Waffenstillstand durch bedingungslose Kapitulation herrsche. Nun ist das Völkerrecht aber einheitlich. Es muß dasselbe für beide Teile gelten. Wenn also alles, was heute seitens der Besatzungsmächte in Deutschland geschieht, völkerrechtlich zulässig ist, dann war vorher Deutschland, zum mindesten Frankreich, Holland, Belgien, Norwegen, Jugoslawien und Griechenland gegenüber, in der gleichen Lage. Wenn heute die Genfer Konvention Deutschen gegenüber keine Geltung mehr hat, wenn heute in allen Teilen Deutschlands die Industrie abbaut und ebenso, wenn andere große Werte auf allen Gebieten in die anderen Staaten verbracht werden können, wenn heute das Vermögen von Millionen Deutschen beschlagnahmt wird und viele andere schwerste Eingriffe in Freiheit und Eigentum erfolgen, so können derartige Maßnahmen in den oben angeführten Ländern völkerrechtlich auch nicht verbrecherisch gewesen sein.

Herr Jackson hat weiterhin ausgeführt, daß man nicht den Staat anklagen und bestrafen kann, sondern daß man dafür die Führer verantwortlich machen müsse. Man scheint zu vergessen, daß Deutschland ein souveräner Staat, ein souveränes Reich war und seine Gesetzgebung innerhalb des deutschen Volkes nicht der Juristikation des Auslands unterworfen war. Kein Staat hat je durch eine Notifizierung das Reich rechtzeitig darauf aufmerksam gemacht, daß man die Tätigkeit für den Nationalsozialismus unter Strafe und Verfolgung stellen werde.

Im Gegenteil: Wenn man also jetzt Einzelpersonen, in erster Linie uns, die Führer, zur Rechenschaft zieht und verurteilt, gut: aber dann darf man nicht gleichzeitig das deutsche Volk bestrafen. Das deutsche Volk vertraute dem Führer, und es hatte bei seiner autoritären Staatsführung keinen Einfluß auf das Geschehen. Ohne Kenntnis von den schweren Verbrechen, die heute bekanntgeworden sind, hat das Volk treu, opferwillig und tapfer den ohne seinen Willen entbrannten Existenzkampf auf Leben und Tod durchgekämpft und durchgelitten. Das deutsche Volk ist frei von Schuld.

Ich habe keinen Krieg gewollt oder herbeigeführt. Ich habe alles getan, ihn durch Verhandlungen zu vermeiden. Als er ausgebrochen war, tat ich alles, den Sieg zu sichern. Da die drei größten Weltmächte mit vielen anderen Nationen gegen uns kämpften, erlagen wir schließlich der gewaltigen Übermacht. Ich stehe zu dem, was ich getan habe. Ich weise aber auf das entschiedenste zurück, daß meine Handlungen diktiert waren von dem Willen, fremde Völker durch Kriege zu unterjochen, zu morden, zu rauben und zu versklaven, Grausamkeiten oder Verbrechen zu begehen. – Das einzige Motiv, das mich leitete, war heiße Liebe zu meinem Volk, sein Glück, seine Freiheit und sein Leben. – Dafür rufe ich den Allmächtigen und mein deutsches Volk zum Zeugen an.«

Freundschaft gewünscht

Rudolf Heß schloß seine Ausführungen mit dem Bekenntnis: »Stünde ich wieder am Anfang, so würde ich gleichermaßen handeln, auch wenn ich wüßte, daß am Ende ein Scheiterhaufen für meinen Flammentod brennt.«

Hans Joachim von Ribbentrop rechnete scharf mit der Anklage ab:

»Vor der Errichtung des Status dieses Gerichtshofes müssen wohl auch die Signatarmächte des Londoner Abkommens andere Ansichten über Völkerrecht und Politik gehabt haben als heute. Als ich 1939 nach Moskau zu Marschall Stalin kam, besprach er mit mir nicht die Möglichkeit einer friedlichen Beilegung des deutsch-polnischen Konfliktes im Rahmen des Briand-Kellogg-Paktes, sondern er ließ durchblicken, wenn er zu der Hälfte Polens und den Baltischen Ländern nicht noch Litauen bekäme, könne ich gleich wieder zurückfliegen. Das Kriegführen galt in Moskau offensichtlich 1939 auch noch nicht als internationales Verbrechen gegen den Frieden, sonst könnte ich mir Stalins Telegramm nach Abschluß des Polenfeldzuges nicht erklären, das lautete: ›Die Freundschaft Deutschlands und der Sowjetunion, begründet durch gemeinsam vergossenes Blut, hat alle Aussicht, dauerhaft und fest zu sein!‹ Ich möchte das hier unterstreichen: Auch ich habe diese Freundschaft damals heiß gewünscht. Von dieser Freundschaft ist für Europa und die Welt nur noch das Kernproblem geblieben: Wird Asien Europa beherrschen, oder werden die Westmächte den Einfluß der Sowjets an der Elbe, an der Adriatischen Küste und an den Dardanellen aufhalten oder gar zurückdrängen können?

Mit anderen Worten, Großbritannien und die USA stehen heute praktisch vor dem gleichen Dilemma wie Deutschland zur Zeit der von mir geführten Verhandlungen mit Rußland. Ich hoffe von ganzem Herzen für mein Land, daß sie im Ergebnis erfolgreicher sein werden . . . Eine Revolution wird nicht verständlicher, wenn man sie unter dem Gesichtspunkt einer Verschwörung betrachtet . . . Ich beklage diese scheußlichen Verbrechen, die diese Revolution beschmutzt haben, ich vermag sie aber nicht alle an puritanischen Moralmaßstäben zu messen. Um so weniger, nachdem ich gesehen habe, daß auch die Gegenseite, trotz eines totalen Sieges, Scheußlichkeiten größten Ausmaßes weder verhindern konnte noch verhindern will . . . Für den kritischen Beobachter ist die Theorie der Verschwörung eine Verlegenheitslösung. Wer an entscheidender Stelle im Dritten Reich gewirkt hat, weiß, daß sie eine geschichtliche Unwahrheit darstellt, und der Vater des Statuts dieses Gerichtshofs erweist mit seiner Erfindung nur, welchem Milieu sein Denken entspricht. Ich könnte ebensogut behaupten, daß die Signatarmächte des Statuts eine Verschwörung zur Unterdrückung elementarster Bedürfnisse eines hochentwickelten, tüchtigen und tapferen Volkes gebildet hätten.«

Wilhelm Keitel führte am Schluß aus:

»Ich habe geglaubt, ich habe geirrt und war nicht imstande zu verhindern, was hätte verhindert werden müssen. Das ist meine Schuld! Es ist tragisch, einsehen zu müssen, daß das Beste, was ich als Soldat zu geben hatte, Gehorsam und Treue, für nichterkennbare Absichten ausgenutzt wurde und daß ich nicht sah, daß auch der soldatischen Pflichterfüllung eine Grenze gesetzt ist. Das ist mein Schicksal.

Möge aus der klaren Erkenntnis der Ursachen, der unheilvollen Methoden und der schrecklichen Folgen dieses Kriegsgeschehens für das deutsche Volk die Hoffnung erwachsen auf eine neue Zukunft in der Gemeinschaft der Völker.«

Ernst Kaltenbrunner, der vom ersten Augenblick an auf verlorenem Posten stand, endete mit den Worten:

»Ich bin hier angeklagt, weil man für den fehlenden Himmler und andere mir vollkommen konträre Elemente Stellvertreterschaft brauchte.

Ob man meine Darstellung nun angenommen oder verworfen hat, bitte ich Sie, das Schicksal und die Ehre Hunderttausender gefallener und lebender Männer der Allgemeinen SS, der Waffen-SS und der Beamtenschaft nicht mit Ihrem gerechten Fluch gegen Himmler zu verknüpfen.«

Alfred Rosenberg hatte in seiner Nürnberger Zelle in seinem Nachlaß aufgezeichnet:

»Ich habe einer als groß empfundenen Idee gedient, sie ist es gewesen, die die Besten von uns zu immer neuer Arbeit ermutigt hat. Ich konnte auch eine Bewegung, bei aller Erkenntnis gewisser Menschen, mitten im Kampf nicht verlassen, sondern mußte dem Reiche dienen, wo und so gut ich es vermochte. Darüber wird einst die Geschichte urteilen, wenn sie die Zustände und Mächte von 1918 bis 1933 und dann von 1933 bis 1945 prüft.«

In seinem Schlußwort vor den Nürnberger Richtern stellte er fest:

»Dieses war nicht die Durchführung des Nationalsozialismus, für den Millionen gläubiger Männer und Frauen gekämpft haben, sondern ein schmählicher Mißbrauch, eine auch von mir zutiefst verurteilte Entartung.«

Hans Frank verherrlichte in seinen Ausführungen christkatholische Grundsätze, indem er versicherte:

»Es waren nicht technische Mängel und unglückliche Umstände allein, durch die wir den Krieg verloren haben, es war auch nicht Unglück und Verrat. Gott vor allem hat das Urteil über Hitler gesprochen und vollzogen über ihn und das System, dem wir in gottferner Geisteshaltung dienten . . . Hitlers Weg war der vermessene Weg ohne Gott, der Weg der Abwendung von Christus und der Weg politischer Torheit, der Weg des Verderbens und des Todes. Sein Gang wurde mehr und mehr der eines entsetzlichen Abenteurers ohne Gewissen und Ehrlichkeit, wie ich heute weiß am Schluß dieses Prozesses . . . Ich muß mich berichtigen. Im Zeugenstand sprach ich von den tausend Jahren, die die Schuld von unserem Volke wegen des Verhaltens Hitlers an diesem Krieg nicht nehmen könnten! Nicht nur das sorgsam aus diesem Verfahren ferngehaltene Verhalten unserer Kriegsfeinde unserem Volke und seinen Soldaten gegenüber, sondern die riesigen Massenverbrechen entsetzlichster Art, die, wie ich erst jetzt erfahren habe, vor allem in Ostpreußen, Schlesien, Pommern und im Sudetenland von Russen, Polen und Tschechen an Deutschen verübt wurden und noch verübt werden, haben jede nur mögliche Schuld unseres Volkes schon heute getilgt.«

Wilhelm Frick, Julius Streicher und Walter Funk äußerten sich nur kurz. Frick erklärte mit Nachdruck, daß er und die Zehntausende internierter deutscher Beamter nur ihre Pflicht getan hätten.

Falsches Führerprinzip

Hjalmar Schacht verteidigte ausschließlich seine Person und wies jede Schuld von sich.

Karl Dönitz führte aus:

»Ich möchte drei Dinge sagen:

1. Mögen Sie über die Rechtmäßigkeit des deutschen U-Boot-Krieges urteilen, wie es Ihnen Ihr Gewissen gebietet. Ich halte diese Kriegführung für berechtigt und habe nach meinem Gewissen gehandelt. Ich müßte das genauso wieder tun. Meine Untergebenen aber, die meine Befehle befolgt haben, haben gehandelt im Vertrauen auf mich und ohne auch nur den Schatten eines Zweifels an der Notwendigkeit und Rechtmäßigkeit dieser Befehle. In meinen Augen kann ihnen kein nachträgliches Urteil den guten Glauben absprechen an die Ehrenhaftigkeit eines Kampfes, in dem sie freiwillig bis zur letzten Stunde Opfer über Opfer gebracht haben.

2. Man hat hier viel von einer Verschwörung geredet, die unter den Angeklagten bestanden haben soll. Ich halte diese Behauptung für ein politisches Dogma. Als solches kann man es nicht beweisen, sondern nur glauben oder ablehnen. Große Teile des deutschen Volkes werden aber niemals daran glauben, daß eine solche Verschwörung die Ursache ihres Unglücks ist. Mögen Politiker und Juristen darüber streiten. Sie

werden es dem deutschen Volke erschweren, aus diesem Verfahren eine Lehre zu ziehen, die entscheidend wichtig ist für seine Stellungnahme zur Vergangenheit und für seine Gestaltung der Zukunft: die Erkenntnis, daß das Führerprinzip als politisches Prinzip falsch ist.

Das Führerprinzip hat sich in der militärischen Führung aller Armeen der Welt aufs beste bewährt. Auf Grund dieser Erfahrungen hielt ich es auch in der politischen Führung für richtig. Besonders bei einem Volk in der trostlosen Lage des deutschen Volkes 1932. Die großen Erfolge der neuen Regierung, ein nie gekanntes Gefühl des Glücks in der ganzen Nation schien dem recht zu geben.

Wenn aber trotz allem Idealismus, aller Anständigkeit und aller Hingabe der großen Masse des deutschen Volkes letzten Endes mit dem Führerprinzip kein anderes Ergebnis erreicht worden ist als das Unglück dieses Volkes, dann muß das Prinzip als solches falsch sein. Falsch, weil die menschliche Natur offenbar nicht in der Lage ist, die Macht dieses Prinzips zum Guten zu nutzen, ohne den Versuchungen dieser Macht zu erliegen.

3. Mein Leben galt meinem Beruf und damit dem Dienst am deutschen Volk. Als letzter Oberbefehlshaber der deutschen Kriegsmarine

Teurer Spaß

Nach Angaben der amerikanischen Regierung kostete der Nürnberger Prozeß 4 435 719 US-Dollar. Offiziell umgerechnet: 88,7 Millionen Reichsmark. Zum Schwarzmarktkurs des Jahres 1946: 434 Millionen Reichsmark. Man darf davon ausgehen, daß der Betrag in irgendeiner Weise den Besiegten in Rechnung gestellt wurde. Auch der Unterhalt des Alliierten Kriegsverbrechergefängnisses in Berlin-Spandau mußte bis zum Heß-Tod im Jahr 1987 von Bonn bezahlt werden.

und als letztes Staatsoberhaupt fühle ich mich dem deutschen Volk gegenüber verantwortlich für alles, was ich tat und ließ.«

Anschließend erhob sich Erich Raeder und sagte in seiner letzten Stellungnahme:

». . . Das zweite allgemeine, daher auch für mich wichtige Ergebnis des Prozesses ist die Tatsache, daß der deutschen Marine grundsätzlich ihre Sauberkeit und Kampfsittlichkeit auf Grund der Beweisaufnahme hat bestätigt werden müssen. Sie steht vor diesem Gericht und vor der Welt mit reinem Schild und unbefleckter Flagge da.

Den Versuch im Plädoyer Shawcross', den U-Boot-Krieg auf eine Stufe mit den Greueltaten zu stellen, können wir mit reinem Gewissen nachdrücklichst zurückweisen; denn sie sind nach den klaren Ergebnissen der Beweisaufnahme unhaltbar. Insbesondere ist der Vorwurf, daß die Marine ›niemals die Absicht gehabt habe, die Seekriegsgesetze einzuhalten‹, völlig entkräftet; ebenso ist es erwiesen, daß die Seekriegsleitung und ihr Chef niemals ›Verachtung für das internationale Recht‹ gezeigt haben, sondern vielmehr vom ersten bis zum letzten Augenblick ehrlich bestrebt gewesen sind, die moderne Seekriegführung mit den völkerrechtlichen und menschlichen Forderungen in Einklang zu bringen –, auf der gleichen Basis wie unsere Gegner.

Ich bedauere, daß die Anklage immer wieder versuchte, mich und die Marine zu diffamieren . . . Ich bin aber auch der Überzeugung, daß die britische und amerikanische Anklage der eigenen Marine einen schlechten Dienst erwiesen hat, wenn sie den Gegner moralisch herabsetzte und als minderwertig hinstellte, der gegen die alliierten Seestreitkräfte jahrelangen, schweren und ehrenvollen Seekrieg führte. Ich bin überzeugt, daß die Admiralitäten der alliierten Länder mich verstehen und wissen, daß sie nicht gegen einen Verbrecher gekämpft haben.

Ich kann mir dieses Verhalten der Anklage nur damit erklären, daß ihre Vertreter, wie ich immer feststellen mußte, nur sehr wenig Urteil über die Grundsätze wahren Soldatentums und soldatischer Führung erkennen ließen und daher kaum dazu berufen erscheinen, über Soldatenehre zu urteilen.

Ich fasse zusammen:

Ich habe als Soldat meine Pflicht getan, weil ich der Überzeugung war, dem deutschen Volk und Vaterland, für das ich gelebt habe und für das zu sterben ich jederzeit bereit bin, damit am besten zu dienen. Wenn ich mich irgendwie schuldig gemacht haben soll, so höchstens in der Richtung, daß ich trotz meiner rein militärischen Stellung vielleicht nicht nur Soldat, sondern doch bis zu einem gewissen Grade auch Politiker hätte sein sollen, was mir aber nach meinem ganzen Werdegang und der Tradition der Deutschen Wehrmacht widerstrebte. Dies wäre dann aber eine moralische Schuld gegenüber dem deutschen Volk und kann mich nie und nimmer zum Kriegsverbrecher stempeln; es wäre keine Schuld vor einem Strafgericht der Menschen, sondern eine Schuld vor Gott.«

Nicht der Hölle gedient

Baldur von Schirach wiederholte seine Lossagung von Adolf Hitler, die er schon als Zeuge vorgetragen hatte. Fritz Sauckel bestritt jede persönliche Schuld.

Alfred Jodl faßte zum Abschluß des Prozesses noch einmal die Beweggründe zusammen, welche die Deutsche Wehrmacht veranlaßten, ihrem Volk bis zum letzten Tage des Krieges uneigennützig zu dienen. Er führte aus:

»Es ist mein unerschütterlicher Glaube, daß eine spätere Geschichtsschreibung zu einem objektiven und gerechten Urteil über die hohen militärischen Führer und ihre Gehilfen kommen wird, denn sie und mit ihnen die ganze Deutsche Wehrmacht standen vor einer unlösbaren Aufgabe, nämlich einen Krieg zu führen, den sie nicht gewollt, unter einem Oberbefehlshaber, dessen Vertrauen sie nicht hatten und dem sie selbst nur beschränkt vertrauten, mit Methoden, die oft ihren Führungsgrundsätzen und ihren überkommenen erprobten Anschauungen widersprachen, mit Truppen und Polizeikräften, die nicht ihrer vollen Befehlsgewalt unterstanden, und mit einem Nachrichtendienst, der teilweise für den Gegner arbeitete. Und dies alles in der vollen und klaren

Erkenntnis, daß dieser Krieg entschied über Sein oder Nichtsein des geliebten Vaterlandes.

Sie haben nicht der Hölle gedient und nicht einem Verbrecher, sondern ihrem Volke und ihrem Vaterlande.

Was mich betrifft, so glaube ich, kein Mensch kann besser handeln, als wenn er von den Zielen, die ihm erreichbar erscheinen, das Höchste erstrebt. Das, und nichts anderes, war die Richtschnur meines Handelns seit je, und deshalb werde ich, welches Urteil Sie, meine Herren Richter, auch über mich fällen, diesen Gerichtssaal ebenso erhobenen Hauptes verlassen, wie ich ihn vor vielen Monaten betreten habe. Wer mich aber einen Verräter nennt an der ehrenvollen Tradition der deutschen Armee oder wer behauptet, daß ich aus egoistischen, persönlichen Gründen auf meinem Posten geblieben wäre, den nenne ich einen Verräter an der Wahrheit.

In einem Krieg wie in diesem, in dem Hunderttausende von Kindern und Frauen durch Bombenteppiche vernichtet oder durch Tiefflieger getötet wurden, in dem Partisanen jedes, aber auch jedes Gewaltmittel anwandten, das ihnen zweckmäßig erschien, sind harte Maßnahmen, auch wenn sie völkerrechtlich bedenklich erscheinen sollten, kein Verbrechen vor Moral und Gewissen. Denn ich glaube und bekenne: Die Pflicht gegen Volk und Vaterland steht über jeder anderen. Diese zu erfüllen war mir Ehre und höchstes Gesetz.

Möge diese Pflicht in einer glücklicheren Zukunft ersetzt werden durch eine noch höhere: durch die Pflicht gegen die Menschheit!«

Franz von Papen begründete seine Teilnahme an der Regierung Hitler mit dem Glauben, »den Nationalsozialismus in verantwortungsbewußte, ruhige Bahnen lenken zu können«. Er habe im Christentum das beste Gegengewicht gegen ideologischen und politischen Radikalismus gesehen; doch das Ziel sei nicht erreicht worden. »Will die Anklage behaupten, daß das deutsche Volk 1933 Hitler gewählt habe, weil es den Krieg wollte?« fragte von Papen.

Arthur Seyß-Inquart gab in seiner Rede einen kurzen Überblick über sein Wirken an dem Anschluß Österreichs und seine Tätigkeit in Hol-

Albert Speer im Verhör. In den Glaskästen die Dolmetscher. Der frühere Reichsrüstungsminister, einer der engsten Vertrauten Hitlers, entging dem Henker durch Schuldzuweisungen an andere und demonstrative »Reue«. Nach 20jähriger Haft vermarktete er sich optimal und zeitgeistgerecht. Der Buch-Millionär starb 1981 im Alter von 76 Jahren in London.

land. Seyß-Inquart bekannte nochmals, er habe Hitler als dem Verwirklicher Großdeutschlands gedient. »Ich vermag nicht heute ›Kreuzigt ihn!‹ zu rufen, da ich gestern ›Hosianna!‹ gerufen habe.«

Im Gegensatz dazu wiederholte Albert Speer seine Angriffe gegen Hitler und erklärte, das deutsche Volk werde nach diesem Prozeß Hitler »als den erwiesenen Urheber des Unglücks verachten und verdammen«.

Konstantin Freiherr von Neurath ging auf die gegen ihn erhobenen Anwürfe gar nicht ein und beschränkte sich darauf, seine Vaterlandsliebe und sein gutes Gewissen zu unterstreichen.

Hans Fritzsche betonte, daß er nicht die Rolle gespielt hätte, die ihm die Anklage zuschob. Im übrigen sei er selber getäuscht worden und habe im guten Glauben gehandelt.

War auch die Verantwortung der Angeklagten jeweils verschieden: Ein gegenseitiges Belasten, vor allem ein Um-Gnade-Winseln wurde trotz alledem nicht gehört. Die Mehrzahl der Angeklagten bot dem Gericht ein Bild von innerlich gefestigten Männern, die sich mit dem Schicksal abgefunden hatten. Keiner der Anwesenden vermochte sich auch der Wirkung der Worte der Todbedrohten zu entziehen.

Bernard Shaw erklärte in London, die Alliierten hätten kein ethisches Recht, die Nürnberger Angeklagten hinzurichten: »Die Atombombe hat unseren Moralstolz aus dem Gerichtshof hinausgeblasen; nach Anwendung der Bombe ohne Warnung oder Ankündigung und nach ihrer unnützen Wiederholung sind wir kaum moralisch in der Lage, irgend jemand zu henken.«

Die amerikanische Soldatenzeitung »Stars and Stripes« veröffentlichte am 19. September 1946 unter anderem eine Äußerung des Verteidigers Oshimas vor dem Alliierten Militärgerichtshof in Tokio, die mit klassischer Deutlichkeit den Hauptpunkt des Nürnberger Prozesses offenbarte. »Stars and Stripes« schrieb: »Tojos Chancen stehen besser als die Görings. Owen Cunningham sagte, daß bei der Tokioer Verhandlung das Fehlen von allem, was mit einem Judenpogrom Ähnlichkeit hat, den Hauptunterschied zwischen dieser und den Nürnberger Verfahren bilden würde. Cunningham ist soeben aus Deutschland nach Tokio zurückgekehrt, das er besuchte, um für seinen Klienten Hiroshi Oshima, den früheren japanischen Gesandten in Deutschland, günstiges Beweismaterial zu sammeln.«

Das Urteil

Am 30. September 1946 waren in und um den Nürnberger Justizpalast die Wachen der amerikanischen Militärpolizei und die aufgefahrenen Panzerwagen verstärkt worden. Die deutschen Verteidiger wurden peinlichster Leibesvisitation unterworfen. Der Tag der Urteilsverkündung war gekommen. Das Internationale Militärtribunal hatte im ganzen 403 öffentliche Sitzungen abgehalten und neben Ankläger und Angeklagten 33 Zeugen der Anklage, 61 der Verteidigung gehört. Zeugen, die dem Gericht nicht angenehm waren, waren allerdings nicht vernommen worden. 1809 Affidavits waren angenommen worden. Den Vorsitz in dieser Schlußsitzung des Internationalen Militärtribunals führte Lordrichter Lawrence, der sie um 10.07 Uhr eröffnete.

Das Urteil wurde von den Richtern abwechselnd verlesen; Lawrence, Birkett, Donnedieu de Vabres, Falco, Biddle, Parker, Nikitschenko und Wolchkow teilten sich in der Aufgabe.

Im gesamten Urteil wurde weder der Vertrag von Versailles noch der deutsch-sowjetische Geheimvertrag vom 23. August 1939 erwähnt. Selbst die britischen Landungsvorbereitungen in Norwegen wurden nur am Rande gestreift, die alliierten Operationsvorbereitungen und Pläne für Belgien und Holland mit einer Handbewegung abgetan. Alle Angriffshandlungen, alle Kriegs- und Humanitätsverbrechen der Alliierten waren in dem Urteil nicht berücksichtigt worden.

Als verbrecherische Organisationen wurden verurteilt: das Korps der Politischen Leiter der NSDAP, die gesamte SS einschließlich Waffen-SS, SD und Gestapo. Ausgenommen wurden lediglich die Einrichtung Lebensborn und die Reiter-SS.

Nicht verurteilt als verbrecherische Organisationen wurden dagegen SA, Reichskabinett, OKW und Generalstab.

Vor allem Bayerns damaliger Ministerpräsident, Dr. Wilhelm Hoegner (SPD), äußerte sich vor der Presse empört über die »Freisprüche«.

Am 1. Oktober 1946 fällte das Internationale Militärtribunal die Urteile gegen die individuell Angeklagten. Zahlreiche amerikanische Generäle, hohe alliierte Zivilfunktionäre, der französische und holländische Justizminister sowie der Oberbefehlshaber der britischen Marine, Lord Cunningham, befanden sich in dem brechend vollen Saal.

Die Anklage war bekanntlich nach vier Punkten gegliedert: Punkt 1 = Verschwörung zur Erringung der Weltherrschaft, Punkt 2 = Verbrechen gegen den Frieden, Punkt 3 = Kriegsverbrechen, Punkt 4 = Verbrechen gegen die Menschlichkeit.

Hermann Göring wurde in allen vier Punkten schuldig gesprochen; Rudolf Heß schuldig laut der Punkte 1 und 2; Hans Joachim von Ribbentrop schuldig in allen vier Anklagepunkten; Wilhelm Keitel schuldig in allen vier Punkten; Ernst Kaltenbrunner schuldig nach 3 und 4; Alfred Rosenberg schuldig in allen vier Punkten; Hans Frank schuldig nach 3 und 4; Wilhelm Frick schuldig nach 2, 3 und 4; Julius Streicher schuldig nach 4; Walter Funk schuldig nach 2, 3 und 4; Hjalmar Schacht nicht schuldig; Karl Dönitz schuldig nach 2 und 3; Erich Raeder schuldig nach 1, 2 und 3; Baldur von Schirach schuldig nach Punkt 4; Fritz Sauckel schuldig nach 3 und 4; Alfred Jodl schuldig nach allen vier Anklagepunkten; Franz von Papen nicht schuldig; Arthur Seyß-Inquart schuldig nach 2, 3 und 4; Albert Speer schuldig nach 3 und 4; Constantin Freiherr von Neurath schuldig in allen vier Punkten; Hans Fritzsche nicht schuldig.

Die juristische Inkonsequenz dieses Urteils wurde am greifbarsten in der Urteilsbegründung gegen Großadmiral Dönitz. Dr. Viktor Freiherr von der Lippe schreibt darüber in seinen aufschlußreichen Nürnberger Memoiren:

»Hinsichtlich der Seekriegführung leistet sich das Urteil eine erstaunliche 180-Grad-Drehung etwa mit folgender Deduktion: Der deutsche U-Boot-Krieg ist praktisch völkerrechtswidrig gewesen, da aber auch die britische und die amerikanische Seekriegführung praktisch völkerrechtswidrig waren, könne man gegen Dönitz wegen des deutschen U-Boot-Krieges keinen Vorwurf erheben! Damit hat das Gericht, und zwar nur in diesem einen Fall, mit größter Inkonsequenz sein eigenes ›Tu-quoque-Verbot‹ durchbrochen! Wie oft hat gerade die Verteidigung Raeders von den britischen Anklägern zu hören bekommen, daß ein Tu-quoque-Beweis, also die Behauptung, der Gegner habe das gleiche getan, nicht zugelassen werden könne! Welch überraschende Ergebnisse würde diese hier mit Bezug auf den Seekrieg vom Urteil gebrauchte Praxis zeitigen, wäre sie auch in anderen Fällen zur Anwendung gekommen. So zum Beispiel: Kriegsgefangene deutsche Soldaten sind schlechter Behandlung, Hunger und Tod ausgesetzt worden, daher sei auch an der völkerrechtswidrigen Behandlung gegnerischer Kriegsgefangener in Deutschland nichts auszusetzen; oder: Zehn Millionen

Deutsche wurden aus ihrer Heimat vertrieben, wie kann die Vertreibung der Franzosen aus Elsaß-Lothringen, der Polen aus den Deutschland einverleibten Teilen Polens, ja selbst eine Evakuierung der Juden, soweit sie nicht der Ausrottung diente, verbrecherisch gewesen sein? Die Liste ließe sich fortsetzen für Schutzhaft, schlechte Behandlung in Internierungslagern, Plünderung, Verschleppung von Industrieeinrichtungen, ex-post facto-Gesetzgebung und so fort, ja sogar für einige Fälle von Angriffskrieg!«

Bei der Anklage wegen Kriegsverbrechen hatte das Internationale Militärtribunal hinsichtlich der Führung des U-Boot-Krieges eine vernichtende Niederlage einstecken müssen, die es zwang zurückzuweichen. Admiral Nimitz, der Oberbefehlshaber der amerikanischen Flotte im Pazifik, hatte auf Anfrage der Verteidigung, ohne mit einer Wimper zu zucken, schriftlich erklärt, daß amerikanische Unterseeboote vom ersten Tag an die Order erhalten hätten, jedes feindliche Schiff ohne Anruf zu versenken.

Drei Freisprüche

Am Nachmittag verkündete Lordrichter Lawrence unter atemloser Spannung der Zuhörer die Strafsprüche. Die Angeklagten waren nicht im Saal, und sie wurden nur für kurze Zeit ihrer persönlichen Urteilssprüche, von zwei Militärpolizisten flankiert, in den Saal gebracht, wo sie, entweder unter oder an der Tür stehend, das Urteil anhören mußten, um von ihren Wachen sogleich aus dem Saal gebracht zu werden. Die bereits Freigesprochenen Schacht, von Papen und Fritzsche waren nicht mehr anwesend.

Vor Verlesen der Todesurteile gegen die deutschen Heerführer verließen die alliierten Generale den Saal. Nur Lord Cunningham blieb sitzen: Er wußte, daß seine deutschen Marinekollegen keine Todesstrafen zu erwarten hatten.

Zum Tode durch den Strang wurden verurteilt: Göring, von Ribbentrop, Keitel, Kaltenbrunner, Rosenberg, Frank, Frick, Streicher, Sauckel, Jodl, Seyß-Inquart und der abwesende Bormann.

Heß, Funk und Raeder wurden zu lebenslänglichem, Schirach und Speer zu je 20 Jahren, von Neurath zu 15 Jahren und Dönitz zu 10 Jahren Gefängnis verurteilt.

Bevor Lordrichter Lawrence schloß, gab er bekannt, daß die Sowjetrussen durch General Nikitschenko ihre von dem Urteil abweichende Ansicht im Protokoll niedergelegt haben wollten. Sie waren der Ansicht, auch Heß hätte mit dem Tod bestraft werden müssen, und Schacht, von Papen und Fritzsche seien nicht freizusprechen gewesen. Ebenfalls erklärten die Sowjets, daß auch die Reichsregierung und der Generalstab als verbrecherische Organisationen hätten verurteilt werden müssen.

Sofort begann im besetzten Deutschand eine wilde Treibjagd auf die drei Freigesprochenen. Sowohl die französische als auch die britische Zone verweigerten ihnen die Einreise. Durch Kommunisten und Sozialdemokraten angefeuert, fanden in Berlin, Hamburg, Hannover, Remscheid – in Hessen, Thüringen, Sachsen, Württemberg und Bayern – Protestversammlungen gegen die Freisprüche statt.

Dr. Wilhelm Hoegner ließ es sich als bayerischer Ministerpräsident darüber hinaus nicht nehmen, zu erklären, er werde von Papen verhaften lassen, weil sich dieser durch einen Staatsstreich 1932 in Preußen des Hochverrats habe schuldig gemacht. Daß Preußen unterdessen gar nicht mehr existierte, daß die Alliierten alle Hochverratsparagraphen von 80 bis 94 im Strafgesetzbuch außer Kraft gesetzt hatten, nahm Hoegner in seinem Verfolgungseifer gar nicht erst zur Kenntnis.

Hoegners christdemokratischer Ministerkollege Dr. Anton Pfeiffer richtete an den amerikanischen Militärgouverneur von Bayern, General Walter J. Müller, ein Schreiben, in dem es hieß:

»Wir ersuchen Sie hiermit dringend, uns die Möglichkeit zu geben, der Verfügung der Nürnberger Sprachkammer zu entsprechen, die gegen Schacht, Papen und Fritzsche einen Haftbefehl ausgegeben hat. Das ganze deutsche Volk hat sich über die Freilassung dieser drei Personen sehr aufgeregt. Es wird moralisch unmöglich werden, dem Säuberungsgesetz in Bayern weiter nachzukommen, falls es diesen Leuten gestattet würde, zu entfliehen. Unsere bayerische Spruchkammer (Säuberungsgericht) kann nicht gegen Hunderttausende kleine Leute vorgehen, wenn die eigentlichen Kriegsverbrecher die Möglichkeit erhalten, die amerikanische Zone zu verlassen, und sich damit dem Gesetz entziehen können. Beinahe alle gerichtlich belangten Personen einschließlich der Mitläufer und der Entnazifizierten haben schwere Konsequenzen zu tragen. Es ist daher absolut notwendig, gegen die drei vom Internationalen Militärgericht freigesprochenen Männer vorzugehen.«

So saßen die drei Freigesprochenen dann auch noch drei Tage und zwei Nächte im Gefängnis der Alliierten, weil draußen eine aufgeputschte Meute und die frischgebackenen deutschen Behörden auf sie lauerten. Hoegner veranlaßte schließlich einen Haftbefehl gegen die drei Freigesprochenen durch den Vorsitzenden der Ersten Bayerischen Spruchkammer, Genossen Müller. Die Militärpolizisten des US-Generals Müller verhinderten eine Ausführung dieser Haftbefehle. Schacht und Fritzsche wurden bei Nacht und Nebel aus dem Gefängnis hinausgeschmuggelt. Von Papen blieb vorläufig als »Gast« zurück.

Als der neue Polizeidirektor von Nürnberg, Leo Stahl, erfuhr, daß Schacht und Fritzsche auf freiem Fuß waren, raste er in Schachts Wohnung, verhaftete ihn und brachte ihn auf die Polizeidirektion, wo ein amerikanischer Offizier Schacht prompt wieder befreite. Darauf griff sich der tatenwütige Nürnberger Polizeichef einen Karabiner und sauste in die Wohnung des Rechtsanwaltes Dr. Sachs, wo Hans Fritzsche vorläufig Unterkunft gefunden hatte. Der Verteidiger ließ sich durch den Karabiner nicht einschüchtern und verlangte von dem Polizeichef, den Verhaftungsbefehl zu sehen. Diesen hatte Stahl in der Eile vergessen. Als er spornstreichs in sein Polizeipräsidium zurücklief, um diesen zu holen, fand er dort einen Befehl der US-Militärregierung vor, der die Verhaftung der drei Freigesprochenen verbot.

Als von Papen das Gefängnis verließ, wurde er daher vorerst nur unter Polizeiaufsicht gestellt. Als er das Nürnberger Krankenhaus aufsuchte, um sich behandeln zu lassen, trat der Betriebsrat zusammen und forderte ultimativ, daß Franz von Papen nicht behandelt werden dürfe. Obwohl der Chefarzt versuchte, sich gegen dieses Diktat zur Wehr zu setzen, mußte Papen das Krankenhaus verlassen.

Die beschämenden Vorfälle in Bayern lösten auch in Württemberg makabre Schildbürgerstreiche aus. Hier verhaftete der württembergische Säuberungsminister Gottlieb Kamm in Backnang Dr. Schacht, der auf Besuch weilte, und ließ ihn ins Stuttgarter Gefängnis einliefern. In Oldenburg aber erklärte der Ministerpräsident Tantzen in einem Interview dem »Manchester Guardian«, in Oldenburg würde die Freiheit der Freigesprochenen nicht behindert werden.

Zur selben Zeit begann auch ein Kesseltreiben gegen die deutschen Verteidiger von Nürnberg. Die Kölner Anwaltskammer schlug allen Ernstes vor, man müsse die Verteidiger der Angeklagten von Nürnberg »wegen ihrer Verteidigungsführung einer politischen Untersuchung unterziehen«. Dieser Vorschlag sollte sogar auf einer Tagung aller Anwaltskammern der britischen Zone erwogen werden.

Angesichts dieser Charakterlosigkeit erklärte das Generalsekretariat des Internationalen Militärtribunals, die deutschen Verteidiger stünden unter dem Schutz des Alliierten Kontrollrates; falls ihnen aus ihrer Verteidigung in Nürnberg Nachteile entstehen sollten, würden sie von der Rechtsabteilung der Militärregierung juristisch vertreten werden.

»Gott schütze Deutschland«

Hermann Göring lehnte es ab, um Gnade zu bitten; für ihn suchte sein Verteidiger Dr. Stahmer allein darum nach. Auch für Heß mußte Dr. Seidl das Gesuch einreichen. Frau Anneliese von Ribbentrop unterstützte das Gesuch Dr. Horns für ihren Gatten mit einem gesonderten Gnadengesuch.

Keitel bat in kurzen Worten lediglich um die Umwandlung der Todesstrafe in Erschießen. Dasselbe ersuchten Göring und Jodl.

Auch Kaltenbrunner bat nicht um Gnade. Für Frick und Rosenberg suchten die Verteidiger um Begnadigung nach, Dr. Marx, der Verteidiger Streichers, legte, entgegen dem ausdrücklichen Wunsch seines Klienten, ein Gnadengesuch vor. Auch für Frank, Sauckel, Jodl, Seyß-Inquart und von Neurath brachten die Verteidiger Gesuche ein. Speer und Schirach verzichteten darauf.

Der Alliierte Kontrollrat lehnte in seinen Sitzungen am 9. und 10. Oktober alle Gnadengesuche ab. Auch den Anträgen Görings, Jodls und Keitels, die Todesstrafe durch Erschießen zu vollziehen, wurde die Genehmigung verweigert.

Am 11. Oktober durften die Frauen der zum Tode Verurteilten ihre Männer zum letzten Mal sehen und durch das Maschengitter hindurch sprechen.

In seiner Verordnung Nr. 40 erließ der Alliierte Kontrollrat Richtlinien für die deutschen Politiker und für die deutsche Presse. In diesen Richtlinien heißt es unter anderem:

»Den Angehörigen der deutschen politischen Parteien und der deutschen Presse ist es nicht gestattet, Berichte oder Artikel zu veröffentlichen oder zu reproduzieren, die dazu beitragen können, nationalsozialistische, militärische, pangermanistische, faschistische oder antidemokratische Ideen zu verbreiten. Ebenso ist die Verbreitung von Artikeln verboten, die bezwecken, die Einigkeit unter den Alliierten zu beeinträchtigen oder eine mißtrauische und feindliche Einstellung des deutschen Volkes gegenüber einer Besatzungsmacht hervorzurufen. Untersagt ist Kritik, die sich gegen die Beschlüsse von Konferenzen der alliierten Mächte in Deutschland und gegen die Entscheidungen des Kontrollrates richtet. Auch dürfen keine Appelle an die Deutschen veröffentlicht werden, in denen zu einer Aktion gegen die Maßnahmen der Oberbefehlshaber in den Besatzungszonen aufgefordert wird.«

Der 16. Oktober 1946 war vom Internationalen Militärtribunal für die Hinrichtung bestimmt worden. Acht besonders ausgewählte alliierte Journalisten wurden schon am späten Nachmittag des 15. Oktober in das Büro des amerikanischen Gefängniskommandanten, Colonel Burton C. Andrus, bestellt, wo man ihnen nur kurz mitteilte, daß man sie in einer äußerst wichtigen Angelegenheit hergebeten hätte und daß sie das Gerichtsgebäude diese Nacht nicht verlassen dürften. Auch der bayerische Ministerpräsident Dr. Wilhelm Hoegner, der sich freiwillig als Zeuge für die zu erwartende Hinrichtung gemeldet hatte, und der Nürnberger Staatsanwalt Dr. Friedrich Leisner waren bereits an Ort und Stelle.

Die Journalisten erhielten die Erlaubnis, in der Nacht den Turnsaal zu besichtigen, in dem die Hinrichtung der zum Tode Verurteilten, die noch nicht wußten, daß ihr Ende unmittelbar bevorstand, stattfinden sollte.

Bisher hatten die amerikanischen Militärpolizisten hier Basketball gespielt.

Jetzt aber erhoben sich in der Mitte des Turnsaales die Schafotte, drei Podien, auf denen je ein Galgen stand. Die Verurteilten mußten dreizehn hölzerne Stufen emporsteigen, ehe sie auf den Platz geführt wurden, der mit einem schwarzen Tuch bedeckt war und sich direkt unter dem Galgen befand. Das schwarze Tuch verbarg eine Falltür. Wenn der kleine dicke 43jährige Master-Sergeant John G. Woods aus San Antonio den Verurteilten die Schlinge um den Hals legen und festziehen würde, mußte sich die Falltür öffnen.

Mit Gruseln beobachteten die acht alliierten Journalisten die Vorbereitungen der Militärpolizisten, welche vom Armeehenker Sergeant Woods eingewiesen wurden, der unter einem Galgen saß, voll Appetit Schweinefleischstücke mit Tomatenscheiben aß und dabei prahlerisch erzählte, daß er bisher 347 Menschen gehenkt habe.

Über dem ganzen Gebäude lag eine unerträgliche Spannung, der sich selbst die amerikanischen Militärpolizisten nicht entziehen konnten.

Die Zeit des Wartens wurde um 22.45 Uhr jählings unterbrochen.

Die beiden MPs vor Görings Zelle, die durch ein vergittertes Fensterchen unentwegt in den hellbeleuchteten Raum starrten, beobachteten, wie Hermann Görings Körper unter der Decke zu zucken begann. Gleich darauf hörten sie ein schweres Röcheln. Im Nürnberger Gefängnis wurde Großalarm gegeben. Ehe aber der Gefängnisarzt eintraf, hatte das Herz Hermann Görings zu schlagen aufgehört.

Sprachlos umstanden die Amerikaner den Leichnam ihres Paradeangeklagten. Nur der Geruch von bitteren Mandeln ließ erkennen, daß Göring eine Giftampulle mit Blausäure zerbissen hatte. Die kleine Messinghülse, die sich schließlich neben der Liegestatt fand, gab die letzte Gewißheit.

Die Journalisten stoben zu den Telefonen. Seit Hiroshima hatte es für sie keine solche Sensation mehr gegeben.

Reichsmarschall Hermann Göring hatte seinen Richtern den letzten Streich gespielt.

Colonel Andrus aber machte sich eilig auf den Weg, um den übrigen Verurteilten das Todesurteil, wie ihm befohlen war, noch einmal vorzulesen. Damit kein zweiter der Todgeweihten freiwillig aus dem Leben scheiden und sich der alliierten Rache entziehen könnte, ließ Colonel Andrus die übrigen zum Tode Verurteilten vorsorglich fesseln.

Mit gefesselten Händen sollten sie auch ihre Henkersmahlzeit einnehmen: Schweinefleisch mit Tomaten, Kartoffelsalat, Kaffee und Kuchen.

Das ganze Nürnberger Gerichtsgefängnis war wie immer mit einem Kordon von Militärpolizei und aufgefahrenen Panzern umstellt. Trotzdem verbreitete sich die Nachricht vom Selbstmord Hermann Görings noch in der Nacht, sickerte durchs Gefängnis, und über die verfallenen Gesichter hungernder und apathischer Menschen zuckte ein Lächeln: »Diese Feier – ohne Meier!«

Dessen ungeachtet fuhren in dem Gefängnishof inzwischen die Autos der vier alliierten Generäle vor, die an der Exekution teilnehmen sollten.

Alles in allem waren schließlich 45 Personen im Turnsaal des Gerichtsgefängnisses versammelt, als kurz nach Mitternacht Hans Joachim von Ribbentrop als erster in die Halle geführt wurde, da sich der Angeklagte Nr. 1 dem Zugriff der Alliierten entzogen hatte. Zehn weiße Kugellampen bestrahlten die beiden Henker, die mit einer schwarzen Kappe, aussehend wie Angehörige der Ku-Klux-Klan, und dem Strang in den Händen unter dem linken Galgen den Reichsaußenminister erwarteten.

Die beiden Militärpolizisten führten Ribbentrop bis zum Schafott und banden ihm die Hände auf dem Rücken. Einer der Richter fragte, ob er Hans Joachim von Ribbentrop sei.

Blaß, aber gefaßt antwortete der Reichsaußenminister: »Ja.«

Er ging langsam, von den beiden Militärpolizisten geleitet, das Schafott empor.

Oben wandte er sich um und sagte laut in die gespenstige Stille, die entstanden war: »Gott schütze Deutschland. Mein letzter Wunsch ist, daß Deutschland wieder einig werde und die Verbindung zwischen Ost und West hergestellt wird. Ich wünsche den Weltfrieden.«

In dem Moment öffnete sich die Falltür. Während der Körper nach unten stürzte, straffte sich das Seil und schwang laut knarrend hin und her.

Als nächster wurde Generalfeldmarschall Wilhelm Keitel von den Militärpolizisten bis zu den Füßen des zweiten Galgens geführt. Drei GIs fesselten ihn. In aufrechter Haltung bestieg der Feldmarschall das Schafott.

Oben sagte er: »Ich rufe den allmächtigen Gott an und bitte ihn, Mitleid mit dem deutschen Volk zu haben. Mehr als zwei Millionen deutscher Soldaten sind bereits vor mir für das Vaterland gefallen. Ich folge meinen Söhnen. Alles für Deutschland!«

Auch er verschwand sogleich in der Falltür.

Der amerikanische Colonel, der die Hinrichtung leitete, wurde nervös, als sich zum zweiten Mal die Falltür öffnete. Hastig wandte er sich an den amerikanischen General: »Gestatten Sie, daß wir rauchen?«

10 sterben, einer raucht

Den Hinrichtungen in Nürnberg am 16. Oktober 1946 wohnt der bayerische Ministerpräsident Dr. Wilhelm Hoegner (SPD) bei. Sein geringschätziges Verhalten vor der Majestät des Todes provoziert sogar das Wachpersonal. Hoegner raucht genüßlich, als einer der Verurteilten auf das Schafott steigt. Ein Amerikaner schreit ihn an: »Zigarette weg, German!«

Der General gab keine Antwort, doch er entzündete sich selbst eine Zigarette. Die übrigen folgten seinem Beispiel. Ein amerikanischer und ein sowjetischer Arzt begaben sich hinter den schwarzen Vorhang, wo jetzt die Hingerichteten lagen.

Gelassen meldete der sowjetische Militärarzt: »Dieser Mann ist tot.«

Dann wurde das Rauchen eingestellt, und die Hinrichtungen gingen weiter.

Alfred Rosenberg, der als nächster hereingeführt wurde, schwieg. Als der amerikanische Gefängnisgeistliche Henry F. Gerecke ihn bat, für ihn beten zu dürfen, entgegnete er lächelnd: »Nein, danke!«

Er gab keinerlei Erklärungen ab und ging wortlos in den Tod.

Hans Frank, der ehemalige Generalgouverneur von Polen, wurde dagegen von einem Franziskanerpater begleitet. Als der Henker schon den schwarzen Sack über seinen Kopf hielt, bemerkte Frank mit leiser Stimme: »Ich danke Ihnen für die gute Behandlung während meiner Haft und bitte Gott, daß er mich gnädig aufnimmt.«

Innenminister Dr. Wilhelm Frick war der nächste. Er rief mit lauter Stimme: »Es lebe das ewige Deutschland!«

Dr. Ernst Kaltenbrunner, der stellvertretend für den Reichsführer SS Heinrich Himmler vor Gericht stand, sagte angesichts des Todes: »Ich habe mein deutsches Volk und mein Vaterland von Grund meines Herzens geliebt. Ich habe nach den Gesetzen meines Landes meine Pflicht getan. Ich bedauere, daß mein Volk in seiner härtesten Zeit von Leuten geleitet wurde, die nicht Soldaten waren und die Verbrechen begingen. Ich hatte an den Verbrechen nicht teil, ich kämpfte ehrenhaft. Deutschland, Glück auf!«

Julius Streicher betrat schnellen Schrittes das Schafott und antwortete auf die Frage nach seinem Namen: »Sie kennen meinen Namen ja.« Unter dem Galgen rief er: »Heil Hitler! Purimfest 1946! Ich ehre die amerikanischen Soldaten, nicht aber die Juden eures Landes. Auch euch werden die Bolschewiken eines schönen Tages aufhängen!«

Sein letzter Gruß galt seiner Frau Adele.

Dann wurde Fritz Sauckel hereingeführt. Er war völlig gelassen und sprach seine letzten Worte klar und deutlich: »Ich sterbe unschuldig, mein Urteil ist ungerecht. Gott beschütze Deutschland. Möge es leben und eines Tages wieder groß werden. Gott beschütze meine Familie.«

Generaloberst Jodl betrat als nächster aufrecht den Saal und ging in soldatischer Haltung auf das Schafott zu. Er würdigte keinen der Anwesenden nur eines Blickes. In strammer Haltung stellte er sich unter dem Galgen auf.

Seine letzten Worte: »Ich grüße dich, mein Deutschland!«

Als letzter wurde Dr. Arthur Seyß-Inquart hereingeführt. Durch seine Fußverletzung behindert, bestieg er langsam und bedächtig das Schafott. Leise, aber gefaßt sprach er seine letzten Sätze: »Ich hoffe, daß diese Hinrichtung der letzte Akt der Tragödie des Zweiten Weltkrieges und eine Lehre sein wird, so daß Frieden und Verständnis zwischen den Völkern herrschen werden. Ich glaube an Deutschland!«

Am 16. Oktober 1946, 2.57 Uhr waren die Hinrichtungen im Nürnberger Gerichtsgefängnis beendet. Zuletzt wurde noch der Leichnam Görings hereingetragen und symbolisch unter dem Galgen niedergelegt.

Henker-Sergeant Woods sagte: »10 Mann in 103 Minuten, das war schnelle Arbeit!« Lächelnd fügte er hinzu, daß er jetzt »zu einem ordentlichen Trunk bereit sei«.

Die Photographen mit ihren Blitzgeräten machten ihre Aufnahmen, die als großes Staatsgeheimnis behandelt wurden.

Nach der Hinrichtung entstanden Gerüchte, daß die Amerikaner ein ganz neues, schnell wirkendes Erhängungsverfahren entwickelt hätten. Daran war kein Wort wahr. Nach Berichten alliierter Journalisten trat der Tod bei Generaloberst Jodl erst nach der sechzehnten, bei Reichsaußenminister von Ribbentrop erst nach der vierzehnten Minute ein.

Cecil Catling, Korrespondent des Londoner »Star«, ein alter Gerichtsberichterstatter, der viele Hinrichtungen erlebt hatte, erklärte sogar, daß für die Verurteilten nicht genug Fallraum vorhanden gewesen sei, so daß ihr Genick nicht richtig gebrochen und sie langsam erwürgt wurden. Darüber hinaus wären sie nicht richtig angeknüpft worden, so daß einige beim Hinunterfallen mit dem Kopf auf die Plattform aufgeschlagen seien und sich schwer verletzt hätten. Das erklärt die blutigen, zerschlagenen Gesichter der Toten.

Tags darauf ließ der alliierte Militärgerichtshof folgende Nachricht publizieren: Die Leichen Görings und der zehn hingerichteten Kriegsverbrecher seien in zwei Möbelwagen weggebracht und am Donnerstag verbrannt worden. Die Asche wäre gemäß den Bestimmungen der Viermächtekonferenz in alle Winde verstreut worden.

Die Londoner »Times« schrieb am Schlusse ihres Berichtes über die Hinrichtung am 28. Oktober 1946, unter dem Titel »Nacht ohne Morgen«:

»Der Wind wehte während der ganzen Nacht und jagte die Wolken fort. Der Morgen, den diese elf nicht mehr gesehen haben, kam klar und leuchtend über Nürnberg herauf, aber er brachte weder frohe Stimmung noch Beruhigung für die Sieger. Sie hatten neue Zweifel an der Nürnberger Rechtsprechung aufkommen lassen, die sogar aus dieser letzten, verhältnismäßig einfachen Handlung erwuchsen, als man die zehn Männer am Halse aufhängte. Und sie haben Deutschland ein Gefühl des Sieges gegeben, als sie es zuließen, daß Hermann Göring so starb, wie er wollte, und nicht, wie sie gewollt hatten.«

US-Master-Sergeant John Woods (links) henkte in Nürnberg die deutsche Führung. Seine Freude verhehlte er nicht: »Ich bin stolz darauf.« Die Gesichter der Hingerichteten – blutverschmiert. Der Galgen war so aufgebaut worden, daß die Köpfe an den Rand der Falltür schlugen. Keitel war erst nach 24, Jodl nach 18 Minuten tot. Henker Woods überlebte seine Opfer um vier Jahre. 1950 verendete er auf merkwürdige Weise – beim Ausprobieren eines elektrischen Stuhls.

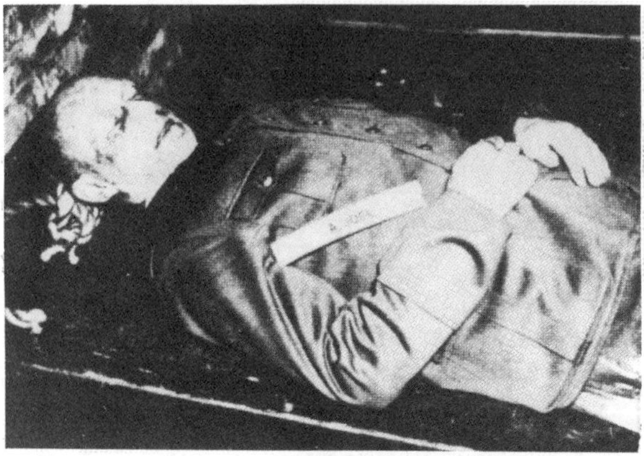

Alfred
Jodl

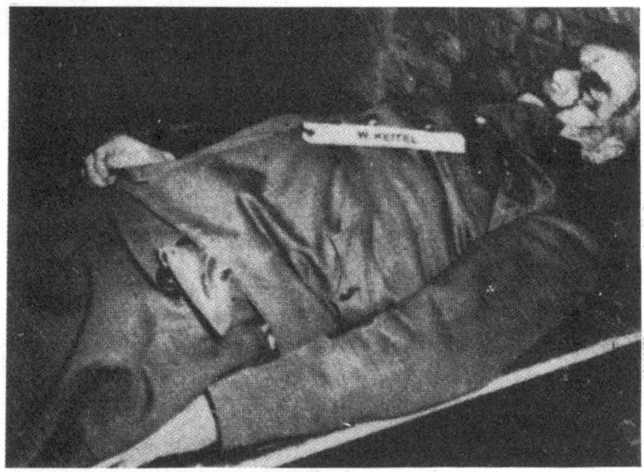

Wilhelm
Keitel

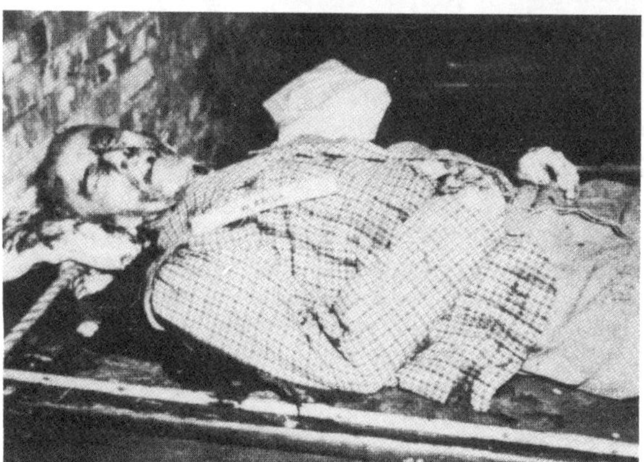

Wilhelm
Frick

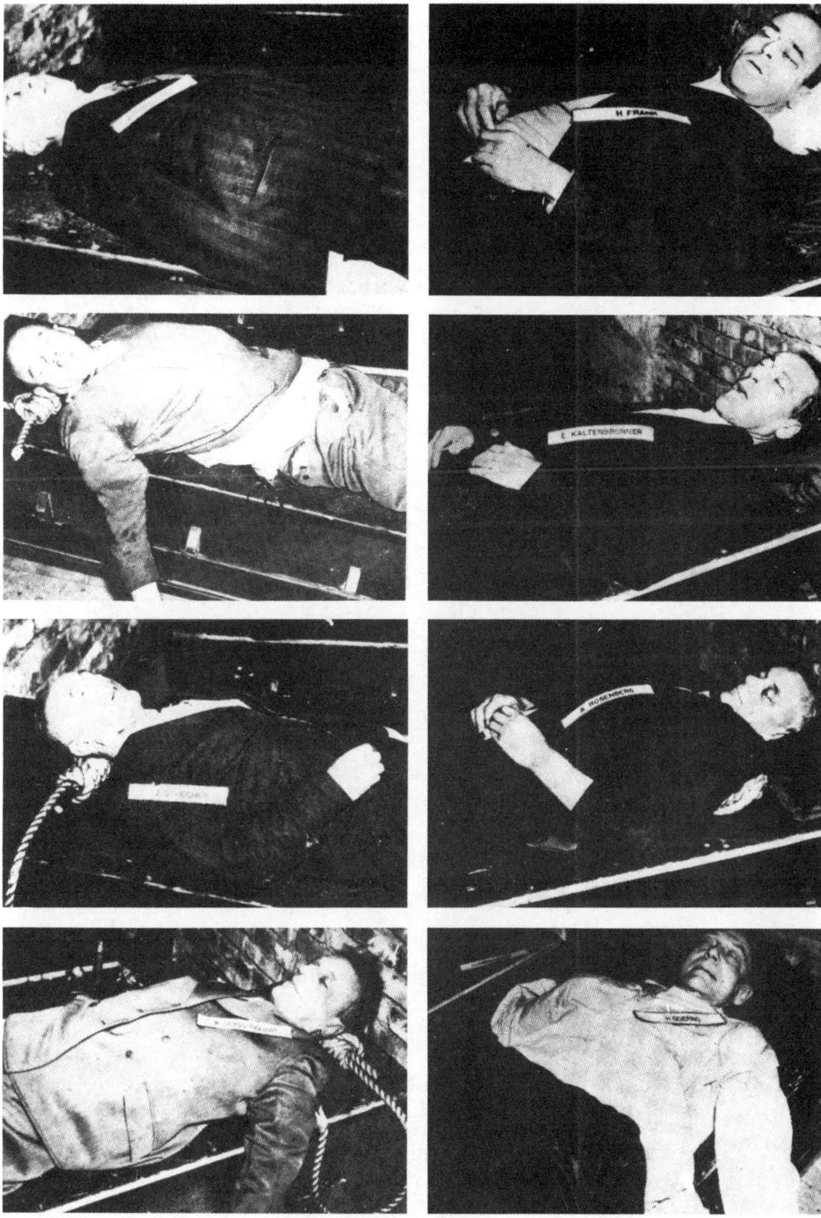

Von oben links nach rechts unten: Joachim von Ribbentrop, Hans Frank, Fritz Sauckel, Ernst Kaltenbrunner, Julius Streicher, Alfred Rosenberg, Arthur Seyß-Inquart, Hermann Göring.

Vom Winde verweht

Nicht einmal die Totenruhe sollte den Opfern der Nürnberger Siegerjustiz gegönnt sein. Zusammen mit den schwarzen Hinrichtungskapuzen und den Stricken wurden die Leichen in die Kisten gelegt: Man wollte den Verkauf von Souvenirs verhindern, so soll ein Sammler aus Havanna dem Henker 2500 Dollar für einen Originalstrick geboten haben. Dann mußten die zu Freiheitsstrafen verurteilten Dönitz, Raeder, Speer, Funk, von Schirach, Heß und von Neurath die Turnhalle reinigen.

Die Amerikaner waren peinlich darauf bedacht, daß um die Hingerichteten kein Märtyrerkult entstehen würde. Deren Bestattungsort wurde daher geheimgehalten. Lastwagen fuhren die elf Kisten ins Konzentrationslager Dachau bei München, das unter amerikanischem Kommando stand. US-Soldaten hinderten Journalisten daran, die Lastwagen zu verfolgen. Da einige Berichte auch von einem Bahntransport sprechen, wurde ein Teil der Strecke vielleicht auf der Schiene zurückgelegt.

In Dachau wurden die Leichen sofort verbrannt. Die Bestattung oblag dem Leiter des Armee-Bestattungsdienstes Major Rex S. Morgan. Er gab den Überresten der Gehenkten, die voneinander getrennt blieben, Decknamen von US-amerikanischen Footballspielern. Dabei konnte er es sich nicht verkneifen, ausgerechnet Julius Streicher posthum den Namen »Abraham Goldberg« zu verleihen.

Im vornehmen Vorort Solln im Süden Münchens hatte die US-Armee Villen beschlagnahmt, u. a. auch für den Bestattungsdienst. 75 Meter unterhalb des Hauses in der Heilmannstraße verstreuten GI's noch am gleichen Tag 11mal die Asche ihnen unbekannter Toten in den schmalen Conwentzbach, der unweit dieser Stelle in die Isar fließt. Die offizielle Pressemeldung lautete später, die Asche sei »in einen Fluß irgendwo in Deutschland« gestreut worden.

Der zur Isar fließende Conwentzbach in München nahm im Oktober 1946 die Asche der in Nürnberg Hingerichteten auf.

Später sickerten die näheren Umstände trotzdem durch. Wallfahrtsstätten haben sich aber weder in Nürnberg noch in Solln etabliert. Lediglich einige private Grabsteine wurden für einzelne Angeklagte errichtet, so z. B. für Generaloberst Alfred Jodl auf der Fraueninsel im Chiemsee.

In Japan: ein Schrein

Anders verhielt es sich in Japan. Auch dort begann im Mai 1946 in Tokio ein Hauptkriegsverbrecherprozeß (im Unterschied zu Nürnberg immerhin unter Hinzuziehung von Vertretern neutraler Staaten). Wie in Deutschland fehlten die Staatsführer: War dort Hitler durch Selbstmord ausgeschieden, so hatte man in Japan entgegen ursprünglicher Planungen aus Opportunitätsgründen Kaiser Hirohito unbehelligt und sogar im Amt gelassen. General Tojo und sechs weitere hohe Militärs wurden jedoch zum Tode verurteilt und am 23. Dezember 1948 gehenkt. Freunde konnten sich in diesem Fall aber die Asche verschaffen und verbargen sie zunächst. Schließlich bestatteten sie sie auf dem Gipfel des Berges Sangana und errichteten dort einen Gedenkstein.

Nach dem Abzug der US-Besatzungstruppen wurde 1952 auch ein Gedenkhain am Hinrichtungsort im Sugamo-Gefängnis in Tokio angepflanzt. Außerdem meißelte man die Namen der »sieben Märtyrer« in die Seelentafeln des Yasukuni-Schreins ein. Nahezu jeder japanische Premierminister hat ihnen bis heute, zumindest privat, seine Reverenz erwiesen. Einer der ersten japanischen Premierminister, der 1957 gewählte Nobusuke Kishi, war übrigens selbst als vorgeblicher Kriegsverbrecher von 1945—48 in amerikanischer Untersuchungshaft gesessen.

Und die Lehre?

Als im Jahr 1956 die Engländer, Franzosen und Israelis den Zweiten Nahost-Krieg vom Zaun brachen, wurden Anthony Eden, Guy Mollet und David Ben-Gurion genauso wenig persönlich zur Verantwortung gezogen wie Nikita Chruschtschow, der im gleichen Jahr die Rote Armee in Ungarn einmarschieren ließ. Als im Vietnam-Krieg US-Truppen am 16. März 1968 das Dorf My Lai und seine Bevölkerung komplett niedermachten, wurde schließlich nur der unterste Befehlsgeber, Leutnant William L. Calley, vor ein amerikanisches Kriegsgericht gestellt. Zunächst zu lebenslanger Haft verurteilt, war er bereits im November 1974 wieder frei und ist seither auf politischen US-Partys ein gern gesehener Gast.

Auch der Überfall der Sowjets auf Afghanistan und die späteren Invasionen der Amerikaner in Panama, Grenada und Haiti brachten keinen der Verantwortlichen auf die Anklagebank. Das Führen von Kriegen ist gang und gäbe geblieben – mit 160 Millionen Toten in den letzten 50 Jahren. Von »Nürnberg« blieb nur eine Lehre: Man darf einen Krieg nicht verlieren.

Literatur- und Quellen-Nachweis

(Für die IMT-Protokolle sind die Bände mit römischen Ziffern nachgewiesen)

Achtung: Durch die Aktualisierung des Textes sind einige Hinweis-Nummern entfallen. Manche Ziffern in der aufsteigenden Folge haben keinen Bezug mehr. An der Benutzbarkeit ändert sich dadurch nichts.

I

Brandy und Blut

[1] vgl. Kern »Deutchland im Abgrund«, 1963, S. 83—4 / [2] Heydecker-Leeb »Der Nürnberger Prozeß«, 1960, S. 91 / [3] vgl. a. a. O., S. 92—93 / [4] vgl. »The Report on the International Conference on Military Trials«, London 1945, S. 104—6 / [5] vgl. Heydecker-Leeb a. a. O., S. 96 / [6] Eisenhower »Kreuzzug in Europa«, 1948, S. 487 / [7] Eisenbower a. a. O., S. 488 / [8] Dönitz »Zehn Jahre und Zwanzig Tage«, 1958, S. 445 / [9] a. a. O., S. 461 / [10] S. 474 / [11] II, S. 11—12 / [12] vgl. II, S. 16—26.

II

Gericht ohne Gesetz

[1] XIX, S. 593 / [2] I, S. 186—8 / [3] XVII, S. 547—52 / [4] XIX, S. 61—2 / [5] XIX, S. 436—7 / [6] XIX, S. 440 / [7] VII, S. 168 / [8] I, S. 33 / [9] I, S. 244 / [10] XVII, S. 502 / [11] XVIII, S. 450 / [12] vgl. Veale »Der Barbarei entgegen«, 1962, S. 248—9 / [13] Viscount Maugham »U. N. O. and War Crimes«, S. 64—72 und Veale a. a. O., S. 249 / [14] XVII, S. 626—8, / [15] vgl. Veale a. a. O., S. 222—3 / [16] XVII, S. 629 / [17] XVIII, S. 140 / [18] XIX, S. 422 / [19] I, S. 249 / [20] XVII, S. 499—536 / [21] XIX, S. 596—637 / [22] XIX, S. 483—6 / [23] XIX, S. 628—9 / [24] XIX, S. 437 / [25] I, S. 188 / [26] XVII, S. 654 / [27] I, S. 251 / [28] XVII, S. 644—5 / [29] XVII, S. 551—9 / [30] XVIII, S. 15 / [31] XIX, S. 450 / [32] XIX, S. 465 / [33] vgl. XIX, S. 415—7 / [34] I, S. 253 / [35] I, S. 310—11 / [36] vgl. Freda Utley »Kostspielige Rache«, 1962, S. 183—9.

III

Greuelpropaganda im Gerichtssaal

[1] XIX, S. 580 / [2] VII, S. 486—7 / [3] Ponsonby »Lügen in Kriegszeiten«, 1931, S. 11 / [4] S. 27—30 / [5] vgl. a. a. O., 200—1 / [6] Sefton Delmer »Die Deutschen und ich«,

1962, S. 590 / [7] VII, S. 204 / [8] VII, S. 214 / [9] VII, S. 220 / [10] XVII, S. 212—13 / [11] vgl. Sefton Delmer a. a. O., S. 547—9 / [12] VII, S. 640 / [13] Ponsonby a. a. O., S. 175—6 / [14] XIX, S. 592 / [15] Maurice Bardèche »Der Weg nach vorn«, 1950, S. 49 / [16] XV, S. 604—5 / [17] VII, S. 523 / [18] VII, S. 494—5 / [19] Ponsonby a. a. O., S. 101—3 / [20] Montgomery Belgion »Epitaph on Nuremberg«, 1946, p. 47; The Times v. 27. 4. 46 / [21] VII, S. 394 / [22] VII, S. 627 / [23] VII, S. 637 / [24] vgl. Ponsonby, S. 174 / [25] Sefton Delmer a. a. O., S. 500 / [26] VII, S. 484 / [27] VII, S. 605 / [28] VII, S. 611 / [29] VII, S. 644—5 / [30] VII, S. 648 / [31] VII, S. 650—1 / [32] VII, S. 198 / [33] VII, S. 656 / [34] XIX, S. 566—7 / [35] vgl. Ponsonby a. a. O., S. 112—23 / [36] VII, S. 543 / [37] VII, S. 549 / [38] VII, S. 500—1 / [39] VII, S. 493—4 / [40] VII, S. 513—4 / [41] VII, S. 496 / [42] VII, S. 598 / [43] VII, S. 555 / [44] vgl. Ponsonby a. a. O., S. 207—8 / [45] VII, S. 172 / [46] VII S. 495 / [47] VII, S. 503 / [48] VII, S. 202 / [49] VII, S. 514 / [50] Ponsonby a. a. O., S. 145—46 / [51] vgl. a. a. O., S. 179 / [52] VII, S. 472 / [53] vgl. XVIII, S. 476 / [54] I, S. 16 / [55] I, S. 259—63 / [56] XIX, S. 102—4.

IV

Die jüdische Tragödie

A. Auswanderung, nicht Ausrottung

[1] I, S. 280 / [2] XVII, S. 584 / [3] vgl. I, S. 278 / [4] XIX, S. 167—8 / [5] XVIII, S. 240 / [6] vgl. »Die Juden in Deutschland«, 1935, S. 33—6 / [7] William S. Schlamm »Wer ist Jude«, 1964, S. 43 / [8] vgl. Hannah Arendt »Eichmann in Jerusalem«, 1964, S. 171 / [9] a. a. O., S. 130 / [10] vgl. Schlamm a. a. O., S. 62 / [11] a. a. O., S. 134 / [12] Hannah Arendt a. a. O., S. 66—7 / [13] a. a. O., S. 31 / [14] VII, S. 218 / [15] XV, S. 723 / [16] XVII, S. 186 / [17] vgl. XVIII, S. 107 / [18] vgl. XIX, S. 494 / [19] A. Hitler »Mein Kampf«, 1943, S. 772 / [20] Hannah Arendt a. a. O., S. 88 / [21] a. a. O., S. 90 / [22] vgl. a. a. O., S. 91—2 / [23] J. G. Burg »Schuld und Schicksal«, 1962, S. 71—2 / [24] a. a. O., S. 124 / [25] vgl. a. a. O., S. 77—8 / [26] Hannah Arendt a. a. O., S. 97 / [26a] vgl. »Jüdische Allgemeine« Nr. XX/1965, S. 9 und »Spiegel« Nr. 20/1965, S. 69 / [27] XVII, S. 275—6 / [28] X, S. 449 / [29] Hannah Arendt a. a. O., S. 106 / [30] a. a. O., S. 108 / [31] Burg a. a. O., S. 78 / [32] Henry Picker »Hitlers Tischgespräche«, 1963, S. 471 / [33] vgl. Sündermann »Das Dritte Reich«, 1959, S. 84 / [34] vgl. Rassinier »Zum Fall Eichmann – Was ist Wahrheit?«, 1963, S. 91—2 / [35] XII, S. 79 / [36] IX, S. 584 / [37] IX, S. 683 / [38] XVIII, S. 132 / [39] XVIII, S. 110—11 / [40] XIX, S. 500 / [41] XIX, S. 564 / [42] vgl. Kern »Deutschland im Abgrund«, 1963, S. 218—20 / [43] vgl. Hannah Arendt a. a. O., S. 234 / [44] vgl. First All-Union Convention of OZET Moscow, 1926, zitiert in Solomon Schwarz »The Jews in the Soviet Union«, p. 242 / [45] Denis Fahr »Die Beherrscher Rußlands«, S. 31 / [46] Carl Burckhardt »Meine Danziger Mission 1937—39«, 1960, S. 73 / [47] vgl. Parlamentarisch-Politischer Pressedienst (PPP) 20. 1. 1960, S. 1—2 / [48] vgl. Peter Kleist »Auch Du warst dabei«, 1959, S. 287 / [49] I, S. 36 / [50] Rudolf Höss »Kommandant in Auschwitz«, 1958, S. 162 / [51] a. a. O., S. 163 / [52] vgl. Kern a. a. O., S. 206—10 / [53] Dr. Servatius »Adolf Eichmann«, 1961, S. 52 / [54] vgl. XVIII, S. 76 / [55] XVIII, S. 230—1 / [56] XVIII, S. 76 / [57] XVIII, S. 168 / [58] XII, S. 25—6 / [59] XV, S. 365 / [60] XV, S. 315 / [61] XIX, S. 526 / [62] vgl. Kleist a. a. O., S. 284—5 / [63] Kern a. a. O., S. 225 / [64] Rudolf Höss a. a. O., S. 153; XVIII, S. 76 / [65] Servatius a. a. O., S. 74 / [66] Schlamm a. a. O., S. 172 / [67] vgl. Reitlinger »Die Endlösung«, 1956, S. 574 / [68] vgl. XX, S. 538 ff. / [69] Rudolf Höss a. a. O., S. 166 / [70] Arendt a. a. O., S. 91 /

[71] a. a. O., S. 93 / [72] a. a. O., S. 125—6 / [73] Schlamm a. a. O., S. 170—1 / [74] Arendt a. a. O., S. 151 / [75] a. a. O., S. 159 / [76] a. a. O., S. 161 / [77] vgl. a. a. O., S. 153 / [78] a. a. O., S. 153 / [79] a. a. O., S. 154—5 und Tenenbaum »Underground«, 1952, p. 172—8 / [80] a. a. O., S. 153 / [81] vgl. »Der Spiegel« Nr. 39/1960 und Tenenbaum a. a. O., p. 80, 88 / [82] vgl. »Der Spiegel«, Nr. 39/1960, S. 82 und Tenenbaum a. a. O., p. 76, 79, 82, 84 / [83] Arendt a. a. O., S. 151 / [84] vgl. Schlamm a. a. O., S. 173 / [85] a. a. O., S. 174 / [86] vgl. XX, S. 473—563; Dok. SS—64—7, 69 / [87] Henry Picker a. a. O., S. 144 / [88] a. a. O., S. 465 / [89] J. v. Ribbentrop »Zwischen London und Moskau«, 1954, S. 276 / [90] vgl. XVII, S. 186 / [91] »Times« v. 5. 9. 1939 / [92] vgl. Sündermann »Das Dritte Reich«, 1959, S. 79 / [93] vgl. Kern a. a. O., S. 203 / [94] vgl. »Jüdische Allgemeine« v. 7. 5. 1965 / [95] vgl. Deutsches Weißbuch, Nr. 3, 1940, Dok. Nr. 6 / [96] vgl. H. G. Dahms »Geschichte der Vereinigten Staaten von Amerika«, 1953, S. 468 / [97] vgl. »News Chronicle«, London, 15. Januar 1952 / [98] Millis »The Forrestal Diaries«, 1951, p. 121 f. / [99] XIX, S. 563 / [100] XVIII, S. 402 / [101] XXII, S. 442.

V

Mörder als Ankläger

[1] I, S. 58 / [2] vgl. X, S. 597—8 / [3] X, S. 600—2 / [4] I, S. 257 / [5] Manstein »Verlorene Siege«, 1952, S. 176—7 und XX, S. 672 f. – vgl. S. Schwarz »The Jews in the Soviet Union«, 1951, p. 394 ff., p. 401 ff. und Tenenbaum »Underground«, p. 385 ff. / [6] vgl. XV, S. 523—4 / [7] XVIII, S. 397—8 / [8] XV, S. 449—50 / [9] XIX, S. 539 / [10] XV, S. 617—18 / [11] XX, S. 702 / [12] Bardèche »Der Weg nach vorn«, 1950, S. 70 / [13] vgl. Laternser »Verteidigung deutscher Soldaten«, 1950, S. 82 / [14] vgl. Veale »Der Barbarei entgegen«, 1962, S. 280—81 / [15] XV, S. 369—70 / [16] vgl. Heydecker-Leeb »Der Nürnberger Prozeß«, 1960, S. 402—5 / [17] a. a. O., S. 407 / [18] vgl. VII, S. 569—70 / [19] VII, S. 472 / [20] vgl. Heydecker-Leeb a. a. O., S. 417 / [21] vgl. XV, S. 351—4 / [22] vgl. XV, S. 450 / [23] vgl. I, S. 353 / [24] XXII, S. 445 / [25] XVII, S. 574 / [26] vgl. XIX, S. 522 / [27] vgl. I, S. 293 / [28] vgl. X, S. 618 / [29] vgl. IX, S. 401 / [30] vgl. XV, S. 374 / [31] vgl. IX, S. 631; XXV, S. 119 / [32] XVII, S. 562 / [33] vgl. Henderson »Failure of a Mission«, 1940, S. 83; XVII, S. 566 / [34] I, S. 315 / [35] IX, S. 747 / [36] vgl. IX, S. 759 / [37] B. H. Liddell-Hart »The Revolution in Warfare«, 1946, p. 75 / [38] a. a. O., p. 79 / [39] I, S. 65 / [40] vgl. Heydecker-Leeb a. a. O., S. 96.

VI

Kriegsschuld und Kriegsverbrechen

[1] vgl. Glaser »Der zweite Weltkrieg und die Kriegsschuldfrage«, 1965, S. 57 / [2] a. a. O., S. 127 / [3] vgl. XVII, S. 569, 602, 618 / [4] vgl. II, S. 176 / [5] vgl. Churchill »Der Zweite Weltkrieg«, 1949, Bd. I, S. 421—3 / [6] Frank »Im Angesicht des Galgens«, 1955, S. 39 / [7] Lenin, Gesammelte Werke, 1932, Bd. 29, S. 125 / [8] vgl. Foster Rhea Dulles »Der Weg nach Teheran«, 1944, S. 248—9 / [8a] vgl. Emrys Hughes »Churchill«, 1959, S. 168 / [9] vgl. Halder »Kriegstagebuch«, 1964, S. 38, 170 / [10] J. F.

Byrnes »Speaking Frankly«, 1947, p. 288 / [11] Halder »Hitler als Feldherr«, 1949, S. 36 und vgl. Manstein XX, S. 662 / [12] vgl. XV, S. 655—6 / [13] vgl. Alexander Werth »Rußland im Krieg«, 1965, zitiert »Spiegel«, Nr. 26/65, S. 58—60 / [14] XV, S. 428—33 / [15] vgl. »Jahrbuch für Auswärtige Politik«, 1942, S. 28 / [16] vgl. Tansill »Die Hintertür zum Kriege«, 1957, S. 468 / [17] vgl. Hoggan »Der erzwungene Krieg«, 1961, S. 412 / [18] Millis »The Forrestal Diaries«, 1951, p. 212 / [19]»Wedemeyer Reports«, New York, 1958, p. IX / [20] p. 21 / [21] p. 7 / [22] Fuller »A Military History of the Western World«, 1956, p. 29 / [23] »Roosevelt spricht« – »Die Kriegsreden des Präsidenten«, 1945, S. 331 / [24] Dönitz »Zehn Jahre und Zwanzig Tage«, 1958, S. 194.

VII

»Schlüssel-Dokumente«

[1] vgl. XIX, S. 285—91, 298; XXI, S. 621 / [2] a. J. P. Taylor »The Origin of the Second World War«, 1961, p. 13 / [3] I, S. 211—16; II, S. 296 f. / [4] XV, S. 388 / [5] XV, S. 498—9 / [6] vgl. XVII, S. 576 / [7] vgl. XIV, S. 192 / [8] Taylor a. a. O., p. 116—7 / [9] a. a. O., p. 131—3 / [10] a. a. O., p. 134 / [11] II, S. 312 / [11a] vgl. XIV, S. 47 / [12] XVII, S. 446 / [13] XIV, S. 59 / [13a] Manstein »Verlorene Siege«, S. 19 / [14] XVII, S. 447; XVIII, S. 437 / [14a] vgl. Walendy »Wahrheit für Deutschland«, 1964, S. 370 / [15] Festschrift für Herbert Kraus »Mensch und Staat in Recht und Geschichte«, 1954, S. 454 / [16] II, S. 463 / [17] XXII, S. 426 / [18] vgl. Walendy a. a. O., S. 195 / [19] vgl. Taylor a. a. O., p. 116 / [20] XV, S. 385—6 / [21] vgl. Walendy a. a. O., S. 207 / [22] vgl. Rothfels in Gilbert-Gott »Der gescheiterte Friede«, 1965, S XII / [23] Churchill »Der Zweite Weltkrieg«, 1949, II, S. 17 / [24] XIV, S. 79 / [25] Telford Taylor »Sword and Swastica«, 1952, p. 277 / [26] A. J. P. Taylor a. a. O., p. 218 / [27] a. a. O., p. 75.

VIII

Das letzte Kapitel

Alle Zitate aus Erich Kern: Von Versailles nach Nürnberg, 1967, K. W. Schütz-Verlag, Göttingen.

Bücher zum Thema

– Eine Auswahl –

Heinrich Härtle: Freispruch für Deutschland / Unsere Soldaten vor dem Nürnberger Tribunal. Verlag K. W. Schütz 1965 (vergriffen).

Heinrich Härtle: Die Kriegsschuld der Sieger. Verlag K. W. Schütz 1966 (vergriffen).

Erich Kern: Von Versailles nach Nürnberg / Der Opfergang des deutschen Volkes. Verlag K. W. Schütz 1967 (vergriffen).

Hildegard Fritzsche: Vor dem Tribunal der Sieger. Verlag K. W. Schütz 1981.

Emmy Göring: An der Seite meines Mannes. Verlag K. W. Schütz 1967.

Nation Europa Verlag: Siegertribunal, 30 Jahre danach; Referate des GFP-Kongresses 1976 in Kassel (vergriffen).

Peter Dehoust (Hrsg.): Die Niederwerfung des Reiches / Krieg, Verrat, Prozesse. Nation Europa Verlag 1984 (vergriffen).

Viktor Frh. von der Lippe: Nürnberger Tagebuchnotizen. Verlag Fritz Knapp 1951 (vergriffen).

Karl Dönitz: 10 Jahre und 20 Tage / Erinnerungen. Bernard & Graefe Verlag 1980.

Gerhard Gründler/Arnim v. Manikowsky: Das Gericht der Sieger. Gerhard Stalling Verlag 1967 (vergriffen).

Gerhard Brennecke: Die Nürnberger Geschichtsentstellung. Verlag der Deutschen Hochschullehrer-Zeitung 1970 (vergriffen).

Werner Maser: Nürnberg / Tribunal der Sieger. Econ Verlag 1977 (vergriffen).

Joachim Hoffmann: Stalins Vernichtungskrieg 1941—1945. Verlag für Wehrwissenschaften 1995.

IMT: Der Nürnberger Prozeß / Verhöre und Protokolle in 13 Bänden / Neuauflage 1995.

Hans Severus Ziegler (Hrsg.): Große Prüfung / Letzte Worte und letzte Briefe Todgeweihter (aus Nürnberg), Jomsburg-Verlag 1996.

Tondokumente: Hölle, wo ist dein Sieg? 2 Langspielplatten mit Originalaufnahmen vom Nürnberger Prozeß. Verhöre, Zeugenaussagen, Schlußworte. Hocheder 1995.

Personenverzeichnis

Die Zahlen hinter dem Namen entsprechen den Buchseiten.

M

N

O

P

Q

R

S

T

U

V

W

Z